当代科学文化前沿丛书

WHY LIFE EXISTS?

生命存在的理由

张田勘 ◎著

北京大学出版社
PEKING UNIVERSITY PRESS

图书在版编目(CIP)数据

生命存在的理由/张田勘著. —北京:北京大学出版社,2011.7
(当代科学文化前沿丛书)
ISBN 978-7-301-19179-8

Ⅰ.①生… Ⅱ.①张… Ⅲ.①生命哲学 Ⅳ.①B083

中国版本图书馆 CIP 数据核字(2011)第 125365 号

书　　　　名:	生命存在的理由
著作责任者:	张田勘　著
丛 书 策 划:	周雁翎
责 任 编 辑:	陈　静
标 准 书 号:	ISBN 978-7-301-19179-8/G · 3193
出 版 发 行:	北京大学出版社
地　　　　址:	北京市海淀区成府路 205 号　100871
网　　　　站:	http://www.jycb.org　http://www.pup.cn
电 子 信 箱:	zyl@pup.pku.edu.cn
电　　　　话:	邮购部 62752015　发行部 62750672　编辑部 62767346
	出版部 62754962
印　刷　者:	三河市北燕印装有限公司
经　销　者:	新华书店
	650 毫米×980 毫米　16 开本　17.5 印张　275 千字
	2011 年 7 月第 1 版　2011 年 7 月第 1 次印刷
定　　　　价:	35.00 元

未经许可,不得以任何方式复制或抄袭本书之部分或全部内容。
版权所有,侵权必究
举报电话:(010)62752024　电子信箱: fd@pup.pku.edu.cn

序

生命是什么？这个问题一直让人困惑不已，也争论不断。通过我们对自身生命和其他生命点点滴滴、日积月累的认识，生命的定义也在不断地修正。

生命其实有好几个层级。第一个层级是人工（人造生命）与自然生命，第二个层级是这两种生命形态下的各种生命。

不过，人工生命与自然生命最大的区别在于，前者是"如其所能的生命"(Life as it could be)，而后者则是"如吾所识的生命"(Life as we know it)。所以，人工生命并不特别关心我们已知的地球上特殊的以水和碳为基础的生命。从人工生命的角度来看，今天我们每个人以同样的方式和本质出现在地球上，并不是必然的，而仅仅是因为原先地球上存在的那些物质及其进化的结果。然而，进化可能建立在更普遍的规律之上，但这些规律可能还没有被人类认识。所以，今天的生物学仅仅是实际生命的生物学。不过，如要真正理解生命的本质，就应当在"如其所能的生命"的广泛领域中考察"如吾所识的生命"，包括数字生命和虚拟生命。

尽管如此，本书所谈的还是"如吾所识的生命"。理由很简单，存在的就是合理的。我们不谈现实的生命，还有什么生命更可谈？还有什么生命更精彩？

"如吾所识的生命"也包含着更多的类别和形式。美国著名科学作家、生物化学家阿莫西夫在其《并非我们所认识的》的文章中提出了六种生命形态：① 以氟化硅酮为介质的氟化硅酮生物；② 以硫为介质的氟化硫生物；③ 以水为介质的核酸/蛋白质（以氧为基础的）生物；④ 以氨为介质的核酸/蛋白质（以氮为基础的）生物；⑤ 以甲烷为介质的类脂化合物生物；⑥ 以氢为介质的类脂化合物生物。

然而，传统的生命形式源自亚里士多德的二分法，将生物分为动物和植物。显微镜的诞生使我们发现了肉眼看不见的细菌。细菌在细胞结构上与动植物的最根本差别是，动植物细胞内有细胞核，遗传物质DNA主要储存于此，而细菌则没有细胞核，DNA游离于细胞质中。于是，法国生物学家艾德沃德·查顿(E. Chatton, 1883—1947)于1937年提出了生命的二分法，把生物分为含细胞核的真核生物和不含细胞核的原核生物。动植物属于真核生物，细菌属于原核生物。

　　分子生物学的发展让人们对生命的认识更为深入。美国微生物学家卡尔·伍斯(C. Woese, 1928—)等人选择了一种名为小亚基核糖体核酸的分子作为分子计时器，以区分生命。这种分子是细胞内蛋白质合成器——核糖体的一个组成部分，蛋白质合成又几乎是所有生物生命活动的一个重要方面。

　　在比较了来自不同原核及真核生物的小亚基核糖体核酸分子序列的相似性后，卡尔·伍斯发现原先被认为是细菌的甲烷球菌代表着一种既不同于真核生物也不同于细菌的生命形式。考虑到甲烷球菌的生活环境可能与生命诞生时地球上的自然环境相似，1977年卡尔·伍斯将这类生物称为古细菌。因此，生命应当是三种形式，古细菌、真细菌和真核生物。前二者是原核生物，后者是真核生物，包括动物和植物，当然也包括人。

　　对生命形式和本质的认识还有另一种占主导地位的观点，即高级生命，这就是迄今我们所见的地球上的动植物，以及最高主宰——人类。这种观点可以称为"单一形式生命论"。

　　这种观念认为，生命基本上是在自然中通过适者生存、不适者淘汰，以及用进废退的长期演变、进化而产生的，是一种自然发生的过程。如果其他星球上存在有机生物，包括外星人，必须要有与地球类似的环境条件。然而迄今为止我们并没有见到类似地球上的高级生命，所以，生命也只有地球上的一类高级生命，当然，不排除将来可能在别的星球上发现与人相似的高级生命。地球上的生命是一大类，其中人是最完美最高级的生命形式。

　　到底哪种观念更符合现实，或更真实地反映了客观存在？以眼见为实和现有的科学研究结果来看，可能多数人会认可"单一形式生命论"。因为其他形式的生命，尤其是类似人类的高级生命，我们从来没有看到过。

　　所以，本书所述所论就主要是人这种高级生命，同时兼及其他生命的比照。本书采用的是不同于其他著作描写生命的作法，把生命分成五个部分来描述，一是生命的本源和核心（基因），二是生命的形态或外部形式，三是生命的内部形式，四是两性之谜，五是生命的历程。

目录

第1章 生命的本源 ………………………………… 1
1.1 玄牝之门与生命诞生 ………………………… 2
1.2 基因能回答"我们来自哪里"吗? ………… 4
1.3 我们来自非洲还是亚洲? …………………… 6
1.4 共同的祖先与兄弟阋墙 ……………………… 10
1.5 从成吉思汗到努尔哈赤:基因的单一性 …… 13
1.6 奥巴马:基因的多样性 ……………………… 16
1.7 我们与表亲 …………………………………… 20
1.8 世上没有完全相同的两片绿叶 ……………… 23
1.9 生命如歌 ……………………………………… 25
1.10 参差多态乃生命的本源 ……………………… 28
1.11 拼出生命奥秘的蓝图 ………………………… 30
1.12 基因与心灵 …………………………………… 33
1.13 基因不是上帝 ………………………………… 36
1.14 环境与基因 …………………………………… 38

第2章 生命的外部形式 …………………………… 41
2.1 一副好嘴脸 …………………………………… 42
2.2 有鼻子有眼 …………………………………… 45
2.3 闻香择伴侣 …………………………………… 48
2.4 心灵的窗户 …………………………………… 51
2.5 多余的耳朵 …………………………………… 57
2.6 丰富的表情 …………………………………… 61
2.7 猴子为何不会单手发短信? ………………… 66

目录

2.8 人为何直立行走？ …………………… 69
2.9 肤色的疑问 …………………………… 73
2.10 毛发与外表 ………………………… 78
2.11 对称是一种生活方式 ……………… 82
2.12 不对称也精彩 ……………………… 85
2.13 黄金分割与和谐比例 ……………… 88
2.14 运动：生命外部形式的巅峰 ……… 91

第3章 生命的内部形式 ……………… 97
3.1 生命的物质基础：食物和能量 …… 98
3.2 肠道内的秘密——腹脑 …………… 101
3.3 珍惜内部生态环境 ………………… 103
3.4 指挥中枢：从暗箱到透明 ………… 108
3.5 神经驿道上的秘密信使 …………… 112
3.6 知我者谓我心忧，不知我者谓我何求 …… 116
3.7 多情伤离别和爱情的滋味 ………… 120
3.8 英雄与懦夫 ………………………… 123
3.9 左脑右脑与左手右手 ……………… 127
3.10 灵魂和意识何时产生？ …………… 131
3.11 意识和灵魂是什么，在何处？ …… 135
3.12 年轻的血液和衰老的血液 ………… 139
3.13 生命能源的异同 …………………… 143
3.14 防火墙和守护神 …………………… 147

目录

第4章　两性之间 ……………………………… 153
- 4.1　性的起源 ……………………………… 154
- 4.2　漂亮和幸福来自性 ……………………… 157
- 4.3　男女差异源于基因表达 ………………… 161
- 4.4　男性和女性在进化中的作用 …………… 164
- 4.5　男人大脑和女人大脑 …………………… 168
- 4.6　女人之痛男人不知 ……………………… 172
- 4.7　进化的珍品——乳房 …………………… 175
- 4.8　臀文化与生殖 …………………………… 180
- 4.9　迷人的曲线 ……………………………… 185
- 4.10　男人为何命短？ ………………………… 188
- 4.11　男人都有恋母情结？ …………………… 191
- 4.12　男人，中性一些更性感 ………………… 195
- 4.13　一夫一妻的秘密 ………………………… 199

第5章　生命的历程 ……………………………… 203
- 5.1　青春的开始和结束 ……………………… 204
- 5.2　老冉冉其将至兮,恐修名之不立 ………… 207
- 5.3　从花开到结果的季节 …………………… 211
- 5.4　成长和成才的多样性 …………………… 215
- 5.5　成功的数字化标准 ……………………… 219
- 5.6　上帝从不抛弃任何人 …………………… 224
- 5.7　终结生命与修正目标 …………………… 229
- 5.8　睡个好觉是福 …………………………… 232

目录

5.9 给生命以时间,给时间以生命 …………… 236
5.10 换个角度看长寿 …………… 239
5.11 烈士暮年 价值倍增 …………… 243
5.12 与疾病相处 …………… 247
5.13 回归 …………… 251

主要参考文献 …………… 256
后记 …………… 269

Chapter 1

第 1 章

生命的本源

生命的本源有两个含义。一是每个个体的生命,二是一个种群的来源。前者是精子与卵子结合后的产物,当然低级生命可能不需要两性细胞的结合;后者则是生物和人长期进化的结果。

我是谁,我来自何方?这既是哲学问题,又是历史问题,也是宗教和科学问题。《诗经》里说:"先祖匪人,胡宁忍予?"从某种意义上来说,人类的先祖的确非人,而是一群灵长类动物。

1.1　玄牝之门与生命诞生

老子在《道德经》中说："谷神不死，是谓玄牝；玄牝之门，是谓天地根；绵绵若存，用之不勤。"这段话的意思是，幽悠无形之神，永生不死，是宇宙最深远的母体。这个母体的门户，便是天地的根源。冥冥之中，似非而是，绵延不绝，用之不尽。

老子所说的玄牝之门也即是女性的生殖道或生殖系统，因为人类的生命都是从这里产生和降世的，所以老子把玄牝之门看做是生命之根。像玄牝之门能繁衍生命的是"道"，它是产生天地万物之根，所以才有"道生一，一生二，二生三，三生万物"之说。

但是，"道"是什么？在牛顿看来是第一推动力——上帝，但在达尔文和进化论看来是进化和自然的规律。即使老子说的"道"就是自然规律，但他对生命的认识只是表象。因为，生命并非只从雌性产生。同时，生命的起源在于人们眼力所看不见的染色体中。

所有人的细胞中都有 23 对（46 条）染色体，它们来自生命之初的父系和母系。父系的初级精母细胞在第一次减数分裂后变成次级精母细胞，再经过第二次减数分裂形成精子。在第一次减数分裂后，初级精母细胞核中的 XY 染色体就分开，它们所变成的次级精母细胞，一个含有 X 染色体（与卵子结合后孕出女性），另一个含有 Y 染色体（与卵子结合后孕育出男性）。

精母细胞减数分裂对生命孕育和产生的意义有两点。其一，是让生命孕育的结果含有一半对一半的公平几率，即精子中的细胞核一半含有 X 染色体，一半含有 Y 染色体。其二，精母细胞减数分裂后，其染色体形成了 23 条，即单倍体，这才有机会与卵子结合。母系的卵子也是卵母细胞减数分裂而来，但它们减数分裂后都只是含有 X 染色体，并且是 23 条。

所以，精子与卵子的结合是互相交换并复制遗传信息，然后，这些染色体中的无数基因按遗传信息分门别类地孕育新生命。先开始形成桑葚胚，然后是胚囊，再其次是胚胎。胚胎再分化成外、中、内三个胚层。外胚层演化为神经系统、眼睛的晶体、内耳的膜迷路、皮肤表层、毛发和指甲等；中胚层发育成肌肉骨骼、结缔组织、循环、泌尿系统等；内胚层就演化成消化系统、呼吸系统的上皮组织及有关的腺体、膀胱、阴道下段及前庭等。

经过约40周的孕育，新生命就诞生了。所以，生命的繁衍并非是"道生一，一生二，二生三"，而是由分别来自父系和母系的两套染色体（分别为23条染色体）生成四，再四生八，八生十六的几何级数繁衍为新生命。这种几何级数的繁衍是靠基因编码生成无数的细胞、组织和器官而形成。

当新生命诞生和成熟后，其体内的细胞中的染色体也都成了双倍体，即23对（46条）染色体，其中22对是常染色体，另一对是性染色体，男性的性染色体为Y染色体，女性为X染色体。生命的所有秘密都贮藏在这23对染色体中（1至22号是常染色体，而23号是性染色体），它们就是我们所有人的遗传物质，人类的生命信息和秘密都存储于其中。

感谢詹姆斯·沃森（J. D. Watson，1928— ）和弗朗西斯·克里克（F. H. C. Crick，1916—2004），他们于1953年4月25日在英国《自然》杂志发表DNA双螺旋结构假说的论文，以及之前莫里斯·威尔金斯（M. H. F. Wilkins，1916—2004）和罗莎琳德·富兰克林（R. E. Franklin，1920—1958）的研究和后来无数研究人员关于DNA的认识，让我们逐渐地知道了生命遗传物质的一些真相。

如果把染色体牵开，它是一种具有多种形态的多核苷酸链或团状。多核苷酸由单核酸组成，每个单核苷酸又由磷酸、戊糖（又称为五碳糖）和碱基组成。这几种物质都由一定的方式和分子键连接在一起，例如人体核酸中的碱基有四种，即胞嘧啶（C）、胸腺嘧啶（T）、腺嘌呤（A）和鸟嘌呤（G），而且它们之间的排列方式只能是下面几种：A—T、G—C、T—A和C—G，这称为碱基互补原则。实际上这也是生命繁衍和修复的一种原则。

磷酸、戊糖和碱基共同形成核苷酸链，磷酸和戊糖排在链的外侧，碱基则以A—T、G—C、T—A和C—G的组合方式无数次地循环往复排列在核苷酸链的内侧，然后整个核苷酸呈现两条双螺旋的结构，中间由碱基结合缠结在一起，这就是DNA双螺旋结构。由于揭示了核苷酸双螺旋结构，沃森、克里克和威尔金斯获得1962年的诺贝尔生理学或医学奖。

1.2 基因能回答"我们来自哪里"吗？

比较人类与其他动物的基因可以知道，在人的雏形——类人猿之前，人的基因与许多动物相似，而且与特别低等的动物也有很多相似之处。证据之一是果蝇基因组的完全测序。果蝇的基因至少有一半与哺乳动物的基因相似，而且果蝇的基因中有 177 个与人体中引起疾病的基因相似。在这些相似的基因中，果蝇含有人类已知的癌症基因的 67%，其中有抗癌基因 P53，在已查明的引起人类肾病的 8 个基因中，果蝇含有 7 个，而且果蝇基因中也包含引起人类神经疾病和神经肌肉疾病的基因。不仅如此，在线虫、酵母等低等生物中也发现了与人类基因相似的基因，而这些基因大多是引起人类疾病的基因。

与人类的约 30 亿个碱基对相比，果蝇基因的碱基对只有 1.8 亿对，自然说明了低等动物与高等动物之间的巨大差异。但果蝇有 177 个基因与人体中引起疾病的基因相似也说明了另一些问题。首先，果蝇的基因有与人相似的基因说明生物进化的总原则，从无机到有机，从低级到高级，而且在类人猿之前，人与低等动物拥有过更早的共同祖先，而且很有可能人也是从果蝇这种低等动物进化而来的。

其次，在进化中，一些不好的基因同样伴随着人和动物，但是在人身上体现为引起疾病，而在动物身上并不一定引发疾病，这又说明了动物与人的适应环境的能力是不一样的，究竟谁好谁坏、谁高谁低还难以评说。

达尔文早就论断，人是从猴子进化而来的。但是，基因中蕴含的信息却对此假说提出了一些挑战。先是南非自然博物馆的研究人员提出人是从狗进化而来的，后来又有一些人认为在智商和身体的外表方面，海豚与人最相似，因而有人是从海豚进化而来的假说。而且人也是从海洋逐步走向陆地的。由于器官移植的发展，在寻找动物器官代用品时又发现猪的基因与人很相似，因而决定用转基因猪作为供体器官的来源，这说明猪也可能是人的祖先。

通过人类基因组计划，英国罗斯林研究所的研究人员发现人在某一进化时期与老鼠和鸡特别相似，其理由也在于基因的相似性。人的 DNA 多核苷酸链在排列上与老鼠的多核苷酸链相似，但是在基因组结构上,人与鸡存在着更多的相似性。这说明,远在 3 亿年前,人、鸡和鼠拥有一个共同的进化祖先。但在后来漫长的进化过程中,老鼠的基因组结构经历了比人和鸡更快速的变化,因而使得人和鸡的基因组具有更多的相似性和稳定性。

这样,自然而然地就产生了一个问题,在猴子之前,人类的进化都与鸡、鼠相关,因为它们都与猴子的基因有相似性。那么,人究竟是从什么动物进化而来的呢?显然目前靠基因还无法说明这个问题,但是其他学科的研究却提出了另一种观点。考古学和古人类学研究对人的进化提出了新的假说,认为人的共同祖先是鱼,这与人是从海豚演变而来的假说有相似之处。

考古学家在拉脱维亚和爱沙尼亚有 3.7 亿年历史的岩层中发现了两块化石,被认为是一种介于鱼类和原始两栖四足动物之间的生物。它们是一种肉食动物,体形像鳄鱼,背鳍已退化,但尾鳍还存在。过去科学界就有一种观点,认为包括人类在内的所有陆生脊椎动物都是由鱼类的一个特殊分支在距今约 3.65 亿年前进化而来。但是在进化得非常高级的鱼类化石与最原始的四足陆生动物(这两者都发现了化石)之间,差距太大,缺少一个进化的衔接者。目前发现的这两块化石被认为正是填补了这两者之间的空白。因为鱼类与陆生动物的下颚骨不同,这两块化石所显示的像鳄鱼的动物则具有两者的下颚特征,它们比生活在 3.7 亿年前的鱼要高级,但又比生活在 3.65 亿年前的原始四足动物要低级一些。

所以,人的进化在追溯到类人猿之前的动物时存在着极大的分歧,也存在着极大的空白。目前我们并不能对自己来自何处有一个清晰的阐释。

不过,在现代人、猴和猿之间又发现了一位可能的共同祖先——中华曙猿。20 世纪 90 年代初,中美学者在江苏溧阳发现了生活在 4500 万年前的中始新世中期的高等灵长类,命名为中华曙猿,意为"类人猿亚目黎明时的曙光"。中华曙猿比以前发现于北非法尤姆地区的世界最早的灵长类要早 1000 万年。1995 年在山西垣曲又发现了几乎带有全部牙齿的世纪曙猿下牙床,中华曙猿与世纪曙猿的下颌部都是陡峭的,这是高级灵长类的特征。

高级灵长类是指包括人类和与人类亲缘关系最近的动物,如猩猩、黑猩猩、长臂猿、大猩猩、猕猴等。他们又同属于类人猿亚目。所以中国古脊椎动物与古人类研究所的齐陶先生认为中华曙猿是第一个类人猿,也即是高级灵长类、人类及其近亲的共同祖先。这个结论把人类起源大大推向更早的年代。因为,1987年美国伯克利加利福尼亚大学的瑞贝卡·卡恩(R. Cann)和艾伦·威尔逊(A. Wilson,1934—1991)提出,现代人源于20万年前非洲的一位女性"夏娃"。

但是,也有人认为,曙猿与人类起源毫不相干。原因在于类人猿与猴、原猴的进化概念与进化时间是不同的。由类人猿到人类进化的链条是在约500万年前,再向前人猿共同的祖先则可能为猿类,时间在2500万年前。再向前推才是猴和原猴。曙猿只是一种从原猴类向猴类过渡中的动物,它是否属于灵长类还存在争议,即便是灵长类,也是一种很早时期的猴子,根本不是类人猿。所以如果要把这种只有人类大拇指大小的早期动物说成是人类的远祖,也就可以说爬行类、两栖类动物也是人类的远祖。

因此关于人类的起源包括生物的进化今天并没有定论,我们现在并没有找到人的共同祖先以及弄清了人的起源。

1.3 我们来自非洲还是亚洲?

四海之内皆兄弟。原因在于,向远古追溯,所有人都有共同的祖先。而且,人们相信,今天无论是黑人、黄种人,还是白人和杂色人,都是走出非洲后的产物,在走出非洲之前都拥有共同的基因。

人是从猿演变而来的,这当然是以达尔文为代表的进化论的观念。人类演化又分为几个阶段。

在6500万年前的古新世时期,灵长类开始出现。灵长类又经过几千万年的演化,分化为猿与猴。随着气候的变化和环境的变迁,东非的古猿从树上下到地上,适应了新的环境,在500万年前后演化成能人(能直立行走,能使用和制造工具),再演变到直立人、早期智人等阶段,大约10万年前进化成晚期智人,现在地球上生活的人类属于晚期智人,或称为解剖学上的现代人。

所以,人类进化的路线图大约是:灵长类→猿与猴→能人→直立人→早期智人→晚期智人或现代人。从这种进化的路线来看,今天的所有人都有共同的祖先——东非的古猿。但是,也有人不以为然,认为人类起源是多中心的,因此才有今天的各色人等。而且,即使是走出非洲也有不同的版本,这就引起了基因学与考古学的对决。

现在至少有两个"走出非洲"的概念。一是早期人类的起源,另一是现代人的起源。早期人类起源是从古猿到人科成员的演化。生活在几百万年前的地猿和南方古猿是目前所知最早的人科成员。南方古猿是由多个物种组成的一个家系。只有南方古猿非洲种一支发展成能人,然后才进化成直立人。大约200万年前直立人走出非洲,扩散到亚洲和欧洲。所以,世界上不同人种的祖先都可追溯到非洲的南方古猿。

现代人即晚期智人的起源也存在"走出非洲"的假说,即各大洲的人种源于共同的早期智人祖先,在非洲从直立人进化到早期智人后,再分布到世界各大洲并取代了当地的古人类。卡恩和威尔逊认为,现代人源于20万年前非洲的一位女性"夏娃"。因为每个人的线粒体基因中都存在这位夏娃的遗迹,所以我们的祖先又称为"线粒体夏娃"。

人类线粒体 DNA(mtDNA)是存在于细胞核外的环状双链 DNA 分子,有 16569 个碱基对,这些碱基对的序列在不同的个体之间存在着差异。通过对线粒体 DNA 的序列分析可以检测出这些差异,从而帮助进行亲缘鉴定和个体识别,主要是鉴定来自于同一母系的人群。目前普遍认为在没有突变的情况下,母系直系亲属间线粒体 DNA 序列完全一致,而通过线粒体的追溯,也可以找到人类共同的祖母,即"线粒体夏娃"。

后来,中国复旦大学的金力教授提出,在中国 56 个民族采集的近 10000 名男性样本 Y 染色体上,几乎都有一个突变位点 M168G,这个突变位点大约在 7.9 万年前产生于非洲,是一部分非洲人特有的遗传标记。因此金力得出结论:人类起源于非洲。

无论是线粒体夏娃还是中国 56 个民族共同来源于非洲,依赖的都是基因的证据。于是也有人否认现代人源自非洲的假说,提出人类进化是多地区分别同时进化的。1984 年中国科学院古脊椎动物与古人类研究所吴新智院士与国外一些古人类学家提出,现代人起源于世界的四个主要地区。200 万年前人类祖先(直立人)从非洲向不同地区迁徙,到达欧洲、亚洲、大洋洲后,在每个地方都按连续进化方式演化,产生现代人,因此现代人起源于四个地区。

他们认为,夏娃说或走出非洲说的根据是人类 DNA(基因),但不同研究者对基因位点的取样是不一致的,所得结果也会迥然不同。而且DNA研究是间接的,化石和考古的证据才是直接的。DNA研究仅仅是基于现代人DNA突变数量的分析,而没有充分考虑演化过程中由于种群的灭绝等导致的基因突变和丢失,而且不同地区传代的速率和基因的交流对突变的积累有很大影响。所以,要把基因研究的结果与考古的化石发现结合起来,才有可能证明人类的进化轨迹,包括中国人的起源。

不过,明确对人类来自非洲提出挑战的是美国匹兹堡卡内基自然历史博物馆的考古学家克里斯多夫·比尔德(C. Beard,1962—　)等人。他们认为,2005年在缅甸中部出土的有着3800万年历史的颚骨和牙齿组织具有灵长类的典型特征。这种被称为甘利亚(Ganlea)的化石,属于一个已经灭绝的亚洲类人灵长类族群。这个证据与1994年在中国发现的生活在4000万~4500万年前曙猿足骨化石证明,人类起源于亚洲。

1974年,科学家在非洲发现的类人猿化石露西距今不过约320万年,亚洲发现的化石比露西要久远得多。但是,美国斯托尼布鲁克大学教授约翰·弗利格尔(J. Fleagle,1948—　)认为,即便如此,缅甸发现的化石还是无法说明类人猿究竟起源于亚洲还是非洲,甚至无法确定甘利亚到底是类人猿还是胡猴的祖先。

不过,2004年发现的小矮人化石为找到我们所有人的身世又提供了新线索。澳大利亚新英格兰大学与印度尼西亚的研究人员在印尼挖掘到一具史前小矮人化石,似乎是人类历史上从未被发现的一个新人种。她是我们的祖先之一吗?

这是一位小矮人,是在印尼弗洛勒斯岛上的一个洞穴中发现的,身高仅0.91米。这名女性死时至少已有20岁,头颅只有柚子大小,容积约380立方厘米,只及现代人1350毫升的1/4,因此又称她为"小矮人",编号LB1,并将这个新人种命名为"弗洛勒斯人"。

在这个弗洛勒斯人化石的旁边还发现了工具和动物的骸骨,部分动物骸骨被烧成炭,说明是被弗洛勒斯人烹食。其他化石证明,弗洛勒斯人懂得制造石器、生火和集体猎食。与此同时,也发现了6个类似的古人的遗骨,这6具骸骨的碎片可追溯到12000年前至95000年前。从这些情况推断,弗洛勒斯人80万年前定居于此。由于孤岛资源和食物缺乏,加上动物难以到别的地方觅食,因此动物难以生长到体型较大,而体型瘦小的动物生存就有优势,因为它们所需食物不变。于是居于孤岛的弗洛勒斯人就倾向进化成矮小人,所以这是一个以前从未发现过的小型古人种。

有人说,弗洛勒斯人应当属于人类进化史上的直立人。因为,一般而言,直立人都较矮小,只有今天现代人体重的一半,多在 30 千克上下,弗洛勒斯人就是如此。另外,印尼寓言中小矮人"依波高高"也说明这种小矮人是一种可能存在的人种。"依波高高"意为"饥不择食的祖母",村民称他们居于弗洛勒斯岛,矮小、长发、长臂,懂简单言语和爬树。这可能是因为岛上食物有限,在与智人争夺资源的过程中,弗洛勒斯人处于下风,最终在大约 1.2 万年前的一次火山爆发后灭绝。

弗洛勒斯人生活在大约 1.8 万年前,而现代人的祖先——智人——估计是在 5.5 万到 3.5 万年前迁徙到弗洛勒斯岛。智人自 16 万年前开始就完全将其他直立人(包括弗洛勒斯人)挤出了历史舞台,独占了地球。但弗洛勒斯人的出现说明智人和弗洛勒斯人(直立人)曾经在弗洛勒斯岛上共同生活过一段时间。由此可以推论,在人类进化过程中,除了智人,其他一些人种也曾存活到近代。1929 年在中国发现的"北京人"也属于直立人,而在"北京人"发现之前,比较确切的直立人化石只有爪哇猿人。但是,"北京人"生活在约 47 万年前,弗洛勒斯人生活在 1.8 万年前,并与智人曾共同生活过,说明直立人存在于地球上的时间跨度非常之大。

小矮人的发现说明,非洲可能并非是人类唯一起源地。因为,人类进化的模式是连续进化,附带杂交。各大陆人种之间既存在基因交流,又拥有一个共同的基因库。如果基因交流太强,那么就没有现在黄种人、白种人的差异。但如果只有连续进化,没有大地区间的基因交流,长时间的地理隔离又将导致不同物种的形成。所以,正是两者恰到好处的综合,才促成了当今世界不同人种并存的格局。

也许,现代人是在亚、非、欧、大洋洲等各个地区都以连续进化的方式演化而产生的。换句话说现代人是由 200 万年前的非洲直立人散布到世界各地而进化成的,而不是 20 万年前唯一由非洲早期智人进化为现代人。当然,即使如此,从本质意义上来讲,我们所有人都起源于非洲,只是时间不同而已。不过,到底是 200 万年前的直立人走出非洲到各地进化为现代人呢,还是 20 万年前在非洲由直立人进化为早期智人后,再由早期智人走出非洲,成为现代人的唯一来源?这需要时间和更多的研究来解答。

此外，弗洛勒斯人身材矮小再一次验证了达尔文进化论的观点，他们的身材矮小可能是对孤岛环境的一种适应。人类和其他哺乳动物一样，在基因孤立或生存资源有限的情况下，也会在进化中通过缩小身材来维持物种的延续，而且脑容量的大小并不影响一个人种的进化。

尽管基因、人类学、考古学、遗传学等等还很难解释我们来自何方，但如果有一天多种发现互为印证，就有可能知道我们来自何处。

1.4 共同的祖先与兄弟阋墙

汉代应劭的《风俗通》中说，"俗说天地开辟，未有人民。女娲抟黄土为人……力不暇供，乃引绳于桓泥中，举以为人"。这和西方的神创论（上帝造人）如出一辙。但是，如果把人类的出现和进化看成是大自然的产物，也就可以理解这样的传说。从这个意义上看，所有人都有基因上的联系。正如元人赵孟頫的妻子管道升所说："把一块泥，捻一个你，塑一个我，将咱两个一齐打碎，用水调和；再捻一个你，再塑一个我。我泥中有你，你泥中有我；我与你生同一个衾，死同一个椁。"

DNA 的分析结果说，即使是白人和黑人这样外貌特征有明显区别的人，也是你中有我，我中有你，因为大家来自同一个祖先。

英国牛津大学的布赖恩·赛克斯（B. Sykes，1947—　）提取了近 6000 名志愿者进行线粒体 DNA 测试，发现 99% 的现代欧洲人都来源于 7 位女性，因此可以称为欧洲人的 7 位夏娃。线粒体 DNA 的特点在于，它可以从母系一直毫不变化地传给子女。对这些志愿者的线粒体 DNA 测试后，根据特征，可以把他们划分为 7 个组，每组都可归属于一名女性。这 7 位女性于 4.5 万年前先后从非洲来到欧洲，同时建立了各自的家庭。赛克斯还给这些祖先一一取了名字。4.5 万年前生活在希腊的那位祖先叫厄休拉（拉丁人名，意为"熊"）；1 万年前生活在叙利亚的祖先叫贾斯明（波斯人名，意为"花"）；还有的祖先叫海伦（希腊人名，意为"光"）、塔塔（盖尔人名，意为"岩石"）等等。而且，全世界的人总共只有 33 位祖先，这 33 位祖先都是 20 万年前诞生于非洲的最早人类的后代。

同时按目前线粒体研究的线索，非洲人可分三个大家族，其中一个家族就与这 7 名欧洲女人有亲密的血缘关系。换句话说，欧洲人本来就是 7 位祖母的孩子,他们之间也不过是兄弟和姐妹关系,甚至与非洲人也是这样的兄弟关系。

无独有偶,沃森个人基因组图谱的完成和部分破译也提示,黑人、白人和黄种人,原本是一家人。

冰岛解码基因公司对公开于网站的沃森的个人基因组进行分析对比,发现沃森的 DNA 图谱中含有黑人的基因,而且其基因组中黑人基因数量是欧洲白人平均水平的 16 倍,大多数欧洲后裔只携带不到 1% 的黑人基因。所以,解码基因公司的卡里·斯特凡松(K. Stefansson,1949—)说,沃森的曾祖父母或外曾祖父母中可能有非洲人。沃森的黑人基因可能来源于一位非洲裔黑人祖先。不仅如此,沃森有 9% 的基因很可能源自一位亚裔祖先。沃森的个人基因组说明,人类不论种族,其基因是相互渗透的,从人类进化走出非洲的假说就可以推知,无论是哪个种族,如果追溯到更远的古代,其实都源自同一祖先。这正是你中有我、我中有你的根源。

这样的根源在冲突和相互残杀了半个多世纪的巴勒斯坦人和犹太人中也得到体现。

美国亚利桑那大学的哈默尔(M. F. Hammer)等人调查和分析了 7 个国家和地区的犹太人、5 个国家和地区的阿拉伯人的 Y 染色体,并与俄罗斯、德国、英国、澳大利亚、埃及、冈比亚、埃塞俄比亚和土耳其男性的 Y 染色体加以比较,发现犹太人和阿拉伯人拥有同样的"基因根"。因此,这两个直到今天还在互相争斗和杀戮的民族却原来是兄弟,他们本是同根生,但却同室操戈了半个多世纪。

利用 Y 染色体上特定的基因来鉴定亲缘关系称为父系遗传鉴定。Y 染色体是性染色体,如同常染色体一样,它有很多各种类型的遗传多态性标记,其中的短串联重复序列(STR)就是一大类。STR 又称为微卫星 DNA,是一类重复单位序列最短的基因,只有 2~6 个碱基对,它们串联成簇,长度为 50~100 个碱基对,广泛分布于基因组中。

Y 染色体上的许多短串联重复序列在染色体上都有一定的位置,称为基因座。Y 染色体上的短串联重复序列(Y-STR)是存在于人类 Y 染色体非重组区(也称男性特异区)的短串联基因重复,这种序列就是一种非常重要的遗传标记,它只以单倍型的形式稳定地从父亲传到儿子,除突变外,起源于同一男性家系中的所有男性个体的 Y 染色体非重组区是相同的。因此 Y-STR 成为与以线粒体 DNA 为特征的母系遗传相对应的以 Y 染色体基因为特征的父系遗传标记。据此，既可以从老子鉴定儿子，反之亦然；还可以从哥哥鉴定弟弟，反之亦然；亦可鉴定叔伯兄弟等。

哈默尔等人发现 4 个典型的基因座，可以用来证明阿拉伯人和犹太人就是兄弟。这 4 个基因座分别是：DYS188，重复的碱基是 C—T；DYS194，重复的碱基是 C—A；DYS221，重复的碱基是 C—T；DYS211，重复的碱基是 A—T。

这一研究结果是迄今在遗传学上说明阿拉伯人和犹太人是兄弟的较有说服力的依据。再结合史料来分析，就更能证明阿拉伯人和犹太人是兄弟了，只不过是同父异母，他们共同的父亲是亚伯拉罕。实际上，犹太人与巴勒斯坦人本是同父异母的亲兄弟。

巴勒斯坦古称迦南，居住在这块土地上的人称迦南人，他们原是阿拉伯半岛闪族的一支。约公元前 11 世纪，爱琴海沿岸的腓力斯丁人移居迦南。公元前 5 世纪，希腊历史学家希罗多德(Herodotus，前 484—前 425)首次称这个区为巴勒斯坦，即希腊语"腓力斯丁人的土地"之意。

约公元前 1900 年，闪族的另一支在族长亚伯拉罕率领下，由两河流域的乌尔迁徙到迦南。《古兰经》里说，亚伯拉罕与其妻撒拉生子叫以撒，他们便是犹太人的祖先。后来，犹太人逃亡埃及，摩西率众出埃及返迦南，一直到"二战"后建立以色列国，都是源于这一支系。亚伯拉罕与其妾埃及人夏甲生子叫伊斯玛仪，但被撒拉所不容，被赶至半岛，繁衍生息，他们便是阿拉伯人的祖先，伊斯兰教的先知穆罕默德即为其后裔。

约公元前 1025 年第一个希伯来人国家——希伯来王国在迦南建立。公元前 930 年王国一分为二，北方称以色列王国，南方称犹大王国。公元前 722 年亚述国灭亡以色列国，公元前 586 年新巴比伦国灭亡犹大王国，两国数以万计的民众和君主都被掳往战胜国，史称"失踪的 10 个以色列部落"和"巴比伦之囚"。这是犹太人的第一次大流散。

公元前 334 年马其顿王亚历山大再次灭亡受波斯帝国支持的犹太国家，犹太人流散到南欧、地中海诸岛、北非及中亚地区，这是第二次大流散。从公元 66 年始，巴勒斯坦犹太人多次发动反对罗马统治者的大起义，均以失败而告终。公元 135 年，罗马皇帝下令将耶路撒冷犁耕为田，犹太人几乎全部逃离或被逐出巴勒斯坦。这是犹太人的第三次也是最后一次大流散。

1947年11月,第二届联合国大会通过了关于巴勒斯坦的分治决议,在巴勒斯坦成立阿拉伯国(面积1.15万平方千米)和以色列国(面积1.49万平方千米)。当时犹太人只占总人口的1/3,却得到了58%的土地。决议还规定耶路撒冷市作为一个"独立主体"由联合国管理。1948年5月14日,英国宣布结束对巴勒斯坦的委任统治,犹太人根据分治决议当日宣布成立以色列国。

也就在这天,以巴(包括其他国家的阿拉伯人)兄弟之间就开始了无休无止延绵半个多世纪的争斗和杀戮。中东六次战争后,在2008年12月27日,以色列又与加沙地带的哈马斯开始了兄弟之间的残杀。

尽管生命之根表明,犹太人与巴勒斯坦人是兄弟,但在社会意义上,两者却已是不共戴天的敌人。原因既在于公元前500年左右犹太人从巴勒斯坦大逃亡四散于世界各地后让两个民族动如参商,一千多年不得相见,造成了相互间的陌生、冷漠、猜忌和敌意,也在于近两千年后犹太人重返巴勒斯坦,于1948年5月14日重新建立以色列国,为土地和生存权,相互间的争斗变成了残杀,双双都杀红了眼,手足和血肉之情早已荡然无存。

兄弟间的残杀还要持续多久,不得而知。但是,从这里已经看到了科学的局限。尽管生命之根揭示了犹太人和阿拉伯人是亲兄弟,但社会学上的对立却大于生物学上的亲情。科学能揭示他们的亲兄弟关系,却不能阻止和劝说他们彼此放下刀枪。最终,亲兄弟之间的和解也许需要生命的另一种智慧——协商和哲学。

自己生存,也让他人生存。这正是生命进化中的一种普遍智慧,也只有达成这种共识后,和平才有可能真正降临巴勒斯坦。

1.5 从成吉思汗到努尔哈赤:基因的单一性

人类中的一些人比其他人更能知道自己来自哪里,因为他们有一名显赫的祖宗。例如,很多人的认祖都可以追踪到成吉思汗(1162—1227),后者可能是历史上最成功的"播种者"。在中亚,1600万~1700万人的遗传序列中都有一种共同的Y染色体,提示这些人可能是成吉思汗的后代。

每每成吉思汗攻城掠地之后，就杀掉男人，并有组织地大规模地将当地最迷人的女人据为己有，让她们怀上自己的孩子。千年之后，他的Y染色体得以幸存和扩散，这是一个大范围的性选择过程。

每当遗传学家检测进化图谱时，会发现一些孤立的Y染色体比别的Y染色体以更高频率出现，这些传播最广的Y染色体是历史上少数男人留下的，他们将同时代的其他人的Y染色体挤掉了，就像成吉思汗所做的那样。

同样的情况来自清朝努尔哈赤(1559—1626)的后裔。英国桑格中心的克里斯·史密斯(C. T. Smith)等人在中国北方人群中找到了一种重要的Y染色体标记，这种染色体可能标志着其携带者是建立了清王朝(1644—1911)的统治者、满族征服者的后裔。根据基因变异的速度计算，这个族系的祖先可能是觉昌安，即满族首领努尔哈赤的祖父，卒于1582年。如今，至少有160万男性携带有这种满族Y染色体。也就是说，觉昌安的后人有160万。

这种情况固然让一部分人寻亲更为容易，也从另一方面显示了生命遗传和传播的一种特点，所谓成功者和有权势者容易把自己的基因遗传下去。但是，无论从社会学还是从遗传学角度看，这种现象都是生命中的一种畸形现象。它让少数人在性上面多吃多占，并让其DNA更多地流传下去。然而，这样的基因在生物学上并非是强势基因，原因在于它违反社会公平和公正原则，并把"普天之下莫非王土，率土之滨莫非王臣"的专制传递下去。所以，当顺着Y染色体的指纹回溯人类历史时，会看到它揭示的一些非常令人不愉快的行为。这就是丛林法则和强者的盛宴。既然人是动物的一员，这种丛林法则在历史上是不可避免的。

另一方面，从生命现象看，这种现象其实是Y染色体的遗憾。因为，只由一个人或少数人遗留下自己的DNA并不符合生物多样性原则。自然的法则也会出来限制，当播种者总是同一血缘或血缘太近时，要想自己的后代强壮是不可能的，因为一个人的后代遍及人际，近亲交配就不可避免。近亲交配，其生不繁，后代的后代痴呆者不会是少数。

同一个事实来自古爱尔兰。公元5世纪古爱尔兰是一个强大的帝国，统治者叫奈尔(Niall)。今天，爱尔兰都柏林三一学院的研究人员发现，每12个爱尔兰人中就有一个是古爱尔兰国王奈尔的后裔。基因追踪的结果表明，在全世界，有300多万男人是奈尔的后代。这个事实提示，奈尔一点不逊色于成吉思汗、觉昌安和努尔哈赤。但是，这些后代在基因的多样性上也会产生缺陷。比如,爱尔兰的男人在西北部血缘关系更近,那里的每5个男人中就有一个拥有奈尔的特征性基因。这在疾病和后代遗传上都可能是致命的弱点。

换句话说,基因的单一性会造成对某种疾病的易感性。例如,成吉思汗和努尔哈赤众多的后裔都有相同的基因位点,因而在感染某种疾病上也具有同一性和相似性,一旦这种疾病暴发,很难抵御。尽管还不能说他们的后代会易感什么样的疾病,但其他疾病的基因易感性已经在提示这一点了,例如与艾滋病相关的CCR5基因。

CCR5有一种变体,称为CCR5Δ32(Δ为希腊字母),能阻止HIV的入侵。蛋白质都是由基因编码的,所以也以蛋白质的名称称呼相应的、为其编码的基因,如CCR5Δ32基因。所谓CCR5Δ32基因就是CCR5基因缺失了32个碱基。尽管CCR5是艾滋病病毒的易感基因,但由于缺失了32个碱基,发生了突变,也就不易感了。所以HIV难以借助CCRΔ32这个蛋白受体入侵免疫细胞,也就形成了天然的抵抗艾滋病病毒的"基因屏障"。

在不同种族的人群中,拥有CCR5Δ32的比例是不相同的。比如,欧美人的CCR5Δ32约占总基因数的10%,在北欧(如芬兰、俄罗斯)个别人群中可达到20%。中国人CCR5Δ32基因很低,其中维吾尔族最高,为3.48%,蒙古族为1.12%,汉族为0.16%。当然,这种基因的单一性有两种可能。一是像欧美人一样CCR5Δ32基因较多,因而抵御艾滋病的能力较强,但如果是像蒙古族和汉族人一样较少,则抵御艾滋病的能力就较弱。可见,基因的单一性是双刃剑,但更多的是一种弱点。

英国利物浦大学的克里斯托弗·邓肯(C. Duncan,1932—2005)等人认为,欧洲人所拥有的基因突变是来自中世纪欧洲流行的鼠疫(又称黑死病),它使得今天的欧洲人增强了对抗艾滋病的免疫力。因为,鼠疫促进了人们基因的变化,帮助欧洲人在今天防御HIV,这就是突变基因CCR5Δ32。

然而,如果一大群人都拥有相应的易感结肠癌的基因,那么,基因单一性的弱点就难以补救。

如果说成吉思汗、觉昌安和努尔哈赤等人体现了基因的单一性,那么,由线粒体夏娃所形成的女性祖先就具有多样性的特点。男人在遗传上是自私和独霸,女人就是公允和宽容,并用后者来制约前者。与一个男人就拥有千万后代的事实相反,在遗传和人类进化的历史上从来还没有说过一个女人始祖有过成千上万后代,除非是神话和宗教传说,如基督教中的夏娃。当然,从遗传角度讲,如果历史向前极大地推进,当然会有一位人类共有的母亲。

不过,在人类的进化史上,目前科学研究得到初步证实的是,一般是几个女人才拥有成千上万的后代。比如,被称为"线粒体夏娃"的7位女性,基因检测的结果证明有7位女性是97%的欧洲人的祖母,这7位女性生活在10000年前到45000年前,她们也被称为欧洲的"宗族母亲"。

与此相似的是许多犹太人最近找到了他们共同的原始母亲,但不是一位,而是4位。

以色列海法的拉姆马姆医学中心的研究人员发现,在今天的350万阿什肯纳兹犹太人(Ashkenazi Jews)中,约有40%(140万人)是4位女性共同的后代。这4位犹太祖母生活在2000年前的欧洲或近东,但不一定是在同一地方和同一个世纪。这4位女性每位都在其后代中留下了自己的基因印迹,今天的140万阿什肯纳兹犹太人体内都有这4名祖母的特征性基因,而在非犹太人中没有这样的基因,即使是犹太人,如果不是起源于阿什肯纳兹犹太人,这些特征基因也很少见。阿什肯纳兹犹太人的祖先主要生活在中欧和东欧,从1世纪到2世纪他们从以色列迁徙到意大利,在12至13世纪他们又迁徙到东欧,并在"二战"前繁衍扩大到近1000万人。如今全世界的犹太人约有1300万。

从基因单一性和多样性来看,无论是人类还是其他生物,不能也不该由一个个体或少数个体来播种。在这方面,雌性为避免基因的单一性起到了决定性的作用。

1.6 奥巴马:基因的多样性

与成吉思汗和努尔哈赤众多后裔的基因单一性相比,美国总统奥巴马的基因就体现了多样性。贝拉克·奥巴马(B. Obama,1961—)成功地当选美国第56届、第44任总统,同时也成为美国独立232年以来的第一任黑人总统。

奥巴马的父亲老奥巴马出生在肯尼亚西部一个贫穷的叫做科格罗的小村庄。而母亲安·邓纳姆是来自肯萨斯州的白人。如果再往前追溯,奥巴马外祖父的曾祖母和曾祖父是19世纪70年代生活于印第安纳州的农民,分别叫路易莎·邓翰和雅各布·邓翰。

正是父亲的黑人身世和母亲的白人身世,让奥巴马拥有了肯尼亚、英格兰、德国、法国、爱尔兰等民族的血缘。而且奥巴马和美国三位总统都有血缘关系,杜鲁门、老布什和小布什都是奥巴马的远亲。奥巴马和布什的亲缘关系可以上溯到17世纪,他们往上数10代就能找到同一个祖先。而奥巴马和前副总统切尼也有亲缘关系,两人是同一个祖先的第9代子孙。奥巴马和切尼两人共同的祖先是一个名叫马里·德沃尔的男子,后者在17世纪时从法国移民到美国。德沃尔在美国与理查德·切尼的孙女结婚组成了家庭,而理查德·切尼是从17世纪50年代从英国移居美国的切尼的祖先。

而且,新英格兰历史家谱研究会还指出,好莱坞男星布莱德·皮特与奥巴马是远房亲戚。皮特和奥巴马一白一黑,但在18世纪,他们曾共有一名祖先——第8代祖父埃德温·西克曼。也就是说,皮特和奥巴马是远房表兄弟。

从这些来源还可以往上追溯到奥巴马更多的基因多样性。美国是一个移民社会,奥巴马的母系家族大约要划归于从英国移民到美国的白人,即盎格鲁人和撒克逊人。但是,奥巴马的母系家族并不仅仅只有盎格鲁人和撒克逊人的血缘,还有其他种族的基因。从公元前到公元1066年法国的诺曼人征服英格兰,英国历史上曾先后有几个民族到不列颠岛上定居,分别是伊伯利亚人(属地中海种族)、凯尔特人(第一批为盖尔人,是苏格兰、爱尔兰人的祖先)、罗马人、丹麦人、日耳曼人和诺曼人等。

而日耳曼系的盎格鲁-撒克逊人较为强大,称不列颠岛为"盎格鲁的土地"(Angle-land),就有了后来的英格兰(England)。所以,盎格鲁人和撒克逊人就是现代英格兰民族的祖先。上述所有民族在不列颠岛上当然有过通婚和交流,也因此而出现了基因的融合与交流。所以,奥巴马的母系祖先如果从英国移民美国,就已经拥有了广泛的基因的多样性。而到奥巴马自身更拥有了黑人和白人更为多样的基因和血缘。

人的性格、相貌、体态、动作等有相当部分得益于基因遗传,许多来自前辈的遗传品质和特征,诸如智力、情感、寿命等也可以遗传。如果拥有基因的多样性,上述种种特质中的优秀部分就可能得到充分选择和遗传。

遗传学的三大基本规律是分离律、独立分配律和连锁遗传律。而独立分配规律是在分离律基础上,进一步揭示多对基因间自由组合的关系,不同基因的独立分配是自然界生物发生变异的重要来源之一。在显性作用完全的条件下,亲代间有 2 对基因差异时,后代有 4 种表现型,有 4 对基因差异时,后代有 16 种表现型。依次计算,生物后代会出现成千上万种不同的表现型。

这个规律说明,远缘杂交优势可造成基因重组,是生物多样性的重要成因。基因的多样性至少造成了两种益处。一是有许多来自不同血缘的优势基因可相互交换和融合,以形成后代在体格、外貌和智商上的优异之处。二是避免后代陷于疾病之中。例如,在每个人的 10 万个功能基因上,都会有 5~10 个或更多隐藏的遗传致病基因。血缘远的男女结婚,就有可能减少男女双方的致病基因相遇的几率,最终防止疾病的产生。

但是,在近亲之中就有更多的机会让他们同样的基因相逢,导致疾病的发生。例如有一种遗传疾病,称为"半乳糖血症",非近亲配偶的子女,发生的机会是九万分之一。然而在表兄妹结婚的人群中,子女发病的危险就有 1/4800,为前者的 18 倍。根据中国江苏某地 3355 对三代近亲婚姻所生的 5227 名子女调查发现,患有各种先天性或遗传性疾病的高达 880 人(约占 17%),其中智力低下的人高达 98 人,远远大于同一地区中非近亲婚姻子女的发病率。这就是基因缺少多样性的后果。

奥巴马从其父母的黑人和白人基因多样性所获得的益处是其智商和情商。有好事者估计奥巴马的智商有 130,属于高智商。但是,奥巴马的一切都是美国的秘密,这一数据是否当真,姑妄听之。但从奥巴马拥有哈佛法学博士学位,并能在非常艰难的环境下先战胜党内对手希拉里,然后赢得黑人和白人选民的共同支持,最终战胜共和党对手麦凯恩,毫无疑问地展示了奥巴马的高智商。

犹太人的高智商是一个经典的范本。人类的智商一般是在 90~100 之间,而犹太人的智商比人类的一般智商高出 20~30,纳粹德国因为犹太人在智商测验中比一般德国人的智商高而禁止智商测验。犹太人高智商的原因有多种因素,但其中的首要因素是,犹太人经过近两千年散居在世界各地和当地人通婚,客观上形成了远血缘杂交的事实和优势,其基因获得了充分的多样性,因而他们的智商比一般人高。也同时由于犹太人的世界通婚,造成了他们在基因多样性上的另一种相映成趣和有利的多样性,即肤色的多样性。今天,犹太人有白种犹太人、黄种犹太人、黑种犹太人以及印度和拉美的杂色犹太人。

远血缘导致高智商的另一项统计结果来自国内。父母均是本地人的孩子平均智商为102.45,父母是省内异地者平均智商106.17,而隔省婚配所生子女的平均智商则高达109.35。

生物学和遗传学鼻祖的婚姻则反证了奥巴马拥有基因多样性的珍贵。进化论的创始人之一达尔文是与其表妹爱玛结婚的,但是他们的6个孩子中3人夭折,其余3人终身不育。创立基因学说的美国遗传学家摩尔根也是与表妹玛丽结婚的,但他们的两个女儿都是痴呆并过早离世,他们唯一的男孩也有明显的智力缺陷。

现在我们已经得知,决定智力的基因大多数集中在女性的X染体上。人的23对染色体中22对是常(体)染色体,只有第23对染色体是性染色体,它们决定着人的性别。女性拥有一对X染色体,男性拥有XY各一条染色体,但是,事实上男性的性染色体上X染色体和Y染色体并非是一对染色体,因为它们既不配对,而且Y染色体也比X染色体小得多。

由于男性的性染色体是XY,其中X染色体来自母亲卵子XX减数分裂的X染色体,而Y染色体来自父亲精子XY减数分裂的Y染色体,因此其智商几乎全部来自母亲;女性的性染色体是XX,其中一条来自父亲精子XY减数分裂的X,另一条来自母亲卵子XX减数分裂的X,所以父母各遗传其一半的智商。在此状况下,女性的智商会呈现自然分布,中间状态最多,高低两端的智商较少。但男性因为是完全遗传自母亲,所以男性智商分布会呈现高低两个极端的分布。表现为,男性天才比较多,但是同时,男性中的庸人也较多。

不过,可以肯定的是,奥巴马并非是因为高智商才当选总统的,白人母亲和黑人父亲给予奥巴马的只是基因多样性。而基因多样性也并不意味着天才和遗传决定论。因为,即使有多样性的基因,对于人的成功也只是因素之一,决定一个人发展的更重要的因素是其后天的生活经历和情商,也即文化基因。

奥巴马有父系的非洲之根的文化,同时又拥有美国白人社会的文化渊源,后者是他的白人母亲和白人外祖母所给予的,也是美国社会的多元文化所给予的。但是，奥巴马的多元文化基因还在于他跟随母亲生活，经历了多种生活环境，能接触到美国以外的其他国家的文化，如亚洲的印尼，并随母亲和继父在印尼成长了一段时间，对不同文化的营养有了超过一般人的接触和吸收。奥巴马同样从黑人父亲及其黑人文化中获得营养。奥巴马赞同竞争，认为竞争可以"追求卓越"，同时又认为人应当具有"同感"的道德精神。"强者不是把别人击倒而是把别人扶起来，这才是强者"。

奥巴马经历了童年贫困的生活，有过复杂坎坷的成长过程，还经常接触底层人民并干过从蓝领到白领的多种工作，如做社区工作和做杂志主编等。多元化的文化基因和丰富的人生经历造就了他的高情商，也奠定了其事业的基础。所以，在理解奥巴马的基因多样性的时候，更应当看到其文化基因和情商的多样性。

1.7 我们与表亲

《圣经》里说，人类"本是尘土，仍要归于尘土"。也许，这是宗教中比较典型的与科学有相通的地方。按照生命起源的一些假说，最初的生命是从大爆炸后的泥浆中产生的，由碳、氮、磷等元素形成了最初的有机物，然后再形成单细胞生物。

不过，今天生命内核所揭示的是另一种奥秘，我们与表兄的相似和差异。而人类最亲近的表兄是黑猩猩和倭黑猩猩。

在普通的概念中，灵长类或猿类（类人猿）是通用的。但是，灵长类包括许多种类，如黑猩猩、倭黑猩猩、猩猩、大猩猩、狒狒、猕猴等等。它们尽管同属灵长类，却与人类的关系有远近之别，因此灵长类身上表现出的性格、行为特征、相貌等等与人类有的相似，有的相异。

灵长类中人类的远亲是猩猩、大猩猩、狒狒、猕猴等。比如，猩猩是在约1400万年前就与人类和其他灵长类分离出去了，而大猩猩则是在约750万年前与人类分离的。在约550万年前人类从灵长类中分离出去后，所剩的灵长类是一个称为"潘"（Pan）的大类，包括了黑猩猩和倭黑猩猩，在约250万年前倭黑猩猩才与黑猩猩分离。也就是说黑猩猩和倭黑猩猩在与人类分离之后才相互分离，因此它们与人类最为相近，是人类最亲的近亲。

由于这个原因，有人认为，应当把人类、黑猩猩和倭黑猩猩划为灵长类中的一个大的亚种——人类（Homo）。只不过，我们中相当多的人自以为人类是至高无上的，不屑于让自己与黑猩猩和倭黑猩为伍。

但是，生命内核又证明，人类和倭黑猩猩有99.6%的基因一模一样，而黑猩猩的基因则与人类只相差1%。但为何基因上如此小的差距却让人与黑猩猩在社会行为上有如此大的差异呢？

其实，人与黑猩猩的基因差异是较大的。2005年研究人员完成了对黑猩猩基因组序列草图与人类基因组序列的比较研究，在对比了人类和黑猩猩的24亿个碱基对后，发现人与黑猩猩的基因差异扩大到1.23%。但是，这一数字仅仅反映了我们与表兄碱基取代的不同，并没有包括基因组中DNA的插入和缺失的多态性。如果排除DNA序列插入或删除，两者的相似性实际上只有96%。

此外，黑猩猩缺乏人类拥有的约50个基因，其中有3个基因与炎症反应相关。而人类的进化也并不完全优于黑猩猩，比如人类缺乏黑猩猩所拥有的一个基因，因此人类易患老年性痴呆（该基因能保护大脑不受老年性痴呆症侵袭）。

当然，人类为大脑组织和细胞编码的基因比黑猩猩的大脑基因发生了更多的变化，这也是人类与黑猩猩差异产生的一个重要因素。人类基因组有7个区域可能经历了25万多年的"选择性清除"，这使得突变基因具有明显竞争优势。经过数百代繁殖后，突变种变成了种群里的优势种，相应的突变基因也变成了正常基因。人类基因组中经过选择的也包括与语言相关的基因。

例如，一种独特而神秘的基因帮助构建了现代人类的大脑。而这种基因的作用是给予人类以有别于小鼠、老鼠、猴子和黑猩猩的优势和特点——思考和推理，但黑猩猩和猕猴的这种基因却很少。人类为DUF1220蛋白的一个片断编码的基因显得特别突出，人携带212个为DUF1220蛋白编码的基因拷贝，而黑猩猩只有37个拷贝，猴子更少，仅有30个拷贝。而老鼠和小鼠为这一蛋白编码的基因区域只有微不足道的1个。同时在人体内很多地方都能发现这种蛋白，包括大脑的神经细胞中。这种为重要功能蛋白编码的基因多次重复也许是人类有别于其他物种独特的生物学原因。

后来，我们又发现，人类和黑猩猩的全部基因也在不断地复制和丢失，这进一步加大了我们与表兄之间的差异。而且，我们与表兄的基因副本数量差异竟高达 6.4%。

另一方面,基因差异不仅仅是碱基对排序的不同(基因型),而且在于基因的表现型,要把这两者联系起来是一项艰巨的任务,这也决定着我们与表兄的智力与社会差异。再从我们与表兄之间的大脑特定区域4000 个基因的复合表达来看,人的大脑皮质有 17.4% 的基因关联是人类所特有的。尽管这一发现不能揭示为何人类会患老年性痴呆而黑猩猩却不会,但能够更清楚地说明我们与表兄的差异。

当然,从生命深处的差异还可以扩展到第二信号系统的语言以及情感的差异。尽管黑猩猩也有情感,但是比较起来就比人差多了。例如,人可以怀恨在心,但黑猩猩似乎并不会。

如果在笼中的黑猩猩前面放一张桌子,上面摆满了食物。然后用一根绳子系在桌子上,黑猩猩拉一下绳子,就可以把桌子弄翻。然而,黑猩猩极力忍着,不慌不忙地扯绳子,直到它们能够得着食物。可是,当把食物移到桌子的另一边时,黑猩猩失落极了,于是,它们突然将桌子打翻,但这样的概率只有 30%。

随后,又将第二只黑猩猩关在桌子对面的笼子里。食物被移到第二只黑猩猩的那边,让第二只黑猩猩受益。如果第一只黑猩猩要怀恨在心的话,它就可以打翻桌子,阻止对手吃掉食物。但是,黑猩猩并没有太大的过急行为,只是表现得跟先前一样的失落,同样,它们突然将桌子打翻的概率也只有 30%。但如果第二只黑猩猩通过拉自己这边的绳子,努力将食物向自己这边移动时,第一只黑猩猩会马上勃然大怒,它们突然将桌子打翻的概率上升到 50%。

如果是人类,比如,你是一个生日聚会中的孩子。妈妈给你一块蛋糕,然后又拿走,转而给了另一个孩子。这不是那个孩子的错,但你会迁怒于那个孩子,只因他的运气好。黑猩猩却不关心谁得到了蛋糕,只关心谁在从它这里抢蛋糕。也就是说,黑猩猩不能从他人角度看事情。

当然,比较起来,人类确实关心对他人有影响的结果,其好的一面是利他主义。但怀恨在心又与利他主义一样是一对邪恶的双胞胎,二者难以分开。

当然,我们与表兄如此地亲近,以致人类与黑猩猩有 29% 的共同基因编码生成同样的蛋白质,而且两者都拥有一些变异很快的基因,比如涉及听觉、神经信号传导、精子生成、细胞内离子传输的基因。另外,从同病相怜的角度看,人类与黑猩猩还共同拥有一些易于引起病变的基因。

再从社会性来看,我们与表兄也有相似和差异。黑猩猩也有社会生活。他们的社会充满暴力,等级制森严,残忍,以雄性为主,用打斗来解决冲突;倭黑猩猩则爱好和平,以雌性为主,用愉悦的性爱和协调来解决问题和冲突。人类的特点是具有两面性,这种两面性就来自黑猩猩和倭黑猩猩。人类的侵略性、权力欲望和父权家长制的趋向要归结于黑猩猩;另外一面,人类的爱好和平、平等主义、母权制和享受性爱又来自倭黑猩猩。

黑猩猩代表人类两面性中的"魔鬼"一面,倭黑猩猩则代表人类两面性中"天使"的一面。黑猩猩的头更大、脖子更粗、肩膀更宽,倭黑猩猩则更为笔直苗条。当站立或垂直爬行时,倭黑猩猩的背部看起来比黑猩猩更为舒展,原因在于倭黑猩猩的人形体格。正因为如此,倭黑猩猩被比做"露西",即人类的祖先——南方古猿。

所以,如果要问人类来自何处,答案之一是黑猩猩和倭黑猩猩;如果要问人类与谁最相似,答案也是黑猩猩和倭黑猩猩。

1.8 世上没有完全相同的两片绿叶

"你和我,来自同一个世界;心连心,我们是一家人"。(You and me, from one world, heart to heart, we are one family.)

人的生命内核所揭示的正是这样一种境界,你,我,他,都是一家人,都极其相似,但却又不同一家人,因为你不是我,我们之间有差异。原因在于,每个人的基因组尽管极其相似相同,但也存在着微弱的差别。

任何事物认识外部是最为容易的,生命也是如此。所以,人们对人及其他生命的外形比较熟悉,但对主宰生命的内核——DNA却不太了解。然而,如果从本质上看,生命就是 DNA。

我们的生命有几个基本要素。一是基本上都由碳、氢、氧、氮、磷、硫、钙等元素构成;二是要有遗传物质(DNA),能复制自我和繁衍生息;三是能进行新陈代谢,如合成和代谢蛋白质;四是能与周围环境进行交流,并适应环境而求得生存。

其实,生命的内核 DNA 就已经具备这些要点了。人的 DNA,或称染色体,包含有决定生命的无数基因,可以统称为人类基因组。所以,DNA 也就是基因组。其中某一 DNA 片段就是基因,包括功能基因(能编码和修复蛋白质)和非功能基因(辅助功能基因的作用)。

2000 年 6 月 28 日人类基因组工作草图完成,现在已经有三个人的个人基因组图谱被描绘,他们是基因专家克雷格·文特尔(C. Venter,1946—)、1962 年诺贝尔医学奖得主之一詹姆斯·沃森和一位中国人(未透露姓名)。这三人中,前二者是西方人,他们在外貌和体质上比较相像,后者是中国人,外貌和体质与前二者有较大差异,这一切主要是由基因来决定的。

基因决定着人的相貌、肤色、身高、毛发颜色,甚至性格,而且也决定每个具体的人是否会患病,同时还决定着每个人的体强体弱之分。所有这些又都与碱基排序的不同有很大关系。碱基排序的差异也称为单核苷酸或碱基多态性(SNP)。人与人、人与动物、动物与动物有时的基因碱基排序差异并非太大,例如人与黑猩猩的基因差异也只有约 1%,人与人之间的基因差异却只有 0.1%,也就是说每一千个碱基对才有一个有差异。但是,如果是 30 亿个碱基对,其中的差异就会很大,有 30 万个碱基对的差异,完全是差之毫厘,失之千里。

所以,即使是同一人种的沃森和文特尔,其间的差异也非常之大。2005 年,沃森同意由美国 454 生命科学公司为自己绘制完整的基因组图谱。这家基因技术公司将相关工作命名为"吉姆工程","吉姆"是沃森名字"詹姆斯"的昵称。正式测序是在 2007 年 3 月。在此之前的两年时间,454 生命科学公司提取沃森血样逐个识别沃森基因的 30 亿个碱基对,后来用 67 天时间为这些碱基对排序,从而绘制了沃森的基因组图谱。

为保证准确,研究人员 6 次复查沃森的基因组。2007 年 5 月 31 日,454 生命科学公司在美国得克萨斯州贝勒大学举行了一个仪式,交给沃森一张 DVD 光盘,上面以数据形式刻有他的基因组图谱。同日,沃森的个人基因组图谱向全世界公开。

沃森对自己基因组的开放态度是够大胆的了,但是,真正能读懂其基因奥秘的却未必有几人。原因在于,一是个人基因组是绝对隐私,需要保密,二是能够破译基因密码或读得懂基因中蕴含的秘密的人并不多。就连揭示了 DNA 双螺旋结构的沃森也并不一定能了解自己的 DNA 链中有哪些具体的功能基因,而且这些基因是否有唯一性。目前沃森只知道,自己的某个基因变异会增大患病风险,例如,只有不吃巧克力才能降低风险。而且,沃森的基因组中也有患老年性痴呆症的基因。

不过,同为白人的文特尔,与沃森的基因差距也很大。文特尔的基因组显示,他患心脏病的几率高于一般人,这一遗传特征可能来自于他59岁就死于心脏病突发的父亲。因此在生活方式上,文特尔最好选择高纤维、低脂肪的早餐食品,控制自己的饮食。现在他的早餐食谱中只有一碗麦片和一杯加了少许红糖的脱脂牛奶,以避免患心脏病。当然,文特尔的基因特点也给予了他享受美味的权利,比如他在晚上可以放心享用牛排大餐,因为他所拥有的一个基因大大减少了感染疯牛病的风险。

文特尔的基因组分析还为他的蓝眼睛找到了决定性依据,那是由一个名为OCA2的基因所决定,与此相似,中国人的基因组中也可能找到决定中国人黑眼睛的基因。但不幸的是,文特尔一个与视力有关的基因——CFH基因发生了变异,这让他失明的风险增加了4倍。

CFH称为补体因子H,它的基因变异可以引发老年性黄斑病变。这是老年人最常见的眼科疾病,仅在美国就有1500万不同程度的患者,至今没有特效药物治疗。患者通常在50岁以后视网膜中央的黄斑部位发生萎缩,导致视力不断下降,严重的会引起失明。

CFH基因与老年性黄斑病变相关。这个基因位于人类第一号染色体上,它的一个单核苷酸变异形态,会使老年性黄斑病变的发病风险增加3~7倍。约有一半老年性黄斑病变患者或高风险患者带有变异的CFH基因。

即使是同一人种的沃森与文特尔都存在着如此大的差异,就更不用说其他人种之间的差异了。所以,尽管我们希望世界是一个家庭,但正如世界上没有相同的两片绿叶一样,世界上也没有完全相同的两个人,除非是单卵孪生子。其实,这就是生物和人类多样性的遗传或生命内核基础。有了这个基础,才会有色彩斑斓的世界,也才有千姿百态的生命个体。

1.9 生命如歌

DNA双螺旋是由碱基A—T、G—C、T—A和C—G联系或捆绑在一起的。碱基是庞大的,它们有30亿对,这样的排列组合是由序列来区分的,即 A—T、G—C、T—A 和 C—G 的不同排列组合显示其生命的意义。

这种意义有两个方面。一是一个生命个体与另一个体生命的区别,二是正常与异常、和谐与混乱、健康与疾病的差异。从 A—T、G—C、T—A 和 C—G 的不同排列组合很容易让人们想到一种现象,生命如歌,如旋律般优美,而疾病或异常则与噪音和杂音相似。

生命如歌并非是指人生如歌,后者是指人生的经历和体验,有千回百转,也有千辛万苦,还有爱恨情仇和酸甜苦辣。生命如歌指的是由碱基的不同循环往复所产生的变化,就如同乐谱的循环往复所产生的各种优美的旋律一样。

人类和自然界中的种种生物都有音乐的才能,不同的是其他生物的歌唱是一种天然的的本领。例如,自然的乐声种类繁多,无处不在。晨曦中小鸟的啁啾,暮色中寒鸦的号叫,海洋深处鲸们的浅吟低唱,深山密林中虎豹的长啸短吼,都是自然的音乐。甚至丛林深处的松涛声,竹林中幼竹生长的拔节声,月光下纺织虫的鸣叫合唱,深夜中蟋蟀的小夜曲,泉水叮咚,溪流淙淙,江河怒吼,都是天籁的优美的有机组成部分。

人类除了自然的歌唱本领外,还有创作优美音乐的才能,人类创作出来的乐曲无论是模仿其他生物的也好,还是独创的也好,其本质都与人类的 DNA 有某种联系。人的生命的独特就在于,音乐家可以通过 1(do)、2(re)、3(mi)、4(fa)、5(sol)、6(la)、7(xi)这几个表示音高的音符经过有规律的排列组合,谱写出无数悠扬动听的歌声和旋律。而这些音符的组合像极了人类和生物 DNA 中不会说话的 A—T、G—C、T—A 和 C—G 排列组合。如果它们的排列组合是有规律的,那就至少如同乐音一样,优美动听。如果它们的排列组合是不规则的,例如在疾病状态下,就会像噪音一样,刺耳难听。

然而,大音稀声,大象无形。人体和生物体内的由不同的碱基排列组合会不会是大音稀声呢?是像有固定频率的、周期性震动的声源发出的乐音呢?还是无规则的非周期性振动所产生的噪音呢?

1986 年美国加利福尼亚州希望城贝克曼研究所的大野进(S. Ohno,1928—2000)和大野美登里(M. Ohno)发现,人类与生物 DNA 呈现的是如歌的生命特征。四个基本碱基的循环往复排列既是基因编码,也是一种旋律的谱写过程。

他们把胞嘧啶(C)与1(do)相对应,腺嘌呤(A)与2(re)和3(mi)相对应,鸟嘌呤(G)与4(fa)和5(sol),胸腺嘧啶与6(la)和7(xi)相对应,再让胞嘧啶(C)与高音 i(do)对应,结果,这些基因编码谱出了音乐。但是这种基因音乐并不像旋律一样绵绵不断,美妙动听,因为基因的重复有些单调、串连和聚合,但也表现出某种旋律的结构。而且,每个基因都有自己的风格,一些基因有点像巴洛克的音乐,因为它们一再重复发音。另一些基因所谱的曲子则有些浪漫,因为它们的碱基重复有些隐秘而且被较长的区间所间隔。

例如,小鼠的为核糖核酸聚合酶Ⅱ编码的一段基因所谱的曲听起来像肖邦的钢琴曲,而编码细胞黏附分子的基因所谱的曲则像德彪西的乐曲。为胶原组织编码的基因所谱出的曲子有些像巴赫。为人类X性连锁磷酸甘油激酶编码的基因所谱的曲则很像萦绕于心头挥之不去的忧郁小提琴旋律,似乎这样厌世的旋律已经保留在人的基因中已经有千百万年。

后来,关于基因音乐的研究便广泛开展。有人把白血病Ⅱ型病毒的基因按简谱的对应关系谱曲,产生的音乐使人愁肠百结。还有人按英语的习惯把四个碱基 T、G、A、C 分别对应为 3(mi)、4(fa)、5(sol)、i(高音),由此谱出的胰岛素基因的乐曲优美迷人,其旋律就像《幸福勤劳》那样动听。

无数的基因音乐提示,如果将人类 DNA 中的各种基因片断谱曲,那将会是一个巨大的音乐宝库,而且这些音乐可能暗含健康、疾病与长寿的玄机。例如,健康人的基因所谱写的乐曲可能是美妙动听的,至少是乐音;而患病者,尤其是重病者,如晚期癌症患者癌细胞中的基因所谱出的曲子可能是难听的、晦涩的,至少是让人难以忍受的噪音。

那么,到底是生命内核的基因所蕴藏的音乐更为美妙呢,还是人类通过对音符的排列组合所谱出的曲子更为动听?是人类基因中暗含的音乐指挥或指导着人类作曲呢,还是音乐家所谱的音乐本来就暗含与DNA 中碱基编码的对应呢?

这一切现在当然无从知晓,但随着人类基因组和功能基因的破译以及对生命内核的认识慢慢深入,是可能弄清其中的奥秘的。今天,至少可以说,生命内核 DNA 暗含的音乐密码与人类音乐家的谱曲和歌唱是另一种天人合一的关系。这种关系可能不仅仅可以解释疾病和健康,还暗示着生物进化和事物发展的一些基本规律,同时,人类基因中可能蕴藏着无数的天籁之音。

因此,生命如歌,生命也如同美妙的各种旋律。我们完全可以把福楼拜(G. Flaubert,1821—1880)的话——科学与艺术在山麓下分手,必将在山顶重逢——改写成:科学与艺术在山麓下分手,却早已在生命内核中重逢和融合。

1.10 参差多态乃生命的本源

英国哲学家罗素(B. Russell,1872—1970)说,参差多态,乃幸福的本源。这是似乎一个不证自明的自然规律。例如,一种声音建构不起美妙的旋律;一棵树木无以构成广袤的森林;一花独放难以演示春色满园。生命也是如此,只不过,参差多态乃生命的本质,也就奠定了幸福的本源。从广义上看,生物多样性是地球上所有生物的资源宝库,也是人类生存的基础。从生命的内核看,DNA 本身也有多元性。这种多元性不只是多种生物所拥有的千姿百态的 DNA,也在于,人的 DNA 也是多种多样的。

沃森和克里克等人揭示的 DNA 双螺旋固然以其优雅和富于立体感的结构成为人们心目中分子生物学的完美标志,甚至体现生命的本质特征,但迄今是不是所有生物和人类的遗传物质 DNA 就只有双螺旋这样一种结构呢?当出现了与经典的 DNA 双螺旋结构不一样的其他 DNA 结构时,我们又如何看待它们呢?

根据生物多样性的现实存在,根据参差多态的原理就可以推论,DNA 并非只有双螺旋一种结构。现在,至少已知发现,DNA 有 9 种特殊结构。而且当我们深入走向 DNA 的深处,就会发现 DNA 的结构也许并不止这么多。当然,相对于现有的经典的双螺旋 DNA 结构,其他的 DNA 结构也许处于非主流地位,但这并不意味着它们不重要。对待它们的态度正如我们人类社会对待各种文化的态度一样,是应当等同的。

人类社会的实践早就证明,社会文化的多样性对促进社会的发展与和谐具有至关重要的作用。同样,DNA 结构的多样性对我们认识生命现象的多样性也具有关键的作用,至少可以让我们更好地理解和治疗疾病、开发新药和理解生命的本质。

DNA除了是双螺旋,也可以是三螺旋,还可以是各种各样甚至千奇百怪的折叠弯曲。过去人们以为双螺旋以外的DNA只是实验室中制造出来的怪胎,不会存在于活体生物中。但实际上,各种各样的DNA结构不仅存在于活体细胞中,而且具有特殊的意义,至少可以深刻地解释我们还知之不多的疾病,如癌症、精神分裂症和孤独症等。

要知道三螺旋是怎样形成的吗?看看人体DNA就可以了,因为人的DNA就有多种多样的三螺旋结构,它们重叠起来,形成结节状的DNA。当DNA的双螺旋体的一部分解开时,其中一条DNA链可以折叠回去,以特殊的碱基配对形式与没有解开螺旋的部分配对,也就形成了三螺旋。而两条或两条以上的三螺旋就形成了结节状的DNA。

那么,非双螺旋结构的DNA为我们提供了什么信息呢?还是以一种称为"脆性X综合征"的神经疾病的病因发现过程为例来说明吧。

1991年,不止一个国家的研究人员发现,脆性X综合征是因为一条DNA链上的CGG三个碱基多次重复所致。这样的多次重复阻止了体内FMR1基因的复制,因而造成脆性X综合征。在正常情况下,健康人体内也有这样的碱基重复,但通常低于40次,最多不超过200次。不过,如果这种碱基重复上升到230~1000次,就会产生脆性X综合征。大量重复的碱基首先导致DNA结构的变化,从而造成功能的变化,也就形成了疾病。所以,DNA链上的碱基排序是决定DNA结构的关键,结构变化了,功能也就不一样了。

2004年3月,美国南加州大学的迈克尔·利伯也发现,除双螺旋之外,特殊的DNA结构也存在于人的活体细胞中,但这通常是疾病的根源。比如,18号染色体的DNA有一个部位总是发生断裂。在试管中对此染色体检测发现,断裂部位有几段单链DNA。对活体细胞中的这些染色体部位进行检测也发现了单链DNA的存在。而在这些部位的非配对碱基表明存在特殊的DNA结构,也许它们与癌症有关。

那么,迄今发现的非双螺旋DNA结构是不是就一定是非主流的、异常的DNA结构呢?在没有研究事实之前这是一个难以回答的问题。但是,根据参差多态的原理,自然界甚至不同的人和生物中,除了双螺旋DNA结构外,很有可能存在也是正常的而非异常致病的DNA结构。也就是说,双螺旋并不是唯一的DNA结构,非双螺旋的DNA结构也并非只意味着疾病,同样可能是一种自然状态。

我们应当如何对待这些形形色色的非双螺旋DNA结构呢?参差

多态和生物多样性其实就已经是自然为我们指明的一种方向。这同样适用于人类文化的多样性。2004年7月15日联合国发表的人文发展年度报告得出的结论是,保持文化多样性和保护少数民族的权利对于持续发展和社会稳定至关重要。国家没有必要建立在单一文化认同之上。政府采取有利于少数民族的赞助性行动或多语教学政策,可以促进国民的团结,降低民族之间爆发冲突的危险。所以,各国都面临这样的选择,要么接受并促进文化多样性,要么遭遇暴力冲突、发展滞后等问题。

同样的道理,承认并在研究中加深对非双螺旋DNA结构和功能的认识,并给予它们以双螺旋结构同样的地位是应有的态度。因为,正如美国有的研究人员评论说:各种DNA结构都很重要,我不认为它们出现在这个世界上只是为了博分子生物学家一笑。它们的存在必然有其理由。我们面临的挑战是发现这个理由。

可以说,DNA非双螺旋结构的发现必将开辟生命认识和分子生物学的新天地,至少让人们更能明了癌症、精神分裂症和孤独症等的机理,并同时把双螺旋和非双螺旋的各种DNA结构看成是组成这个世界的必不可少的多元要素,如此这个世界才会充满生机和丰富多彩,正如人们今天承认同性恋也是一种正常的性指向一样。

1.11 拼出生命奥秘的蓝图

人的所有思维和行为都与基因有关,无论是正常的生理活动还是异常的病理状况,都取决于功能基因。但是,怎样才能知道哪种或哪些基因控制着人的行为和思维,或者与生命的某种行为有关呢?所以,寻找功能基因,也就是DNA上的某一片段或某几个片段,能打开我们理解生命内核的一扇扇窗户。

但是,寻找功能基因的任务如同拼图。正如法国昆虫学家法布尔(J-H. C. Fabre,1823—1915)所说,"不管我们的照明灯能把光线投射到多远,照明圈外依然死死围挡着黑暗。我们四周都是未知事物的深渊黑洞,但我们应为此而感到心安理得,因为我们已经注定要做的事情,就是使微不足道的已知领域再扩大一点范围。我们都是求索之人,求知欲牵着我们的神魂,就让我们从一个点到另一个点地移动我们自己的提灯吧。随着一小片一小片的面目被认识清楚,人们最终也许能将整体画面的某个局部拼制出来"。

正是由于不断地探索和拼图,现在已经发现,人类的功能基因并非是原先估计的10万个,而是约3万个。人类所有功能基因只占全部遗传密码的5%,剩下的95%是非功能基因,即不是为产生蛋白质而编码的基因。然而,这些庞大的非编码区基因并非是多余的,而是如同庞大的后勤部队和预备队一样,支撑着功能基因,同时也准备着一旦功能基因失效和受损后能随时站出来修补和替换它们。

非功能基因就像是一篇文章中的标点符号以及副词、连接词一样,起着修饰和衔接句子、段落、篇章的作用,并决定着一篇文章的风格,是流畅明朗还是晦涩深奥。相应地对于人就可能是起着决定着人的气质、性格和行为方式等的作用,当然后天的生活也共同起着作用。比如一个功能基因决定着某个人的身高,但非功能基因(非编码区基因)则可能决定着这个人什么时候长高、最终长多高、什么时候停止长高等。因此基因和功能基因的数量、基因表达方式和管理方式等结合起来才决定一种生物的基本特征。

要知道哪种基因控制人的生命现象,例如吃饭、睡觉、运动、歌唱等,常用的方法是对动物"敲除基因"或让某一特定基因变异,以观察这种基因被敲除或变异后,动物会产生什么样的行为。

例如,千万年来,人类形成了日出而作、日落而息的行为方式。人人都需要睡眠,但睡眠的机理我们知之甚少,而且睡眠显然与生命内核的基因有千丝万缕的联系。通过对果蝇基因的敲除和使其变异,我们现在知道至少有两种或更多的基因调控着睡眠。这两种基因涉及睡眠的周期和时间,称为"周期基因"和"无时间基因",它们是生物时钟的基本构成成分。如果果蝇缺乏"周期基因",它们似乎在睡眠上并无异常。但是"无时间基因"发生突变或被敲除后,果蝇的睡眠便减少了,而且不会有补觉的行为,它们并不想睡觉。

果蝇有1.4万多个基因,美国威斯康星大学的西雷尼(C. Cirelli)发现,果蝇的睡眠基因叫"沙克尔"(shaker),如果它被敲除或发生变异,果蝇的睡眠时间至少比正常果蝇少三分之一。一般情况下果蝇每天睡眠10~12小时,而基因变异的果蝇每天只需要3~4小时的休息。"沙克尔"基因控制睡眠的原因在于,该基因使果蝇体内产生一种蛋白质,这种蛋白能够促使钾离子进入神经细胞。"沙克尔"基因发生变异后，果蝇体内的钾离子就无法进入神经细胞，因此可能导致果蝇睡眠减少。

果蝇的基因构成与人类相似，它的睡眠特征，比如睡眠不足导致反应迟钝等都与人类相似。人体内也存在"沙克尔"基因，它的作用也与果蝇的类似。从这里也就找到理解人类生命内核的窗口。

由此也提示，发现人类的功能基因除了基因敲除，还需要在动物身上进行与人类相似的对比。所以，无论是从果蝇，还是从小鼠身上都可以比较人类的功能基因。例如，敲除小鼠的 NR2B 基因会使得小鼠变笨，而移植了这一基因则让小鼠变得聪明，于是我们知道了 NR2B 基因与智力有关，是"聪明基因"。

当然，也可以采用直接对比的方法发现功能基因。美国休斯顿贝勒医学院（Baylor College of Medcine）的乔治·温斯托克（G. Weinstock, 1949—　）破译了海洋中一种独特生物——海胆的基因组。尽管人与海胆的进化相去甚远，但海胆的基因组与人类基因组比较相似。例如，尽管海胆没有眼和耳，但却有类似于人类主管视力和听力的基因。海胆像人而不像昆虫和软体动物，它和海星都有内骨骼。海胆比其他常用的实验动物模型如果蝇、线虫等更接近人类，但是又比小鼠和鸡等脊椎动物更远离人类。

海胆的免疫系统最令人吃惊，一些特定的基因参与识别病毒和其他入侵者。人类也有数十个这样的基因，而海胆的这种基因有数百个。它们能防御病毒和细菌，这也许是海胆这种生物的寿命可达百年以上的原因。另外，一些被认为是脊椎动物独有的基因也在海胆基因组中存在。比如，人类用于视觉和听力的基因在海胆基因组中也存在，只是功能不同，可能是感受光和热。通过这样的对比，可以发现更多的人类功能基因，并可以解答无数的生命问题。

当然，发现功能基因还可以在基因敲除方法的基础上改进，从而更快地发现人类生命内核中的所有功能基因。传统的基因敲除是，在实验鼠还是干细胞状态时将其中某个基因剔除，然后使其发育成为基因突变的白鼠，从而观察去除某种基因后的小鼠的生理和行为，以确定该敲除基因的功能。然而除了技术难度很大外，这种方法的研究周期也很长，两名研究人员一年内才能培育出两个基因剔除的小鼠。

于是，在此基础上美国耶鲁大学的许田发现了 PB 转座因子，能够引发基因突变。转座因子可以进入基因组内不同位置，并导致基因突变。PB转座因子是在蛾子体内发现的,能够稳定引起哺乳动物基因突变,也就能定向敲掉某些基因以确定其功能。由于PB转座因子是从飞蛾体内找到的,便因此而获得了一个中文名字"夸蛾"。"夸蛾"是中国神话《愚公移山》中的大力士,而PB转座因子则是微观世界里的大力士。夸蛾进入基因组后,就好像一枚已经锁定目标的鱼雷,可以直接插入到相应基因当中,然后引起这个基因的突变。利用夸蛾来引起基因突变,两名研究人员可以在3个月内培养出70个基因突变的小白鼠,并确定其基因功能,因而把研究效率提高了140倍。

1.12 基因与心灵

瑞士心理学家卡尔·荣格(C. G. Jung,1875—1961)说,世界发展的趋势显示,人类最大的敌人不在于饥荒、地震、病菌或癌症,而在于人类本身。因为,就目前而言,我们仍然没有任何适当的方法,来防止远比自然灾害更危险的人类心灵疾病的蔓延。

尽管我们还不能防止心灵的疾病,但是,今天,我们对心灵有了一些了解,并从生命内核深处来解读心灵的奥秘。

心灵的基础当然是生理和环境,所以在基因的深处镌刻着心灵的密码。还是从基因敲除来看看,基因如何影响甚至决定着心灵。

美国北卡罗来纳州杜克大学的冯国平(Guoping Feng)等人敲掉小鼠的一个称为Sapap3(为SAPAP3蛋白质编码)的基因,这种突变小鼠变得比正常小鼠更为焦虑并且强迫性地整理它们的面部。这种行为反复出现的后果是,它们的毛发脱落和皮肤受伤。当对小鼠服用治疗人类的妄想性强迫症的药物(选择性血清素重吸收抑制剂)后,它们的焦虑和强迫症状消失了。如果注射一种促发物到突变小鼠的纹状体内,让它们的Sapap3基因复原后,又可治好它们的强迫症,而且把这种基因仅仅放置到大脑很小的区域,也可以让它们的行为变得正常。那么,人的Sapap3基因在23对染色体的什么地方?这正是从生物学角度理解灵魂的窗口。

每个人都会产生恐惧情绪,而且除了对死亡、暴力、战争、灾难、奇异现象产生恐惧外,每个人的恐惧对象甚至大相径庭。例如,有的人怕蜘蛛,有的人怕毛毛虫,还有的人怕老鼠。那么基因是否表达着恐惧?

现在对这个问题的答案是肯定的。例如,美国新泽西罗格斯(Rutgers)大学的格莱博·苏米亚茨基(G. Shumyatsky,1964—　)等人发现了决定恐惧的基因,它控制着大脑中一个与恐惧反应有关的区域的蛋白质分泌。这种基因称为胞浆磷蛋白基因,能编码并产生胞浆磷蛋白(stathmin)。这些蛋白高度集中于大脑中产生恐惧和焦虑的区域杏仁体。如果这种基因缺失,哺乳动物和人就不会感到恐惧。可以说,胞浆磷蛋白基因就是恐惧基因。这就让我们能更为深入地理解人和动物的恐惧、焦虑、抑郁、精神创伤后综合征(PTSD)、边缘型人格障碍症,甚至精神分裂症等。

西方医学的奠基者、古希腊的希波克拉底(Hippcrates,约前460—前370)和古罗马的名医盖仑(Galen,129—200)创建了气质的四种类型学说。他们认为人有四种体液,血液、黏液、黄胆汁和黑胆汁。这四种体液在每个体内所占比例不同,从而确定了胆汁质(黄胆汁占优势)、多血质(血液占优势)、黏液质(黏液占优势)、抑郁质(黑胆汁占优势)四种气质类型,各有不同的心理特征。

胆汁质的人是以情感发生的迅速、强烈、有力为特征,同时动作的发生也是迅速、强烈、有力。属于这一类型的人都热情,直爽,精力旺盛,脾气急躁,心境变化剧烈,易动感情,具有外倾性。

多血质的人情感发生迅速、微弱、易变,动作发生也迅速、敏捷、易变。偏于这一类型的人,大都活泼好动,敏感,反应速度快,热情,喜与人交往,注意力易转移,志趣易变,具有外倾性。

黏液质的人情感发生缓慢、内蕴、平静,动作迟缓、稳重易于抑制为特征。偏于这一类型的人大都安静,稳重,反应缓慢,情感不易外露,沉默寡言,善于忍耐,注意力不易转移,具有内倾性。

抑郁质的人情感体验深而持久,动作迟缓无力。属于这一类型的人大都反应迟缓,善于觉察他人不易觉察的秋毫细末,具有内倾性。

尽管这一理论至今人们还在运用,但是其科学性也受到广泛质疑,例如,所谓黄胆汁和黑胆汁并未得到解剖学和生理学的验证。所谓的黏液质和抑郁质成分过多,必然是一个不善交际甚至有社交恐惧症的人,这种说法也只是一种并未完全证实的说法。希波克拉底和盖仑最初的研究只不过注意到了人的心理现象与生理特质的某种关系。这种联系有合理的一面,但局限于当时人类的认识,不可能获得较为科学的解读,因为他们的假说并不能得到实验科学的充分验证。

现在，生命内核的研究揭示，人的心灵当然是由生理和生物学特性所决定的，其中基因在一定程度上决定着人的心理特质，如气质、性格等。

老鼠与人的习性稍微有些相像，当它们与陌生者，尤其是具有攻击性的同类接触时，会退缩和不安。美国得克萨斯大学西南医学中心的艾里克·内斯特（E. Nestler，1954—　）把一只小棕鼠放入一个装有进攻性强的大白鼠笼子内。经过10天与攻击性强的大白鼠的较量，小棕鼠似乎有了社交恐惧。即使在受到欺凌后一个月，这种在正常情况下群居的小棕鼠也退缩到笼子角落，远离大白鼠和它的其他同类棕鼠。

棕鼠的社交退缩显然与大脑中的奖励回路有关联，这个神经回路能够让老鼠在获得食物、性和药物后感到满足。随后内斯特又去除了一组棕鼠大脑奖励神经回路中的一个关键蛋白，称为大脑衍生嗜神经组织因子（BDNF）。去除了BDNF的棕鼠不再害怕有攻击性的老鼠。这意味着BDNF基因是决定生物恐惧的生物学原因，也是大脑奖赏神经回路中的关键分子。实际上，恐惧也就是一种基因编码的神经分子。

慢性疲劳综合征（CFS）也是一种心灵的病症，总是困扰着现代人。然而，基因的变化可能是造成这种神秘的心理疾病的重要原因。慢性疲劳综合征有时也称作肌痛性脑脊髓炎（ME），它造成疲乏、嗜睡和记忆力差等症状。20世纪90年代该病还获得了"雅皮士流感"（yuppie flu）的绰号，从而引起人们广泛注意。尽管该病呈现精神症状，而且没有明确的生物学原因，因而人们广泛怀疑有无此病的存在，但现实生活中确实有很多人患上此病，仅在美国就有100万人受此病症的影响。但是，该病又找不到明显的原因。

对病人采取血样进行基因对比分析，发现CFS患者有12个基因产生特征性变化以帮助身体处理CFS的应急状态。而其中一组基因序列可以预测某个人是否患有CFS，准确率可达75%以上。这也意味着基因在某种程度上决定着慢性疲劳综合征这种心理疾病。

其实，人类的大部分心理活动包括心理疾病都与基因紧密相联，或有千丝万缕的联系。只是，我们过去并不了解而已。当人类从生命内核着手去看待自身的心灵时，也许可能找到某种方式来防止远比自然灾害更危险的人类心灵疾病的蔓延，甚至使我们的心灵更为强健。

1.13 基因不是上帝

基因固然决定着人们的个性、性格,人的生老病死以及个体之间的差异,但基因并非是万能的主宰,更不是上帝。因为人的生活方式也调节和开启着基因。换句话说,后天因素也制约着先天因素。

例如,如果你能在生活中全面改变生活方式,包括健康的饮食和更多的锻炼,不仅能产生更好的体形,而且能导致你基因的开启和巨大的改变。美国加利福尼亚索萨利托的预防医学研究所所长、加利福尼亚大学临床医学教授迪恩·奥尼希(D. Ornish, 1953—　)等人追踪调查了30名确诊为有低度危险的前列腺癌症病人,得出了生活方式改变基因的结论。

这些病人因个人原因拒绝常规医疗,如外科手术、放射治疗或激素治疗。但是,他们经历了3个月的主要生活方式的改变,包括多吃水果、蔬菜、全谷物食品、豆科类食物(大豆、扁豆等),同时进行中等强度的锻炼,一天步行半小时,以及每天进行一个小时的压力管理训练,如沉思、做瑜伽。

这些生活方式的改变达到了预期的效果,减轻了体重,降低了血压,并且显示了其他方面的健康改善。在把这些人生活方式改变前后所提取的前列腺做生物活检并相互对比时,还有了意外的发现。

3个月后,这些人的500多个基因发生了改变,其中有48个防止疾病的基因开启,而有453个与疾病有关的基因关闭。最让人高兴的是,在大量的促发疾病的基因,包括涉及前列腺癌和乳腺癌的基因关闭的同时,一些预防疾病的基因的活性得到了增强。

仅仅改变吃喝和行为方式就会让数百个基因发生改变,因而也可能会改善健康和阻止疾病的发展,就不仅说明基因与行为方式的互动,而且也有可能作为一种医疗方式在未来加以使用。这500多个基因对正常组织产生有益的影响可以惠及所有人,包括女性。例如让48个阻止疾病的基因开启并充分发挥作用,而让453个促发疾病包括涉及前列腺癌和乳腺癌的基因关闭或失活,就会让人少患疾病,阻止前列腺癌和乳腺癌的发生。

现实生活中很多人患癌后都会认为患癌是天生注定的,因为癌症基因早就植根于遗传密码中。但是,越来越多的证据告诉我们,改变生活方式就能改变基因,也就可以阻止癌症的发生。这也提示,基因并非决定一切,有时甚至也可以通过环境因素开启和闭合基因,从而改变人的本性。

当然,通过生活方式开启或关闭基因需要从小处着手,这也是一个集腋成裘的过程。例如,进行小量而逐步增加的生活方式改变,每天步行2000步,少吃100卡路里①的食物(每个正常人一天摄取总热量应为2000卡路里,运动者可适当增加。而每克脂肪含热量9卡路里,每克碳水化合物含热量4卡路里,每克蛋白质含热量4卡路里)。也就是说,少吃10克脂肪和2克蛋白质就相当于减少100卡路里。日积月累,这种少量的变化就会成为有意义的生活方式的改变。

其实,早在奥尼希的发现之前也已经有更多这样的结果。例如,医生对93名早期前列腺癌病人进行不同的治疗和生活方式的观察,发现如果让病人的饮食和生活方式有重大改变,就可能阻止癌症的发展,甚至逆转病情。这是由观察前列腺癌相关蛋白(PSA)的水平高低而发现的。在一年的时间,那些主要生活方式(饮食和锻炼)改变的病人PSA降低了,而对照组(生活方式没有改变的人)的PSA水平则上升了。统计证明,生活方式改变的程度与PSA水平改变有直接相关的关系。

同时,生活方式全面改变的病人的血清在试管中抑制前列腺癌生长的能力达到70%,而对照组的血清抑制前列腺癌生长的能力只有9%。而且,生活方式改变的程度也与抑制前列腺癌的能力之间有直接相关的关系。

然而,生活方式并非仅仅是让"好"的基因开启,而且还可以让"坏"的基因关闭,使其不能表达,从而减少对健康的损害。例如,在导致肥胖的多种基因中,FTO基因是一个重要的角色。凡是携带双份肥胖基因FTO的人,平均体重几乎要比普通人重7磅(约3.2千克),与非肥胖基因携带者相比,发生肥胖的可能性大约高70%。

欧洲人一半以上携带有这种基因。但是,拥有这种基因而又积极锻炼的美国阿米什人却有不同的情况。美国宾夕法尼亚州兰开斯特县有704名旧规阿米什人,他们的宗教规定是不开车,住所也不用电。他们分别从事不同程度的体育锻炼,其中有些农民仍然使用马拉犁耕地,

---

① 1卡路里=4.184焦耳

而另外一些人则从事比较常见的工作,包括在工厂工作。结果是,这些携带肥胖基因的阿米什人中,积极参加体育锻炼的人体重与非肥胖基因携带者一样。相反,运动量少且携带FTO基因的阿米什人超重或肥胖的可能性大大增加。

体育锻炼可以克服"坏"的肥胖基因的影响,同时也为减肥的争论提供了一些提示。因为,对于减肥,很多人总是处于一种矛盾中,是改变饮食结构还是选择体育锻炼。但无论如何,生活方式都左右着基因,所以,基因并非上帝。

1.14 环境与基因

基因猎手文特尔(J. C. Venter,1946—)说,根本没有那么多基因来支持生物决定论。人类奇妙的多样性并非基因密码固有的东西。我们所处的环境起到决定性的作用。

我们所处的环境包括社会环境和自然环境。社会环境对于基因的开启和闭合过去是我们难以认识的。为什么科学家希望刚为人父和人母的家庭,不要阻止婴儿用手来触摸和探索世界,只要婴儿不是去触摸开水或炉火这样的危险事情,就不要干涉他们?因为通过触摸,婴儿能较早和广泛开启人脑中的多种基因开关,以利于神经发育和认识世界。只需要17种基因在适宜的时候开启表达就可以使人脑发生变化。

动物实验已经有了生动的说明。加拿大蒙特利尔市麦克吉尔大学的迈克尔·米尼(M. Meaney)等人发现,幼年被母鼠经常舔舐的小鼠比受到冷落的幼鼠在成年后更为心平气和和镇静自如。也即是,有没有母爱和母爱的多少都会导致生命个体在成年后性格上产生较大的差异,这与人的情况完全一样。而这种差异是由于母鼠的舔舐启动了小鼠体内在紧急情况下舒缓身心压力的基因。也就是说,幼鼠生长的社会环境不同,基因的开启和表达也会有很大差异。

米尼等人使用100多只老鼠进行实验,所有母鼠都正常喂食喂奶,抚育它们的子女,但是有一种行为却不同,母鼠对孩子的舔舐不同。在两组小鼠之间,母鼠舔舐小鼠多的可以达到其他母鼠的4~5倍。成年后,被舔舐次数多的小鼠在遇到危险情况时很少出现恐惧,在挑逗它们时也产生较少的应激激素,表现出一种心平气和、镇静自如的气质与性格特征。这正是人们所追求的成功性格之一：临危不惧，镇定自如，甚至可以"无故加之而不怒，骤然临之而不惊"。

小鼠经历母亲较多的舔舐是怎样使其形成良好的性格的？人和动物大脑中有多种生物分子感受器，其中就有感受皮质醇等应激激素的感受器。大脑中这类感受器越多，对皮质醇就越敏感，容易向体内的肾上腺下达停止生产激素的指令，因而体内的皮质醇等应激激素会较少。皮质醇减少就不太容易冲动，从而保持平和的心理状态。

受到母鼠大量舔舐的小鼠大脑中有更多的皮质醇感受器。研究者分别对 50 只大量受到舔舐和 50 只很少受到舔舐的小鼠进行 DNA 检查，发现大脑中的皮质醇感受器的生长源于特定的 DNA，即基因。在多次受到舔舐的小鼠中，这类为皮质醇感受器编码的基因比在较少受到舔舐的小鼠中要活跃得多。

显然，母鼠的舔舐动作导致了皮质醇感受器基因的开启，导致了皮质醇感受器的大量增加，从而减少了皮质醇的产生，保持了镇定的性格特征。分开实验中的母鼠和幼鼠，将有舔舐嗜好的母鼠的孩子交给很少舔舐小鼠的母鼠来喂养，小鼠长大后较为紧张；反过来把较少舔舐幼鼠的母鼠的孩子交给有舔舐嗜好的母鼠来喂养，小鼠长大后表现出较少的心理紧张，并且控制紧张程度的基因也表现更活跃。

更为有趣和有力的证据是，把所有的幼鼠从母鼠身旁隔离，采用人工触摸方式——柔软的毛刷——来替代"舔舐"小鼠，结果与母鼠舔舐小鼠的一样，毛刷抚摸的次数越多，小鼠长大后的心理紧张程度就越低，反之则容易激怒、紧张和胆小。

即使是自然环境也可以对基因的开启和闭合产生影响。美国北卡罗来纳州立大学基因学家对 46 位基因结构相似但居住在不同地方（海滨城市、沙漠和山区）的柏柏尔族摩洛哥人血液中的白细胞基因作对比分析，发现他们由于居住环境的不同而有三分之一的基因表达产生了差异。

对 2.3 万个人类基因的排序和表达进行分析，并将三组柏柏尔族摩洛哥人的基因进行对比，发现人体免疫功能受地区因素的影响很大，可能会影响人体对疾病和炎症的易感染程度。因为，并不是所有基因都会在同一时间或者在人体所有细胞中得到表现，而基因的表达与否与居住环境有关。

例如，与呼吸有关的基因在都市人群中比游牧人口或农耕人口更加活跃。造成这种差异的原因在于,城市人口遭受更大空气污染,并经常患哮喘和支气管炎等疾病,因此与呼吸有关的基因表现得更为活跃。因此,同一个基因可能在城市中会有所表现,但在农村环境中就不会表现出来。

　　同样,2007年美国洛杉矶加利福尼亚大学和芝加哥大学的研究人员发现,长期孤独的生活方式也会对白细胞的基因表现造成影响,不过这种影响只限于免疫体系。人们早就知道,单身人群更容易患某些疾病,这种结果可能与免疫力低下有关。于是,加利福尼亚大学和芝加哥大学的研究人员对一些志愿者的白细胞基因加以分析。结果显示,与社交活跃的人相比,孤独感会让缺乏人际关系者的免疫系统活动发生改变,导致炎症的发生率增加。显然,孤独与社交活跃两组人群的基因表现确实有差异。也因此说明,孤独会影响人类的生物本能,甚至影响到人类最基本的基因活动。

　　环境的确可以影响基因的表达并体现为健康和疾病的种种外在现象。如果再考虑生活方式,就足以说明,人的命运并非完全由基因结构决定。换句话说,基因、行为和环境是相辅相成的。

第 2 章

生命的外部形式

所有的人都为自己有一个脑袋、五官和四肢的形态而感到正常,甚至自豪。今天,我们认为自己有模有样只是以人的眼光所能看见的人的外貌,也即是人体的外部形式,包括五官、四肢、躯体、毛发、皮肤和肌肉等,因此谈论这样的外部形式并不意味着与其内部功能相分割。

我们是否深入地想过,人为何非要进化成现在的样子?如果进化成鸟一样不是能飞翔吗?如果像猎豹一样,那博尔特的 100 米 9 秒 68 的成绩就根本不值一提了吗?

人没有进化成别的动物或生物那样,这只是进化的选择。既然可以从广义的角度来讲,人是大自然的产物,那么,人的外貌也应当是大自然的产物。存在的就是合理的,尽管今天人类还不能充分解释人为何拥有现在这副外部形式。

2.1 一副好嘴脸

《庄子·应帝王》里面讲了三个神仙,一个是南海之帝,一个是北海之帝,一个是中央之帝。中央这个帝王叫做混沌,没有眼睛,也没有耳朵,还没有鼻子,更没有嘴巴。而且他的个子很小,像个鸡蛋那么大。

混沌非常善待朋友,尤其是对南海之帝和北海之帝有恩。来而不往非礼也,南海之帝和北海之帝决心报答混沌对他们的好。他们认为,人皆有七窍,两只眼、两个鼻孔、两个耳朵和一张嘴,分别用来看、用来呼吸(闻)、用来听音和用来吃东西。但是,混沌却没有七窍,不妨为他挖出七个洞来。两人说干就干,每天为混沌凿一个窍,七天后混沌却七窍流血而死。

姑且不论庄子留给世人的共知寓意,从这个故事也可以得知,古人也认为,人在进化的漫漫长路上,或许有其他的模样,如同混沌,没有七窍。出现七窍只不过是后来的事,有了七窍才使得人有模有样。比如,对照猴子和黑猩猩,人的面貌和善得多。为什么?一是人的脸部没有那么多的皱纹,二是人的嘴脸不是前凸的。

人的嘴不前凸而是与脸面基本保持同一个维度或平面上,才让人的面孔远离狰狞,显得平和与友善。那么,人的嘴是什么原因向后收而与鼻子眼睛处于同一个平面的呢?答案是,人类的饮食和咀嚼为今天的容颜打下了基础。

美国亚利桑那州立大学的马克·斯宾塞(M. Spencer)等人对南方古猿人的头颅进行扫描后发现,我们25亿年前的祖先拥有用牙齿开启坚果的能力,这一本领可以使他们在环境改变时,寻找新的食物,改变饮食习惯,适应新环境,也因此而改变了容颜。研究人员把南方古猿头颅和鼻子的数据与早期人类的数据相整合,制作了一个骨和牙齿的虚拟模型。再对黑猩猩进行观察,并测量它们的肌肉如何工作,然后将这一原理加入到模型当中,再与猕猴的模型进行比较。

比较的结果是,人的祖先南方古猿的前磨牙变大,牙齿珐琅质厚重,以及珐琅质坚固地附着在磨牙上,说明此时他们的食物要比之前假定的小型种子和坚果更大。坚硬的干果和种子等一些应急食物在气候改变和食物缺乏的时期是非常重要的生存资源。因此,现代人用工具解决的问题,早期人类祖先是用嘴巴来解决的。南方古猿常用前臼齿撕咬东西。臼齿就是颌部后面的牙齿,即磨牙。

以现代人的成人恒牙为例,共有32个,上下颌的左右侧各8个,其名称从中线起向两侧分别为中切牙(1)、侧切牙(2)、尖牙(3)、第一双尖牙(4)、第二双尖牙(5)、第一磨牙(6)、第二磨牙(7)和第三磨牙(8)。第一到第三磨牙就是臼齿。南方古猿的颊齿有平的研磨面,说明他们取食比较坚硬食物(例如硬的水果和硬壳果)。粗壮型的臼齿尤其硕大,被称为"磨石臼齿"。这种牙齿自然把嘴脸的面积扩大了,使得他们具有较大的脸以及强大的肌肉附着,嘴也向前凸出。

然而生活方式和环境的改变却使得从南方古猿分出来的一支形成了直立人(路径是南方古猿、能人、直立人、智人),后者与前者在牙齿上有了区别。南方古猿是后部牙齿大,而直立人是后部牙齿减小,前部牙齿增大增强。后部牙齿减小,使得咀嚼时后部牙齿用得较少,于是下颌骨及面部相关骨结构缩小,人的吻部自然向后明显收缩。早期人类外凸的吻部收缩后,其面容就与灵长类有了显著的差异,形成了平正而和善的面容。

人类学的传统解释是,直立人的前部牙齿增大后部牙齿减小是与其肉食增多分不开的。直立人能制造工具,而且有协作分工以进行共同的狩猎活动,从而能捕获更多的猎物,因而肉食增多了。但是,他们的前部牙齿的增大并不与咀嚼食物相关,似乎与用嘴来咬紧和衔住物品有关,也可能与制备动物性食物有关,例如,用牙撕扯肉食以便将其分割成小块,或是为了小孩食用而撕碎肉食等等。

尽管这种解释有许多怀疑之处,但直立人的后部牙齿缩小和前部牙齿增大却是显而易见的,也因此而成就了今天人类的短吻和几乎是七窍与面部在同一平面的构造,也才有了现代人和善的面孔。

不过,人的嘴生来并非只是为了吃和喝的,它的另一个重要的功能是说话。语言的创造、形成和发展是人类的第二大进化,一点不亚于人的形态、结构和生理的进化,因为这是从精神和形而上开拓了人类生存的疆界和空间,不仅能够形成无以计数的文化产品,而且能用语言把人类的所有知识记载下来,并传承下去。

语言的创造和发展是一部鸿篇巨制,但是,从其起源来看,离不开人类的形态结构和生理功能。嘴、鼻、呼吸道都为语言的创造和发展作出了贡献,因为人类的语言首先是口语,也即有声语言,其次才过渡到创造文字,形成书面语言。语言的本质则是声音与意义的结合。因为,通过不同的发音可以携带不同的意义,这种意义是约定俗成的。

例如,"刀"和"夜晚"在汉语中是用"dāo"和"yè wǎn"的发音来表达的,在英语中尽管有书面字母 knife 和 night 来表达,但是在语音中也是最早的口语中则是用[naif]和[nait]来表达的。于是,用嘴、鼻、喉的不同发音来表达不同的意义既是语言的创举,也是对嘴鼻等功能的充分和扩大的利用。

人的嘴、鼻等发出多少不同的声音来表义呢?这首先要从人类的发音器官谈起,人类的发音器官当然不仅是嘴(口和口腔),而是由四部分组成。一是呼吸器官,即肺、气管、支气管和相关呼吸肌群组成,是发音的动力器官。二是振动器官,即喉。通过喉内的声带振动而发出声音。三是共鸣器官,由喉腔、咽腔、口腔和鼻腔连成一个形似喇叭的声道,产生共鸣。此外,胸腔、鼻腔也参与共鸣。通过共鸣作用能够加强和放大声波,美化嗓音,使其富有色彩。四是吐字器官,由口腔、舌头、软腭、嘴唇、下腭等组成,其功能可使言语清晰。

当然,人类仅仅能用嘴等器官发音是形成不了语言的,而是首先需要有音素的意义。音素(也即音标)是从音色的角度划分出来的最小的语音单位。有了音素就能把人的发音区分开来,因为音素属于一个有规律的有限的发音系统,人的发音则是无限的。

通过音素可以把语音分为元音和辅音,它们有几个区别。一是发元音的时候,气流在整个声道内顺利通行而不受任何阻碍;发辅音的时候,声道的某一部位封闭起来形成阻碍,气流必须克服这种阻碍才能通过。比如发汉语普通话 bā(八)中的 b 时,双唇闭拢,形成对气流的阻碍,然后双唇打开,气流才能冲出口腔发出音来。二是发元音时,发音器官各个部分的紧张程度是均衡的;发辅音的时候,形成阻碍的部位就会特别紧张。三是发元音时,呼出的气流畅通无阻,气流较弱;发辅音的时候,呼出的气流必须冲破阻碍才能通过,气流较强。四是发元音的时候,声带一般都要振动;发辅音的时候,浊辅音需要振动声带。清辅音则不需要振动声带。元音主要靠声带发音,有声调,辅音主要是用气流与牙齿舌头等其他器官摩擦发音。

因此,从辅音的发音部位和发音方法就可以看出人的嘴或口腔在语言形成中扮演着多么重要的角色。例如,汉语普通话辅音发音部位有 7 类:双唇音、唇齿音、舌尖前音、舌尖中音、舌尖后音、舌面音、舌根音。而发音方法则有 9 种,根据气流破除发音阻碍的方法分为塞音(爆破音,如 b、p、d)、擦音(如 f、s、sh)、塞擦音(如 z、c、zh)、边音(l)和鼻音(m、n、ng);根据声带是否振动分为清音(g、k、z)和浊音(ng、l、r);根据气流的强弱分为送气音(如 c、ch、q)和不送气音(z、zh、j)。

国际音标中标明的辅音发音部位则有 11 个:双唇音、唇齿音、齿音、齿龈音、后齿龈音、卷舌音、腭音、软腭音、小舌音、咽音和声门音。例如,双唇音是由上下唇接触发出的声音,唇齿音是由下唇和上齿接触发出的声音,舌尖音是舌尖接触上齿龈发出的声音等等。

看看,姑且不论元音的发音部位和发音方法,辅音如此多的发音部位和发音方法基本上都是用嘴(口和口腔)来完成的。没有嘴,人类的语言是无论如何都无法创造出来,甚至也不会有今天用语言来记载知识并传承文明。

今天,还有人以嘴能发出多种语音来证明一群人讲一种语言(方言)是有文化的标志。在说上海话是否有文化的争论中,有人以上海话中保存的尖团音、入声和清浊音为证据,说明这是学习英语的最好基础语音,由此证明说上海话是有文化的表现。当然,如果说能让嘴和口腔发出多种语音来表达多种语义,这确实是一种语言表义丰富的证据,甚至是语言多样性的体现,也可以说是有文化的表现。但如果以此为证据,则还不如说人们讲俄语是更有文化的表现,因为,俄语的发音方法更为丰富多彩,甚至有其他语言所没有的独特的语音,如弹舌音。

无论怎样,人类的嘴脸其实并非只知道吃饭,在语言的创立以及建立在语言的人类成就上,实在是为人的极大发展和人类文明的进步立下了汗马功劳。

2.2 有鼻子有眼

有鼻子有眼指的是虚假的东西被编造得活龙活现,跟真的一样。抛开其比喻意义,就其本意来看,有鼻子有眼不仅是人外部形态的重要表现要素,而且是生存不可缺少的器官。至少是,没有鼻子不能呼吸,没有眼睛不能看清和欣赏大千世界。而且,没有眼睛也进入不了一个人的内部世界——心灵。

既然是有鼻子有眼,还是先从鼻子谈起。

鼻子当然不只是呼吸和发音的器官,它至少不比眼睛的功能差,比如在闻香识女人上,鼻子的作用无可替代。当然,人们看到对方脸面的是鼻子的外形。鼻子的形状主要取决于"鼻梁",然后才是鼻尖、鼻孔,最后是鼻翼。

外鼻呈椎体形,分为鼻根、鼻梁和鼻尖三部分。鼻根是由两块鼻骨和上颌骨鼻突构成;鼻梁部分位于鼻根部和鼻尖部中间,由左右两块鼻侧软骨构成;鼻尖部为鼻的末端部分,主要由两块鼻翼软骨构成。每个鼻翼软骨各有一个内侧脚和外侧脚。两个内侧脚在鼻尖的下方连成鼻小柱及鼻尖部分支架,两个外侧脚在鼻尖左右分开,构成两个鼻翼。

可以看出,人种不同,鼻子的形状也不同。黑人的鼻梁低,鼻翼两端距离大,鼻孔略向上翘;白人的鼻梁高,鼻孔稍向下;黄种人的鼻梁高低和鼻翼间的距离,处于白人和黑人之间。也就是说,如果从形状和体积来看,白种人的鼻子较长较大、挺立和有弯曲(鹰钩鼻),而黑人的鼻子则较为宽大。这完全是适应环境的结果。

白种人的主要发源地(北欧、高卢等)气候寒冷,鼻子长可以在吸气的时候让更多的冷空气被鼻腔加温,使喉部以下以及肺部不至于感到不适。黑人大多聚集在赤道附近的地区,多属热带沙漠、草原地区,天气炎热,气候干燥少雨。长期居住于那里必须要适应燥热的环境,这就对人的鼻子功能有了特殊的要求。长期进化的结果是产生了宽而大的鼻子,可以更好地散热,同时黑人厚厚的嘴唇也可以起到一定散热的功能。

当然,鼻子外形的另一个重要作用是体现人的外貌。也许很少人注意到鼻子的形状也决定着人的美貌。鼻指数就可以说明鼻子在外貌中的重要作用。如果鼻梁最凹处到鼻尖的距离为 x,两鼻翼间距离为 y,那么鼻指数即为 $y \div x \times 100$。鼻指数越小,鼻子越细长。鼻指数在 55 以下为过高鼻;55～70 为高鼻,大部分白人有这种高鼻。中国人以 70～85 为标准鼻子,漂亮的女演员大多有这种鼻指数。鼻指数为 85～100 则属于低鼻,100 以上则为过低鼻。

鼻指数过高过低都无法体现美貌,而应以 70～85 为准。不过,不同的民族有不同的审美标准。例如,欧美白人由于是高鼻,所以可能认为 60～70 的鼻指数为漂亮的鼻子。他们以高鼻梁为挺拔健美。中国人颜面较纤巧,额骨鼻突处一般低平,鼻梁以小巧细窄为美。

不过鼻子更为重要和神秘之处是嗅觉。尽管人的嗅觉远不及狗,但人能够识别和记忆约10000种不同气味,这是靠嗅觉系统来完成的。人的嗅觉系统是由约1000个不同的基因组成(占我们基因的3‰),后者产生了相同数量的嗅觉受体类型。这些受体位于嗅觉受体细胞上,后者占据了鼻(黏膜)上皮上半部分的一小块区域,而且能嗅闻到我们吸入的各种气味分子。

每一种嗅觉受体细胞只拥有一种类型的气味受体,每一种受体能探测到有限数量的气味物质。因此,我们的嗅觉受体对几种气味是高度特异性的。受体细胞把细细的神经突起直接接通到独特的微小球囊区域,即嗅球,后者位于大脑的主要嗅觉区。而携带有同一类受体的受体细胞把其神经突起接通到同一嗅球。嗅球中含有被称为"小球"的结构,再由嗅球把气味信息传到大脑皮质的嗅觉中心(梨状皮质)。来自一系列嗅觉受体的信息在嗅觉中心进行结合,便形成了一种嗅觉类型。因此,我们在春天能清醒地体味到丁香花的香味,并且在其他的时候唤起这种嗅觉记忆。

某种东西尝起来美味可口时,它就成为嗅觉系统的一种主要的激活剂,以帮助我们品味许多美食佳肴。一种佳酿或一种成熟的野草莓能激发一整片气味受体,帮助我们察觉不同的气味分子。尿的气味在晚年能触发我们独特的童年的记忆,或情感的瞬间,这种记忆或是愉快的,或是负面的。比如,一块并不新鲜的而且会导致身体不适的猪肉会给我们留下经年不息的记忆,以后只要我们遇到有异味的猪肉就会难以下咽,甚至难以吃下与腐肉相关的任何美味食物。失去嗅觉则是一种严重的生理障碍,为此我们不再能品尝不同食品的质量,而且闻不到警示信号,比如,来自大火的烟味。

人和大多数物种都有嗅觉,所有的生物都能嗅出并鉴别其所处环境的化学物质。显而易见,能够鉴别适宜的食物和避免腐烂或不适宜的食物材料具有重大的生存价值。鱼有相对少的气味受体,约100种;而老鼠则大约有1000种。人类则比老鼠略少一些,因为我们的某些基因在进化过程中丢失了。

嗅觉对于新生的哺乳动物幼仔是绝对重要的,因为它们要靠嗅觉来发现母亲的乳头并获得乳汁。没有嗅觉幼仔就不能独立生存。嗅觉对于许多成年动物也是至关重要,因为它们要靠嗅闻气味来观察和了解其所处的环境。比如,狗的嗅觉上皮区域比人类约大 40 倍。

嗅觉系统是我们主要以分子技术破译的第一种感觉系统。我们基因的 3% 被用来编码嗅觉受体细胞细胞膜上的不同气味受体。当一种气味受体被一种气味物质激活时,嗅觉受体细胞中电信号就被触发并经过神经突起传递到大脑。每个气味受体首先激活一种成对存在的 G 蛋白,后者又转而刺激环腺苷酸(cAMP)的形成。环腺苷酸是一种信使分子,可激活离子通道,让其开通,然后细胞被激活。

在每一种嗅觉受体细胞中都有一种类型的气味受体。每个单独的嗅觉受体细胞只表达一种并且只有一种气味受体基因。因此,气味受体有多少,就有多少类型的嗅觉受体细胞。而且,气味受体属于成对的 G 蛋白受体,舌头上的味蕾也拥有另一个 G 蛋白受体家族,它们与我们的味觉息息相关。也就是说,嗅觉和味觉是相通的。

正是由于发现了气味受体和嗅觉系统组织,美国的理查德·阿克塞尔(R. Axel, 1946—)和琳达·巴克(L. B. Buck, 1947—)获得 2004 年的诺贝尔生理学或医学奖。所以,鼻子不仅是人类的容貌的重要组成部分,而且是味觉的主要参与者和辨别者。没有鼻子和鼻子功能不健全的人是难以生存的。

2.3 闻香择伴侣

鼻子的外部形式的后面是其内部功能,所以不得不更多地提及嗅觉。嗅觉可以让我们的生活更美好,甚至可以让我们过上丰富多彩和千姿百态的生活,比如最使人们心旷神怡的浪漫爱情、婚配、生儿育女和种族的繁衍都离不开气味。

不用说,电视速配是一项男女老幼都喜欢的电视节目,但很多人认为这样的速配爱情就像速食面(方便面)一样,只解渴不管饱,只是好玩,并不能当真。这样的节目对电视台来说不过是招徕观众、提高收视率并因而获得大额广告的手段和伎俩,而对观众来说只不过是消遣和休闲的手段,搞搞笑逗逗乐可以,但终生大事岂能靠电视上的几十分钟或一两个小时就能搞定的呢?

然而,电视速配其实有着很重要的科学依据,原因在于男女双方主要是靠其接触的时候识别自己所喜爱的异性气味,由此指导自己选择适合的伴侣,当然,这种选择主要是由女性来决定的,而且并非是选择与自己"臭味相同"的人,恰恰相反,需要选择那些与自己气味迥然相异的人。

在人类爱情的历史上早就不乏女性闻嗅男性的衬衫来选择选伴侣,这是人类进化中在嗅觉上保留的选择适宜的异性的一种直觉,而这种直觉的原理最为重要的是要选择与自己基因差异较大的异性,这才有利于后代的健康。因为,基因不同,气味也不同,免疫系统也不同,这样的差异正好可以取长补短,有利于后代的健壮。识别和选取与自己有不同基因的伴侣正是靠在短时间内对对方气味的辨识,也许电视速配更多的是靠气味来完成的。

老鼠也是闻香择伴侣的高手。雌鼠选择伴侣是靠嗅雄鼠的气味来进行,反之亦然。雌鼠青睐的雄鼠常常是那些气味迥然不同于自己因而免疫力也不同于自己的雄鼠,因为气味不同免疫性也会截然不同,而这些特性都是由基因所决定的。所以对老鼠择偶选择迥然不同于自己气味的解释是,这有利于它们的后代,能生育出健康强壮的幼鼠,因为这符合基因互补,取长补短的原则。

每个人都与他人不一样,正如世界上不可能有两片完全相同的绿叶。人与人差异尽管很小,但也绝不可能是完全一致的,即使单卵双胞胎也不可能完全一致。人与人的差异则是由单核苷酸多态性(SNP)所决定。其中人的主要组织相容性复合物(MHC)是决定人差异的重要物质,人的组织相容性复合物的代表就是人类白细胞表面抗原(HLA)。

每个人都拥有唯一的MHC基因组合,MHC基因是为人体内各式各样的免疫成分编码的,它位于人的第6染色体上,同时也决定着个体各自的气味特征。MHC基因包括为组织相容性抗原编码的基因。组织相容性抗原决定着人体是否对外源性组织起排异作用。正因为如此,器官移植也需要MHC相配,但择偶则恰恰相反,MHC差异较大是较好的选择。

生物个体的MHC基因变化越大,其免疫力就越强大。所以父母拥有广泛而多变的MHC,那么后代也会拥有种类繁多的MHC。当然,人们择偶时是不可能借助今天的实验室条件来辨别对方与自己的基因是否有差异,从而决定谁是自己最为适宜的伴侣。因此,在择偶时,气味就帮了大忙,使人能通过嗅闻气味就能在直觉上明白对方是否与自己的基因差异大,因而是否是自己最适合的伴侣。

"闻香识女人"中的香味在选择伴侣的吸引力通常是指有差异的气味,而且差异越大,气味就越香,也就越吸引特定的异性。生活在美国南达科塔的赫特人最早是1874年从德国迁移来的,当初只有1300多人,而今天则有约上万人。赫特人至今仍过着群居的农耕生活,由于其遗传的稳定性,成为了遗传学、社会学等研究的最好群体。

在赫特人氏族社会,择偶具有重要意义。他们的择偶方式之一即采用闻气味的方法。赫特人是一群一群分隔的社会群体,但在共同的土地上耕种,在自己的族内通婚。从宗族树的追踪可以发现他们在16世纪有共同的欧洲祖先。单身男人和女人常在邻居家会面。他们一同工作,参加婚礼。他们不用香水或除臭剂,因此完全地最大地利用MHC基因所赋予的自然气味。他们只结婚一次,绝对禁止离婚,而且他们是为爱情而结婚。一旦结婚,就以大家庭为最高价值,很少采用避孕措施。

研究人员从31个赫特村落选择了411对夫妇作调查,目的是想知道有多少对夫妇是因为第6染色体上相似的MHC基因而结婚。因此,首先需要考虑排除一些因素,如婚后女性总是向丈夫的家族迁移,赫特人不与堂(表)兄和堂(表)妹结婚,兄弟(姐妹)经常与同一家族结婚。

结果是明确的。有相似MHC基因的赫特人趋向于不通婚,而气味差距大的人才通婚。气味差异越大,越适宜于选择为自己的配偶。所以,赫特人的择偶不是MHC基因相似而决定他们相爱,而是MHC基因相异才决定他们相爱。换句话说,在婚恋中,气(臭)味相投不起作用,气味相异才是最佳选择。

即使MHC在人类的选择伴侣上起作用,但具体是什么样的MHC基因起作用并影响到人的气味,也同时影响到人的择偶和两性关系,这些问题显然还不能准确回答。动物实验从另一个角度证明了气味在动物择偶和性行为中的作用,也从另一角度解释了2004年诺贝尔生理学或医学奖的内容。啮齿动物拥有一种叫做鼻骨器(VNO)的结构,位于鼻子的上部。由于这一结构的存在使动物能闻到化学气味信号。

VNO系统是绕行通过大脑的知觉中心并且直接到达大脑的杏仁核和下丘脑,后两者正是控制性行为的大脑中心之一。大多数拥有VNO的动物如果鼻子上部这一区域被切除,它们的生殖行为就会受到破坏。

那么人有没有这样的鼻骨器并通过它使气味与性爱结合起来呢？在人的婴幼儿早期发育时期，似乎有这样一个类似于VNO的结构，但成年后这一组织系统就退化了，因此没有足够的证据表明这个仍然保留的退化器官在人的成年期有功能作用。也许人类不需要它。猪、兔子和绵羊都有VNO，但它们是通过其主要的嗅觉系统嗅闻信息素的。不过，人比其他哺乳动物拥有更多的嗅腺。但是现在还不能确定人类是否有某种起作用的化学气味感受器。

所以，尽管"闻香择伴侣"有一定的科学原理，但要获得真正完美的解释还需要更多的研究才能完成。可以肯定的是，在今天人类的择偶行为和途径中，气味和嗅觉是必不可少的一种方式，但并不是唯一的方式。更何况，气味和嗅觉的方式只能从自然属性方面加以解释，并不能解释人们在教养、文化和性格上的差异与相似而导致的对伴侣选择的千差万别。因此，选择伴侣是复杂的，婚姻和爱情也是复杂的，不可能仅仅靠气味就一闻定终身。

理所当然地，有人怀疑，嗅觉能否真的在选择伴侣中起重要作用。无论化学信号通过什么方式影响异性，它们对人的作用也只是潜意识的。而且也有相当多例子证明基因和气味并非是决定婚恋的重要因素。例如，美国研究人员对一些非洲人、欧洲裔美国人和亚历桑那印度安人部族的近200对夫妇进行研究，发现人们婚配似乎是随机的，而不是由基因来影响的。

所以，即使气味对人的择偶有影响，也是与其他择偶因素共同起作用。

2.4 心灵的窗户

眼睛是心灵的窗户，也是外貌的体现者之一。人在什么时候进化出了眼睛以及为什么只有两只眼睛，而且只在脸部等问题，一直让人自身困惑不已。而且，从达尔文等人创建进化论以来，人们归纳了达尔文所未能解答的10个问题，其中之一便是眼睛的进化。

人所共知的说法是，进化论的反对者认为，眼睛是功能较少的器官，没有什么用处，无法从进化来解释眼睛的演化和发展。

其实,说眼睛的功能较少的人自己也会明白一个简单的事实,如果没有眼睛,就会在黑暗中徘徊。海伦·凯勒(H. A. Keller,1880—1968)只用她的散文集《假如给我三天光明》就可以让我们知道,眼睛具有多么重要的功能。看不见世间万物的凯勒即使能在老师的帮助下知道"水"的字面意义并从喷水孔下感受到水是什么,可是见不到水的凯勒对"水"的认识与常人是有差异的,是不完全的。正因为如此,让凯勒来告诉你,如果只有三天的光明,她会干什么,眼睛对于她对于所有人是多么重要!眼睛的功能是多么复杂!

我不知道什么是透过"灵魂之窗",即从眼睛看到朋友的内心。我只能用手指尖来"看"一个脸的轮廓。我能够发觉欢笑、悲哀和其他许多明显的情感。

第一天,我要看人,他们的善良、温厚与友谊使我的生活值得一过。首先,我希望长久地凝视我亲爱的老师,安妮·莎莉文·梅西太太的面庞。我将把我所有亲爱的朋友都叫来,长久地望着他们的脸,把他们内在美的外部迹象铭刻在我的心中。

第二天,我要在黎明起身,去看黑夜变为白昼的动人奇迹。我将怀着敬畏之心,仰望壮丽的曙光全景,与此同时,太阳唤醒了沉睡的大地。这一天,我将向世界,向过去和现在的世界匆忙瞥一眼。我想看看人类进步的奇观,那变化无穷的万古千年。这么多的年代,怎么能被压缩成一天呢?当然是通过博物馆。

第三天,我将在当前的日常世界中度过,到为生活奔忙的人们经常去的地方去,而哪儿能像纽约一样找得到人们那么多的活动和那么多的状况呢?最后一个夜晚,我还会再次跑到剧院去,看一场热闹而有趣的戏剧,好领略一下人类心灵中的谐音。

既然眼睛是如此重要,达尔文也就认为,眼睛功能少总比没有好,比如一些海洋无脊椎动物只能分辨出黑白两色,但对于它们而言已经足够了。还有一些动物只能捕捉到光,例如蠕虫。而且,世界上只有脊椎动物和头足动物拥有可以调节大小的眼睛,这样方便聚焦。今天,来自基因的信息提示,脊椎动物和更加简单的无脊椎动物的眼睛拥有同一种进化的基因。

当然,这些论证还是比较粗浅的,无法让我们知道人类的眼睛是何时和如何出现的。不过,有一些大致的轮廓。在距今 5.43 亿年前左右，一种名为莱氏虫的三叶虫身上长出了地球生物的第一只眼睛。而此前的一些生物体虽然有感光细胞，但还不足以称为眼睛。因为眼睛不仅要感知光线，还需要有一个能聚焦光线形成图像的晶状体。后来，生物体慢慢进化而获得了晶状体，其视觉效果就从1％骤然上升到100％。眼睛的出现宣告一个更为无情、竞争更激烈的时代到来。眼睛再也不是无足轻重的器官，而是非常重要的器官。

无论人类的眼睛进化的细节和过程如何，我们今天能拥有的眼睛自然是长期演化的结果。这是一个什么样的眼睛呢？

我们的眼睛主要部分是由一个直径约24毫米的近似圆球体构成，此外，还有眼球壁和包在眼球内的一些组织共同组成。眼睛看世界就像相机摄取世界的影像那样。但实际上相机才是模仿眼睛设计出来的。

眼睛的最大功能就是观察和审视大千世界，把获得的影像信息输入大脑，供大脑对现实情况作决策之用，以决定人类的行为，同时也给予人类以高级的精神享受，如观看电影、美术摄影图展，欣赏美女等。眼睛看世界的功能主要是视觉，包括三类。一是视力，二是色觉，三是立体觉，其中最主要的是视力。视力由中心视力和周边视力组成，周边视力又称视野，即能看到的空间范围。中心视力即视锐敏度，通常称为视力，又有远视力和近视力之分。远视力是指5米远距离的视力，近视力是放在眼前一尺处检查的视力。同时，眼睛的视力还有暗视觉和明视觉之分。

眼球包括眼球壁、眼内腔和内容物、神经、血管等组织。眼球壁，有三层。外面一层厚厚的白膜称巩膜，也即眼白，可保护眼内组织；外层的最前部有一个像圆窗户的透明膜是角膜，相当于照相机的透明镜头，可让光线进入眼球内。

眼球壁的中间一层为棕黑色组织，称为葡萄膜或色素膜、血管膜，主要起遮光作用，如同相机的暗盒并起到供给营养的作用。在它的最前部就是黑眼珠，称虹膜。黑眼珠正中有一个小孔叫瞳孔，也就相当于相机的光圈，可随光线的强弱变大或缩小，以控制进入眼球的光线。在虹膜后面有一个称为睫状体的结构，一般情况下是看不见的，它的作用是调节焦距和生成房水。

眼球壁的最里层是视网膜，类似相机里的胶卷，能感光和把光线转化为神经脉冲，传递到大脑的视觉中枢。视网膜视轴的终点为黄斑中心凹,中央无血管,是负责视物的主要地方,黄斑区鼻侧3毫米处有一结构称为视乳头,是视网膜上视觉纤维汇聚向视觉中枢传递信号的出口,也是视网膜动静脉出入的地方。

同时,人的眼球内有三大内容,一是房水,二是晶体,三是玻璃体。房水是眼球内的营养液,具有维持眼压和营养眼内组织的作用。晶体是一个扁圆形凸透镜,类似于照相机的变焦镜头,它在睫状体的作用下能调节眼睛清楚地看远、看近。玻璃体不是玻璃,它是人眼中类似于玻璃一样的物质,为无色透明胶状体,位于晶体后面,充满于晶体与视网膜之间,具有屈光、固定视网膜的作用。

眼球则由眼外肌、血管、神经、筋膜等组织固定,悬浮在眼眶内,周围充满了脂肪,以避免眼球在震动时受到伤害。眼外肌共有6条,指挥眼球协调运动,分为上直肌、下直肌、内直肌和外直肌4条直肌及上斜肌、下斜肌2条斜肌,如果它们的力量不协调,就会出现各种斜视。

所以,人的视觉通路的形成是:光线从眼睛前面进入眼球通过角膜、房水、瞳孔、晶体、玻璃体,到达视网膜经,再经过复杂的生物光化学反应产生生物电流,由像电缆一样的视神经把生物电流传送到大脑视觉中枢,再由视觉中枢感知和认识世界。

说到这里除了感叹人的眼睛的进化是如此精妙绝伦之外,其实还可以提出很多问题。例如,人的眼睛为什么只长在脸面,而后脑却没有一个。如果一个长在前面一个长在后面,眼睛不就能以360度的视野观察大千世界了吗?人眼只长在前面的结果同样决定了人类的一些社会行为,例如客家人的行为规范。

客家人,自称为河洛郎,是一个具有显著特征的汉族民系,也是汉族在世界上分布范围最广阔、影响最深远的民系之一。客家人的祖先源自中原,历史上有过从中原到南方的6次大迁徙。由于身在异乡而对故乡河洛(以洛阳为中心的洛河流域)地区的眷恋,客家人自称"河洛郎"。客家文化一方面保留了中原文化主流特征,另一方面又容纳了所在地民族的文化精华。由于客家人行走天下,移民世界,在海外商界不乏成功者,因此有"东方犹太人"之称。

从两宋开始,客家人从中原第四次大举南迁,经赣南、闽西到达梅州,最终形成相对成熟的、具有很强稳定性的客家民系。此后,客家人又以梅州为基地,大量外迁到全国乃至世界各地。在迁徙的过程和在异乡他国的生存环境下养成了客家女性的一种习惯。如果不了解客家

女性的这种习惯,一般人是读不懂描写台湾客家女性的这首小诗的:
　　弯腰,低头
　　斗笠盖住岁月
　　客家老妇的身子
　　依然健壮有力地站稳溪流

　　前两行诗可以用来描写所有地方的浣衣女,但是,"依然健壮有力地站稳溪流"却是对客家女的独一无二的歌唱,也是独具诗意之处。因为,在客家人南迁到中国南部省份和台湾之时,客家女也和当地的女性一样或坐或蹲在河岸,面望河中浣衣洗东西,但由于对水和其他资源的争夺,不免与原住民有矛盾和械斗,许多面向河面背对河岸的女性因无法防备身后的袭击而丧生。因此,客家女养成了一种习惯,改为站在溪流或河流之中,面望河岸浣衣,以防他人的偷袭。因此,一句"依然健壮有力地站稳溪流"便浓缩了客家人在向世界各地迁徙后生活的艰辛与凄美。

　　可以想象,人类的眼睛如果是一个长在后脑,一个长在面部,就不会有客家人的这种生活方式了。而且,不仅仅是客家人,所有人都可能以后眼来观察世界,防备偷袭只不过是其中的一种功能而已。

　　不过,人的双眼长在面部尽管是随机演变的结果,但也有其充分的理由。这种理由是什么,难以确定,但从比目鱼眼睛的形成可以获得一些合理的解释。

　　比目鱼喜欢侧着身子贴在海底上生活,慢慢地贴在海底那面的眼睛就没用了,也看不见什么东西,因而其眼睛移向朝上的一面,而且这一面有颜色,能随着环境颜色的改变而改变。朝下的一面则既无眼睛也无颜色。比目鱼的这一特殊形态和颜色是它在漫长的演化过程中形成的,目的是能让它们伪装平躺在海底上,等待猎物自投罗网,同时也是为了保护自己、抵御敌害。

　　比目鱼眼睛的变化始于仔鱼期。初孵化的仔鱼和其他鱼类一样,身体左右侧对称,眼睛也是左右对称,每侧一只眼睛,也与其他鱼一样的方式游泳于水体上层。当仔鱼成长到15毫米以上时,一边的眼睛逐渐往头顶上移动位置,并越过头的上缘,从另一侧往下移,直到和另一只眼睛接近时才停止移动。在一边的眼睛移动位置时,背鳍也向前延长,当一边的眼睛移动越过头顶时,背鳍也延长到达头部后缘。由于两眼都在头的一侧,使原来对称的头骨也发生了变化,以适应新的生活方式。当两只眼睛移至同一侧后，比目鱼就下沉到水体底层，侧卧于水底生活，或在贴近底层的水中游泳。此时，有眼的一边向上，无眼的一边向下。有眼朝上一面有色素生成，并且保持原来的弧形外表。无眼朝下一面则很少有色素产生，多为白色，也有少数个体散布着褐色或黑色斑纹。同时，朝下一面的外形平切，就像一尾鱼从中线剖开形成的半边鱼。

关键意义在于，比目鱼为了生存，打破了生物的基本原则之一——对称性。因为无论是昆虫、鸟类、鱼类还是哺乳类乃至人类，绝大多数生物都是左右对称的，而有一些低等生物则是辐射对称，例如海星、水母。但是，同样重要的是，比目鱼打破的只是一般的左右对称的关系，但却创造了另一种与人类一样的非对称关系。

正如自然法则一样，有对称，也就有非对称。人的非对称关系体现在前后关系上。脸面、胸、肚子和后脑勺、背脊、屁股是非对称的背腹关系。比目鱼打破眼睛左右对称的关系却演化成新的背腹关系，两只眼睛都长在了背侧。而仅从这同一侧来看，它的眼睛其实还是与人的眼睛一样，是左右对称的，只不过人的双眼是在腹侧一面。

比目鱼眼睛的这种演变是自然逐渐进化的结果。芝加哥大学的一位进化生物学的博士生马特·弗雷德曼（M. Friedman）证明了这一点。他在来自维也纳的化石里发现了比目鱼的过渡类型，是远古第三纪时期的"歪眼鱼"化石，其中一个是已知物种，学名叫做 Amphistium，起初研究人员把 Amphistium 归为"类比目鱼"，认为这种不对称的"歪眼"是化石形成过程中的物理变形造成的。马特对多个 Amphistium 的化石标本进行 X 射线断层摄影分析后，认为这些标本的眼睛不对称程度不一致，说明"歪眼"并非物理变形，而是在两眼左右对称的鱼和两只眼睛完全长到一边的比目鱼之间的某种中间类型。因此，比目鱼的双眼从左右对称移位到同一侧是自然演化的结果。

从比目鱼的情况可以推论人眼的情况。人眼既符合左右对称的原则，也符合腹背非对称的规律，它与比目鱼的眼睛一样都是适应环境的结果。如果要使前后都看得到物体，就需要打破左右对称的器官分布，而改为腹背对称的分布。这种前面一个眼、后面一个眼的布局需要有像比目鱼那样的生活方式的改变，但人类并没有类似比目鱼那样的生活方式。当然，也可以让后面有两个眼前面也长两个眼，但是，生物适应环境也有一个原则，即艾萨克·牛顿（S. I. Newton, 1643—1727）所说,"自然不行徒劳之举,少已够用,多则何益?"在两只眼已足够人使用的情况下,即使有着背部看不到东西的缺点,但是弥补这一缺陷只需转过身来即可。同时,我们还要看到人眼的更多功能和优势。

人眼在明暗处都能视物以及能看到五色就是人眼的优势。除了瞳孔的调光外(调节灵敏度在 16 倍左右),取决于眼球的视网膜上的两种感光视细胞,视杆细胞和视锥细胞。视杆细胞主要是分辨明暗。视杆细胞中有一种视紫质的感光分子,可以在感受到非常微弱的光后,发生分子结构的改变,并将此信号传到细胞内,再通过一系列的信息分子,传到大脑的视觉中枢,使得眼睛对光的灵敏度增加了数十万倍,也使信号的强度短时间内放大了成千上万倍。而视锥细胞的功能就是让我们能分辨颜色,看清赤橙黄绿青蓝紫。

附带要说明的是,以前人类认为能看清色彩是人的特有视觉,但事实上,一些动物也能辨别颜色。例如,火鸡为什么要利用尾羽的色彩,孔雀为什么要展开色彩斑斓的尾屏?达尔文的回答是,在自然选择与性选择之间存在着某种平衡。雄性是依靠颜色诱惑雌性的。既如此,雌性就得有辨别色彩的眼睛。所幸的是,现在依靠一些特殊的摄像设备和对不同动物的解剖学分析证实,雌性的确能分辨出不同颜色,甚至能看到人类无法看到的紫外线区域的色彩。

2.5 多余的耳朵?

相对于眼睛、鼻子和嘴,耳朵似乎有些无足轻重,甚至乏善可陈。因为,耳朵也就是一个听力器官,当然,内耳具有平衡人体的功能。但即便如此,人也离不开耳朵,否则,外部环境对于人类只是万马齐喑,并且人类将为听不到来自自然和环境的声音付出高昂的代价。

正因为如此,有人推测,耳朵和听力是人类居住在黑暗环境中的产物。英国剑桥大学的古生物学家詹尼弗·克拉克(J. A. Clack)曾提出,听觉进化后能帮助脊椎动物抓住嗡嗡作响的昆虫。这是实用主义的观点。不过,考察当时的情况,早期的环境中,昆虫并不是太普遍。所以,也有人认为,听觉在脊椎动物身上得到发展是为了帮助这些动物居住在光线昏暗的山洞或者壁穴中。现代许多动物敏锐的听觉似乎佐证了这个假说。例如,猫头鹰、猫和壁虎的灵敏听觉正是适应黑暗生活的结果。

尽管我们并不知道自己的耳朵是何时进化成的,但是生物最早的耳朵的形成却有了一些线索。德国洪堡大学的古生物学家约翰内斯·缪勒(J. Müller,1801—1858)和林达就认为,生物最早的耳朵是在2.6亿年前为适应黑暗环境而产生的。能够听空气传播的声音的耳朵在陆地脊椎动物中独立进化了至少6次,这些动物包括哺乳动物、类蜥蜴爬行动物、蛙类、乌龟类、鳄类和鸟类。虽然这些耳朵可能在细节上有差别,但它们具有某些共同的特征:一层像鼓膜一样的薄膜来收集声波和一些能把声音传送至内耳的小骨头,比如镫骨。

他们的根据来自20世纪30年代在俄罗斯中部的梅贞河流域发掘的许多早期爬行类动物的标本,这些化石可以追溯到2.6亿年前。在这些化石身上,巨大的、类鼓膜的组织覆盖了脸颊的大部分面积。在保存得更完好的标本上,有类似于现代耳朵的内耳骨,包括镫骨。除此以外,这些化石的鼓膜和镫骨与内耳连接的相对尺寸与现代的陆地脊椎动物极为相像。这证明古老的耳朵具有听到空气中传递声音所必需的特点。

当然,正如有人怀疑的一样,这一假说必须得到更多的证实。但是,寻找人类的化石以证明耳朵是何时和怎样产生的,显然是巨大的难题。不过,从现在的一些听觉灵敏的动物身上可以得到一些旁证。

尽管有人认为猫头鹰是靠视觉和听觉共同完成黑夜中的狩猎活动,但观察证明,在伸手不见五指的黑暗中,猫头鹰主要靠听觉捕食。猫头鹰捕捉老鼠首先要敏锐地听到老鼠的动静并判断其方位。因此,猫头鹰的耳朵在构造和功能上既与人相似,又有不少特点。

猫头鹰耳孔周围长着一圈特殊羽毛,就像人的外耳一样,形成一个测音喇叭,大大增强了接收到的声音。同时,猫头鹰的鼓膜面积约有50平方毫米,比鸡的耳膜大一倍。而且猫头鹰的鼓膜是隆起的,又使面积增加了约15%。同其他鸟类相比,猫头鹰中耳里的声音传导系统更为复杂,耳蜗更长,耳蜗里的听觉神经元更多,而且听觉神经中枢也特别发达。猫头鹰的前庭器中含有16000~22000个神经元,而鸽子仅有3000个。

同时,猫头鹰判断声源也有独特之处。当声音传来时,靠近声源的那只耳朵接收到声音强一些,另一只接收到的声音小一些。猫头鹰通过这种音量差能来确定声源位置。其实,这就是多普勒效应在生物体听觉上的运用。例如，当一辆快速行驶的汽车向你由远而近地驶来，你会发现在它向你行驶时声音的音调会变高（频率变高），在它离你而去时音调会变得低些（频率变低），这就是多普勒效应。通过远近不同的声音，猫头音就能辨别猎物的位置。

有了这些认识，我们可以比较一下人耳的功能。

人耳分为外耳、中耳和内耳。外耳就是肉眼能看到的耳朵部分，即耳廓和外耳道。耳廓对称地位于头两侧，主要结构为软骨。耳廓既能保护外耳道和鼓膜，还能起到收集声音并导入外耳道的作用。当声音向鼓膜传送时，外耳道能使声音增强，此外，外耳道具有保护鼓膜的作用，耳道的弯曲形状使异物很难直入鼓膜，耳毛和耳道分泌的耵聍也能阻止进入耳道的小物体触及鼓膜。外耳道的平均长度为2.5厘米，可控制鼓膜及中耳的环境，保持耳道温暖湿润，能使外部环境不影响和损伤到中耳和鼓膜。

中耳由鼓膜、中耳腔和听骨链组成。听骨链包括锤骨、砧骨和镫骨，位于中耳腔。中耳的基本功能是把声波传送到内耳。鼓膜位于外耳道的末端，呈凹型，正常为珍珠白色，声音以声波方式经外耳道振动鼓膜，使声能通过中耳结构转换成机械能。由于表面积的差异，鼓膜接收到的声波集中到较小的空间，声波在从鼓膜传到前庭窗的能量转换过程中，听小骨使得声音的强度增加了30分贝。为了使鼓膜有效地传输声音，必须使鼓膜内外两侧的压力一致。当中耳腔内的压力与体外大气压的变化相同时，鼓膜才能正常的发挥作用。中耳腔内的压力与体外大气压一致是通过耳咽管来实现的，因为耳咽管连通着中耳腔与口腔，这种自然的生理结构起到平衡内外压力的作用。

内耳是我们看不到的部分，通过解剖可以知道其结构。它是位于颞骨岩部内的一系列管道腔，内耳有三个独立的结构：半规管、前庭、耳蜗。前庭是卵圆窗内微小的、不规则形状的空腔，是半规管、镫骨足板、耳蜗的汇合处。半规管可以感知各个方向的运动，起到调节身体平衡的作用。耳蜗是被颅骨包围的像蜗牛一样的结构，内耳负责把中耳传来的机械能转换成神经冲动传送至大脑，我们就能听到声音了。

但是，听力的传递远比我们想象的要复杂。美国柏克莱实验室的科学家绘制出的人类内耳用于控制听觉和平衡的蛋白质结构揭示了听力是从分子到分子的过程。听力实际是靠内耳的轻薄如细丝的蛋白质结构来传递的，称为蛋白质纤维。柏克莱实验室生命科学部的曼弗雷德·奥尔(M. Auer)利用电子断层摄影术绘制了几百张不同角度的蛋白质结构图，并将它们重构成为一个三维立体复合图。

这个结构图像显示，人的内耳里有大量的长着听觉细胞感受体的毛细胞。这些听觉细胞感受体在耳膜振动时随着空气的流动而摆动，就像微风拂过时麦子的随风轻摆。近距离放大观察可以看到，每束听觉细胞感受体由单独的被称为静纤毛的纤毛组成。相邻的静纤毛由蛋白质纤维联系起来，也称为顶端联结。当静纤毛开始摆动，顶端联结被拉伸，从而在一瞬间打开了一个传声渠道，允许带正电荷的离子进入毛细胞，引起神经递质释放，最终到达中枢神经系统，为大脑所识别。这种方式可以看做是简单的机械振动，引起传声渠道的开放，将振动转化为电信号，最终让人们感受到蝉鸣、鸟叫或是人的语言。当然，人耳并不是什么声音都听得到，只有振动频率在 20～20000 赫兹范围之间的声音才会引起听觉。

不过，内耳的前庭部也具有平衡的功能，人体维持平衡主要依靠内耳的前庭部、视觉、肌肉和关节等本体感觉三个系统的相互协调来完成的。其中内耳的前庭系统最重要，主要感知头位及其变化。在人类内耳中有三个像蜗牛触角一样的半圆形管道，叫半规管。在半规管内亦有内淋巴，而半规管的两个脚里边也有毛细胞。所以内淋巴流动的时候亦会带动毛细胞弯曲倾倒，产生一种运动的感觉。半规管主要是感受正负角加速度的刺激，也就是感受旋转运动的变化。由于三个半规管所在平面互相垂直，所以可以感受四面八方旋转运动的刺激。

人的前后左右直来直去的运动则是靠内耳前庭部里的球囊和椭圆囊来辨析。球囊和椭圆囊亦有内淋巴和毛细胞，另外还有耳石膜。当人做直线加速运动时，耳石膜里的位觉砂会向相反的方向运动，就像瓶子里的石子一样，当向右晃动瓶子的时候，石子会滚动到瓶子左边，向左晃动瓶子的时候，石子会滚动到瓶子右边，从而刺激毛细胞产生平衡感觉。当然耳朵的平衡感觉是范围广泛的反射运动，需要眼球、颈肌和四肢的肌反射共同参与完成

其实，耳朵的外貌还有一些附加功能。20 世纪 50 年代末，法国医学博士诺吉尔(P. Nogier)发现耳朵形如倒置的胎儿。而中医则通过外耳形状中与人体的对应关系确立了许多穴位，以治疗疾病。例如，耳轮脚周围分布着胃肠道系统的穴位，耳穴三角窝内则为内生殖系统穴位的所在地。

就连耳垂也有独特的生理意义。在灵长类动物如类人猿身上,是看不到这种肉乎乎的耳垂的。很早以前,人类学家就认为耳垂随着人类的性行为发展而演化而来的。不过,早期的解剖学家认为耳垂完全没有任何功用,只不过可以用以穿孔并佩带上各种饰物。但是,在对人类性行为的大量观察中发现,在性爱过程中,耳垂参与了性行为。在激情时候,耳垂会充血、肿胀,这使得它们对任何触碰都极其敏感。在两情相悦时,对耳垂的爱抚、吮吸和亲吻都是强烈的性刺激,对此,女性的耳垂更为敏感。有些女性在耳垂被连续亲吻、触摸和刺激的情况下就能达到性高潮。

看来,耳朵并非是多余的,也不仅仅只是为了能听到声音而存在。

2.6 丰富的表情

人的七窍除了有各自的功能外,还与头面部的肌肉(表情肌)协同动作,产生了多姿多彩和丰富万千的表情或面容,这正是人类外貌多样性的基础。

除了婴儿和精神病患者,只要你是正常人,你的面部就会有6种基本表情:厌恶、愤怒、害怕、高兴、悲伤和惊奇。当然,这个理论是达尔文提出的,而且认为这些表情是天生的。那么,这些基本表情是如何形成的呢?回答是,基本上靠头面部的表情肌共同作用而产生的。

头面部的表情肌分为口、鼻、眼、耳和颅顶5组肌群。口周围肌群分为口周围肌上组和口周围肌下组,前者包括笑肌、颧肌、上唇方肌、尖牙肌,后者包括三角肌、下唇方肌、颏肌、口轮匝肌、颊肌。

鼻部肌群则有鼻肌、降鼻中隔肌、鼻根肌。

眼周围肌群包括眼轮匝肌、皱眉肌。

耳部肌群有耳前肌、耳上肌、耳后肌,但它们已基本退化,所以对人的表情几乎无什么帮助,这也是耳朵似乎不太重要的原因之一。

颅顶肌群则有额肌、枕肌、皱眉肌、帽状腱膜。

除了耳部的肌群外,其他四个肌群共同作用,产生了人的6种基本表情。但是,不同的表情肌对不同的表情所起的作用却各有侧重。

例如,表现愉悦和高兴的关键部位是嘴、颊、眉、额;表现厌恶的是鼻、颊、嘴;表现哀伤的是眉、额、眼睛及眼睑;表现恐惧的是眼睛和眼睑。在一般情况下，人的目光与面部表情互为表里。但是在特殊情况下，个体的目光与面部表情会出现分离。所以，表达个体真实心态的有效线索是眼光而非表情。也因此，除了表情肌，眼睛是人内心情感最大和最好的表达者。

不过，美国心理学家保罗·艾克曼（P. Ekman，1934—　）走访世界各地，研究各种文化背景下的人，提出人的基本表情有7种。无论是身居城市，还是居住于偏远岛屿或与世隔绝的丛林的人，无论是白人、黑人还是黄种人，都会以7种表情表达人类共同的情感。

一是高兴。人们高兴时的面部动作包括：嘴角翘起，面颊上抬起皱，眼睑收缩，眼睛尾部会形成"鱼尾纹"。

二是伤心。伤心时面部特征包括眯眼，眉毛收紧，嘴角下拉，下巴抬起或收紧。

三是害怕。害怕时，嘴巴和眼睛张开，眉毛上扬，鼻孔张大。

四是愤怒。这时眉毛下垂，前额紧皱，眼睑和嘴唇紧张。

五是厌恶。厌恶的表情包括嗤鼻，上嘴唇上抬，眉毛下垂，眯眼。

六是惊讶。惊讶时，下颚下垂，嘴唇和嘴巴放松，眼睛张大，眼睑和眉毛微抬。

七是轻蔑。轻蔑的著名特征就是嘴角一侧抬起，作讥笑或得意笑状。

当然，人的表情并非只有6种或7种，但到底有多少种，解剖学家、生理学家、心理学家和社会学家都说不清楚。有的认为有几百种，有的认为有几千种。估计最高的认为人的表情可以达到约7000种。但是，这并没有得到过充分的证实。如果算上所有人基本的表情类型，再加上人的个体差异所产生的表情，应当会有上百种。

例如，人最基本的表情是愉悦和高兴时的笑容，仅此一种感情就会有多种表达形式。人类可能列出的笑如下：微笑、大笑、欢笑、狂笑、苦笑、傻笑、调笑、偷笑、讥笑、奸笑、憨笑、讪笑、浅笑、假笑、嘲笑、冷笑、狞笑、淫笑、似笑非笑、皮笑肉不笑等。

不过，这些笑并非都是表情肌的作用，而是辅之于笑声、音调、鼻音、眼神等，才能表达出如此多的笑容来。

当然，人的面部表情所能传达出的意义也是多种多样的，完全是社会生活所需而形成的，也因此是人类肢体语言的一大类。例如，如果你喜欢或讨厌一个人，可以通面部表情表现出肯定与否定、赞赏与鄙夷、接纳与拒绝等。甚至对一件事的态度也可以通过表情表现为赞同与否定、积极与消极、强烈与轻微等情感。

所以,表情是可控、易变的,而且可以表现出强烈的情感效果。人们通过面部表情显示情感,表达对他人的兴趣,显示对某事物的理解,并表明自己的判断。

生活中常有这样的事,被抱养的孩子不仅长相不像养父母,就连面部表情也不像。当亲生父母找到孩子后,可以发现孩子的面部表情很像亲生父母。

对于表情的奥秘,1872年达尔文提出过一种观点,面部表情是与生俱来的,并可遗传给后代。可喜的是,今天的一些研究正在验证达尔文的理论。例如,以色列海法大学的吉利·培勒(G. Peleg)对21名盲人的观察就证明了这一点。这些盲人来自不同的家族,他们都是天生失明,从来没有见过他们的家人。他们的30名亲属也一起参与实验,所有参与者都被要求回忆从前那些令他们快乐、愤怒、悲伤或厌恶的事情。此外,也要求参与者做一些测验,并在测验中出其不意地出现一些意外的事情,借此观察他们专注、惊讶时的神情。在观察期间,盲人和其亲属的种种表情都被拍摄下来。

拍摄的录相和图片显示,盲人的喜怒哀乐和其家人非常相似,尤其是表达消极情绪的面部表情最像。一些盲人与其亲属有特别相似的独特表情,如吃惊时眉毛竖立、生气时咬嘴唇、思考时伸舌头等。但是盲人的表情却与非亲属的表情特点差别较大。一位28岁的盲人男子是母亲在他出生2天后抛弃了他,不过在孩子18岁那年母子俩相认。这位28岁的盲人虽然从小就和母亲分离,但在测试中他也会做出与其母亲在生气时一样的闭唇咬牙、抖动右眉毛等独具特点的表情。

更能证明面部表情是可遗传的证据是,研究人员把这些盲人和亲人的表情特征输入计算机,让计算机分析这些人的亲缘关系,结果识别率高达80%。

美国旧金山州立大学的大卫·松本(D. Matsumoto)等人对2004年夏季奥运会以及残奥会上来自20多个国家的柔道运动员拍摄了4800多张照片,然后分析运动员的面部表情。这些图片显示,先天失明的运动员和视力正常的运动员,其面部表情的各项数据具有很大"相关性",没有本质区别。先天失明者和视力正常的人在应对某一特定感情刺激时,会表现出相同的面部表情。由于先天失明者不可能通过观察学会面部表情表达,因而表达情感的一些面部表情很可能是人类祖先进化的产物,是天生的。

例如,不管是先天失明还是视力正常的人,都是根据特定情境做出相应的面部表情。在颁奖仪式上,85%失去金牌而只能遗憾拿到银牌的运动员都会运用"社交式微笑",即只动动嘴周围的肌肉。而真正发自内心的微笑,则会使脸颊凸起,笑眯眯的眼睛放出光芒。不过,"社交式微笑"有助于控制负面情绪,防止行为出格。

人类的表情最有意思的是与灵长类动物的比较。过去一种普遍被接受的说法是,只有人类会笑,而灵长类动物不会笑或勉强会笑,但最多算是似笑非笑,甚至只是呲牙咧嘴。但事实上,哺乳动物中的低等种类没有表情肌,食肉动物则有表情肌,灵长类的表情肌发育较好,而人类的表情肌最为发达。所以,只要有表情肌,灵长类就会有与人相似的表情,包括笑。

"笑"作为一个行为符号,可能在3500万年前就有了,那是较高级的灵长类动物和更原始的种类"分家"的时候。最初的"笑"是早期较高级灵长类动物在群落内部相互表示和平、喜爱的一个符号,包括狒狒、猩猩在内的灵长类动物,都有笑的表情。

对12种灵长类动物的面部表情观察可以看到,灵长类运用面部肌肉的能力越强,面部表情越丰富,该物种的社群平均规模越大。灵长类大脑中面部表情控制区域的大小,也与社群大小及社群成员间互相整理皮毛的时间长度相关。动物面部表情的进化与社群规模、社会组织的进化是协调同步的。社群越大,生活在社群中的动物面临更大的进化压力,更需要和平解决内部冲突,通过面部表情的交流是重要途径之一。

但是,人与动物的表情虽然有同源性,但又有区别。灵长类动物与人类的几种基本情感的表达既相似又相异。这些情感的表达基本上都是通过面部的表情肌来体现的,因此可以称为表情的同源性。

例如,人的微笑其实就是张开嘴角,轻轻露齿的过程。微笑开始于口角的侧向延伸,这时上下唇还保持着接触。微笑扩大后,口角弯曲向上,上下唇分离,牙齿显露出来。从露牙(口张开的程度)可以分为低位微笑(上前牙牙冠的高度显露不超过75%)、普通微笑(上前牙牙冠的显露程度在75%~100%)、高位微笑(微笑时露出牙龈)。

但是,灵长类动物的微笑却简单到就是露齿行为,同时取决于动物群体是否等级分明。如果一个动物群体等级分明,露齿行为的意义就表示顺服和尊重,因而表现不出微笑的表情。但是,如果是一个比较平等的群体,露齿行为的意义就更像人类的微笑。所以,人在看灵长类动物的微笑或笑容时,常常看到的是呲牙咧嘴,而感觉不到是微笑或笑容。

其实,人与猴子和猿猴的表情有时是一致的,但从人类的眼光来看,却可能表现为不同的信号。例如,人类的微笑在于猴子和猿猴就是露齿,而人类的笑在于猴子和猿猴就是放松地张嘴。最明显的是,人的微笑是嘴角翘起,猴子同样意义的表情则是露齿,它们是人与猴鼻口部分不同形状的但却是相似的肌肉收缩的结果。

造成人与灵长类动物的同源表情相似和差异的原因除了表情肌、社会化程度等外,还可能与神经控制有关,也就是从大脑皮质投射到人和猴子的面神经的差异。大脑皮质是以左右对称的方式分布面神经以控制额肌、眼轮匝肌,同时又以对侧方式分布面神以控制嘴部的肌肉。所以,人的面部表情尽管也有细小的差异,但基本上是对称的。

而在猴子的脸上,不同的表情可以不对称地表现在面部。例如,如果是正面的情感,如高兴的表情,在狨猴的脸上是单侧体现在右脸,而负面的情绪如恐惧则是单侧地表现在左脸。而在恒河猴,尽管正面和负面情绪的表达都可以体现在双侧面部,但是这些情绪的表露还是在左脸上出现得更早一些。这提示,管理面部的脑神经分布的不同和神经信息传导的速度不同,也造成了人与灵长类动物表情的不同。

人与灵长类动物表情还有一个最大区别,人类可以用文字符号来表达不同的表情,这在网络化的今天已经得到了更多的认可和传播,正如同人类的语言一样,这可能才是人与灵长类动物在表情上的最大区别。网络常用的表情和含义有下面一些,也许你在与他人联系时已经在频频使用了。

:-D 开心　　　　:-(不悦　　　　:-P 吐舌头　　　:-* 亲吻
:-) 眨眼　　　　:-x 闭嘴　　　　:-O 惊讶　　　　$_$ 见钱眼开
@_@ 困惑　　　>_< 抓狂　　　　T_T 哭泣　　　　≧◇≦ 感动
(×_×) 晕倒　　|(-_-)| 没听到　　(⌒︵⌒) 不满　　(=^_^=) 喵喵
(￣︶￣) 流口水　　*\(^_^)/* 为你加油

2.7 猴子为何不会单手发短信？

除了面部外貌最能代表人的外部形式外，四肢应该是另一个重要代表。进化为直立行走的人是分为上肢和下肢的，动物则分为前肢和后肢。尽管灵长类动物的前肢也与人类的上肢相似，但如果假设其一切条件与人类相似的话，如有语言、会用手机，它们在上肢的手部也有一种形状与人形成明显的差异。

这个差异可以换成一个问题来提出：猴子为何不会单手发短信？或者是，猴子为何只能双手捧着水果吃？答案是，猴子不能做对掌运动。这就要从人和灵长类动物的手掌和五指谈起。

伸开你的手，观察手掌一面，你可以看到手掌是凹凸不平的，这是由三个部分的肌肉组织（筋膜）构成的。在靠近拇指的一侧（外侧）是鱼际筋膜，靠近小指一侧（内侧）是小鱼际筋膜，而中间的部分则是掌腱膜。

人类手掌的这种肌肉分布，主要是鱼际肌群，决定了人的拇指能贴向手掌，即对掌运动，同时还可以接触其他四个手指的从指尖到指根的掌面。这就决定了人可以单手握着物品，如一只手握着苹果啃咬，同时也可以一只手握着手机，用对掌的拇指发短信。

然而，低等猿猴的爪，如长尾猿只有五个爪，没有肌肉。而高级猿猴也缺少鱼际肌群，再加上拇指短小，即使能做一些与人的手指相似的活动，也不能做对掌运动。这就决定了猿猴只能用双手捧着苹果吃，而不能单手握着苹果吃，更不可能单手握着手机用拇指来发短信。

当然，仅仅只有鱼际肌群也不能做复杂的对掌运动，如发短信，还必须得有正常的手部神经支配，即正中神经的正常运作。如果前臂受伤，腕部正中神经完全断裂，或横腕韧带变得肥厚引起手腕隧道（手腕隧道是由腕骨及横腕韧带所构成的一条隧道，正中神经从此通过，然后支配到手指及拇指内侧的肌肉）狭窄，就会压迫到下面的正中神经，形成猿猴手。

正中神经无法支配三个鱼际肌，即拇对掌肌、拇短展肌及拇短屈肌，造成肌肉的瘫痪，拇指不能对掌，不能与手掌平面形成 90°角，不能用拇指指腹接触其他指尖。而且，第一掌骨与其他四个掌骨处在一个平面排列,掌心凹陷消失,手掌变平,形如猿猴手(ape hand)。这时,也就不能单手吃苹果,更不能发短信。

还有一种情况是,孩子受到体罚,会造成对掌功能的丧失。医院里常见这样的现象,一些孩子被老师或家长体罚,用鞭子打手,严重时可把孩子的手打成组织肿胀,腕部血肿,从而压迫损伤腕管里的正中神经。如此造成孩子手部的麻痹,使拇指、食指和中指感觉麻木,不能屈曲握拳,拇指不能与小指对掌,很像猿猴手。因此,如果你有了孩子或你是教师,千万要记住这一点。

当然,人手不仅是对掌功能优于和区别于猿猴,而且由于有了拇指的多种功能,使得人手的功能更为复杂和多样。由于拇指的独特性,人类手部的大部分动作都离不开它。大拇指的功能要占全手功能的一半以上。各种精巧复杂的动作,都少不了要有大拇指来帮忙。人们端碗举筷、握笔、拿枪和抓榔头等,都少不了要用大拇指。

没有大拇指,手的掐、握、抓、捻的能力都会大大削弱。而且,进化只给予了拇指二节,这使得它与其他手指的搭配最为默契,如果拇指为1节,就不便于与其余4指配合抓握东西,如为3节,拇指则将软弱无力而难以胜任复杂的动作。正因为大拇指特别重要,汉语以"拇"字来指称,意为指中之母。这与美洲印第安人对手指的指称是一致的,他们称拇指为"手指之母"。相似地,非洲的索马里人则把拇指看成是手指的"祖父"。正因为如此,过去对待战俘的残忍做法之一是切除拇指,否则他们又会拿起武器作战。

人的拇指与灵长类动物比较起来还有一个重要的区别,人的拇指比猿猴的拇指要长,这保证了拇指在劳动中的重要地位,因为拇指的伤残被认为是劳动能力的严重损伤。人类拇指的长度是中指的60%～64%,但这一比例在猩猩中仅为39%,在黑猩猩中为40%,在大猩猩中为43%。由此可以看出拇指长度的重要性,因为拇指太短,如猩猩,即使有如同人一样发达的鱼际肌,也不可能做对掌和对指运动。另外,人类拇指掌指关节呈明显的鞍形,也能保证它能够做多种多样的运动。

当然,拇指再重要也需要其他手指的合作才能完成人类所需的种种动作。人的一只手有8块腕骨、5根掌骨、14节指骨,有59条肌肉、3大神经干,还有营养手部的特别发达的血管系统。正是这些"零部件"的合理组合,才使人的双手灵活自如,在1秒钟内就能转动好多次。

人类基因组测序发现,人和大鼠在基因组结构上比较相似,只有3%的差异。但在手部却有较大的差异。例如,在手部拥有神经纤维的数量上,大鼠前爪上有3万根神经纤维,而人手上有100万根,这是任何其他动物都无法比拟的。

人大脑皮质对手的指挥是以其在大脑中所含有的神经元来体现重要性的。手在大脑皮质中的投影所占的面积最大,几乎达到1/4~1/3。因此,手的高度灵活是和大脑紧密相联的,是人类高度进化的结果。可以说,手是人的第二大脑。

在手指活动和脑血流量的关系上,人的手指也拥有独特的优势。人的手指活动简单时,脑血流量约比手不动时增加10%。但在手指做复杂、精巧的动作时,脑血流量就会增加35%以上。这提示,脑血流量的相对增加对于指挥手指的灵巧动作有重要的意义,如弹奏钢琴和拉小提琴。

人的手部拥有的种种优势当然是进化而来,但是它们是何时和如何进化的呢?这是一个需化石和比较解剖才能完成的重大问题。现在,如果从人的手和脚为何要分化成5指(趾)来看,就有理由提出问题,为何人类的手会分化成5指?而不是像鸭子的脚趾那样是由蹼连在一起的,或为何不分化成4指或3指,或6指?

一些研究做出了某种回答。人的手指和脚趾并非不是直接由胚胎的手或脚原基分化而来。刚开始时,胎儿的手指和脚趾之间也像鸭子的脚一样有组织相连,就像蹼一样。但是,人类进化中形成的一种基因密码在胎儿早期就开始指令细胞凋亡,也即细胞程序性死亡,于是手指和脚趾之间相连的细胞凋零和死亡。当胎儿发育到第56天左右,其手指和脚趾才完全分开,这样在出生后到成年,我们才拥有5指和5趾。这种手指和脚趾的形成过程也已经在由基因敲除的小鼠中得到验证。

细胞凋亡不是一件被动的过程,而是主动过程,它涉及一系列基因的激活、表达以及调控等的作用,是有机体为更好地适应生存环境而主动争取的一种死亡过程。对于人类来说,细胞发生凋亡是手指和脚趾形成的基础,对于植物来说,高等植物的木质部细胞就是在植物发育至一定阶段时凋亡的细胞,这些细胞构成了输送液体的管道,使植株得以生长。所以,生物体局部的、个别的死亡有利于整体的或种群的存活。

由于发现了细胞凋亡的规律,英国的西德尼·布伦纳(S. Brenner,1927—)、美国的罗伯特·霍维茨(H. R. Horvitz,1947—)和英国的约翰·苏尔斯顿(J. E. Sulston,1942—)获得了2002年的诺贝尔生理学或医学奖。

当然,并非所有的人都是分化成了5指,也有人生成了6指或更多,也有人生成4指或更少。例如,2005年出生的印度男孩梅纳瑞尔就有25个手指和脚趾,其中12个手指、13个脚趾。另一位生于1995年1月的印度男孩哈尼同样是有手指和脚趾共25个。

从现在人类的进化适应来看,多于5指和少于5指都是畸形,多余手指统称为"枝指",而有枝指人全国约有150万。无论是多指还是少指,都可能是在胚胎发育时细胞凋亡出现了问题。

当然,尽管人的手指比灵长类动物具有更多的优势,但比较起来,人的上肢似乎没有猿猴的前肢更有力量。不过,这也是进化的需要。因为,过分大的手对于自由而迅速的运动来说显得有些累赘,像黑猩猩那样的长手和大手无疑会增加人上肢的重量,并且有碍于运动。从功能上来看,人类上肢尽管没有猿猴的前肢那样有力,但人的上肢臂部却具有非常发达的旋后肌,使得我们的前臂可以进行自如的前后回旋运动,这种类型的运动也是劳动和工作时经常发生的动作。如果缺少前臂的旋前、旋后运动,人就不会用螺丝起子拧紧螺钉,也不会转动方向盘以驾驶汽车,更不会握住网球拍、乒乓球拍和羽毛球拍击打出各种美妙绝伦的球。

2.8　人为何直立行走?

孟子说:"人之异于禽兽者几希?"尽管人与禽兽的差异很少,但也并非没有,例如根本的差异之一是,人有人的伦理道德并能按这样的伦理去生活和行事。不过,从人的外形上也有一个区别于动物的根本性特征,即人是直立的,而即使是人类的表亲黑猩猩,也大部分时间是四肢爬行的。

那么,人类在进化中为何选择了直立行走? 过去,我们对于自身的直立行走给予了种种解答。譬如,直立行走有利于减少震动、在平原上行走速度快、视野开阔、解放上肢和有助于大脑发育等等。这些方面的解答有大量的书籍和文章。不过,由于没有直接的化石证据,相当多的解答都是一种假说。当然,能够解释得通的假说也应当被认可,只是今天可能还有更好的假说，并且以实验来验证。

美国研究人员认为，人类直立行走最为充足的理由是，直立行走比四肢行走更节省能量。有人认为，这是迄今最有说服力的理由。那么，说服力来自何处？

两足行走是人类的特征之一，但是人的近亲灵长类动物为何没有选择两足行走呢？为了比较，研究人员选择了5只黑猩猩来与人一起做研究。他们让黑猩猩戴着氧气面罩并训练它们在踏步机上行走，这就能在它们运动时方便地测量它们的耗氧量。对黑猩猩的测量分两种，一种是直立行走的耗氧量，另一种是四脚爬行的耗氧量。然后把这些运动的耗氧量与人类的相似运动的耗氧量（同样在踏步机上行走和戴上氧气面罩测试）相比较。

结果给人以启示。人用两条腿行走时所耗费的氧气量仅仅是黑猩猩四肢爬行时的耗氧量的1/4，节省了差不多75％的能量。平均而言，黑猩猩用两条腿走路所耗费的能量与用四条腿走路一样多。但是，在如何利用更多的能量方面，黑猩猩有着差异，这种差异与其不同的步伐和解剖是相适应的。进行这项研究的美国亚利桑那大学人类学副教授戴维·雷克伦（David Raichlen）认为，用两条腿直立行走的黑猩猩中有一只使用了较少的能量，而另一只使用了与前一只略为相似的能量，但其他几只黑猩猩使用的能量较多。长期进行直立行走训练的黑猩猩，会比短期训练的黑猩猩更节省能量。两条腿行走更为省力的那只猩猩行走时，膝盖和臀部看上去似乎更加舒展。

黑猩猩耗氧量的差异是一个关键因素。因为人们在讨论进化是如何进行的时候，差异是一个底线。没有差异，就没有进化。如果一种生物个体能够在行走和狩猎中节约能量，并且能把更多的能量分配到繁衍中的时候，就会产生弃旧迎新的新物种。人类进化为两腿直立行走就可能取决于这样一种能量有效而科学的分配，以及以较少能量办较多的事的经济原则。

当然，两条腿直立行走还有更多的益处。进化中的直立行走是导致人类及其祖先选择成为人类的第一类进化事件中的关键的一种。

除了耗能少，直立行走至少还有几种解释。一是用上肢采撷食物，而且要用上肢把食物带回去给配偶和儿女，以及让身体升高以在微风中散发身体的燥热。

其实，不用特殊设计让猩猩直立行走，就是在现在，猩猩或其他灵长类有时为了生存也需要直立行走，只是这只不过是它们的特殊行为，而非一般行为。那么，人类是如何且何时直立行走的呢？这样的问题让我们自己困惑不已。其中很难确定的是，人类祖先是首先生活在地面，还是首先用两腿行走，或是在什么样的环境下直立行走的。为此需要找到直立行走的进化优势。长期以来的解释是，直立可以减少在平原上被灼烤的身体面积。但是，我们的猿类祖先却是生活在遮天蔽日的森林中。既然如此，何不观察在森林中生活的非人类灵长类呢？也许这是揭开谜底的好方法。

只要在野外观察猩猩的采食行为就可以看到，猩猩为了摘取果实有时要直立行走到树枝的顶部。这就是一个提示，人类的祖先可能最先是在树上站立行走的。英国利物浦大学的罗宾·格罗普顿（R. Crompton）和其同事甚至观察到，当黑猩猩沿狭窄树枝前行时，它们用两腿站立，以手保持稳定。他们相信，这是与我们人类祖先最为相似的行走方式，也因此可以推论这就是人类直立行走的滥觞。

格罗普顿等人的假说的说服力在于，在树上的居住者能够从直立行走获得很大益处，比如，采摘食物。

格罗普顿等人在苏门答腊岛的森林中观察了近3000只野生猩猩的活动，并记录了它们行走的树枝的直径。猩猩比其他灵长类待在树上的时间更长。当猩猩在较细并且弯曲的树枝上移行时，它们用双手帮助稳定而用双足行走的行为是最为普遍的，这也是最有效率、最省事和最经济的行为。猩猩在直径不到4厘米的柔细树枝上活动时，是采用在树枝上直立行走的方式，由手领路。而在4~20厘米的中等树枝上时，猩猩喜欢双足行走，但得用它们的前臂来支撑身体重量，悬挂或摆动起来。只有在直径超过20厘米的大树枝上，猩猩才用四肢行走。

而且，猩猩行走的姿态与直腿的两足动物非常相似。当沿着树枝行走时，它们的膝盖和臀部伸展着，就如人类运动员在室内有弹性的地面上奔跑那样。这种步法可能就是人类祖先最初开始直立行走的方式。

双足行走让猩猩获益良多。比如，在树的末梢有大量的果实，而且树枝又是最细的，这说明采食它们有很大风险。如果能腾出手来到达树端，结果会更好——既能保持平衡，又能用手摘取更多果实。以此推论人类的直立行走，人类的祖先应当是首先在树上学会直立行走的。

至于人类直立行走的时间,则由一些化石获得了解答。1974年11月24日,美国古人类学家唐纳德·约翰逊(D. Johnson,1943—   )、伊夫·科本斯(Y. Coppens,1934—   )和蒂姆·怀特(T. White,1950—   )在埃塞俄比亚的阿法尔凹地发现一具古人类的化石,为其取名露西。露西是第一个表明人科动物的大脑膨胀之前就开始直立行走的证据,距今约320万年前。另一个早于露西的标本则是生活在380万年到400万年前的人类。从骨盆的形状和胫骨的顶端来看,这位人类早期的祖先一定是直立行走的。同时维也纳大学的本斯·维奥拉(B. Viola)也发现了一块380万年到450万年前的部分股骨化石。从解剖特征看,这个股骨化石同样显示出其主人是直立行走的。也因此,可以推定人类至少是在约400万年前开始直立行走的。

不过,尽管很多人认同直立行走的主要原因是为了节省能量和体力,但也有人并不认同。他们认为,上述原因都不是人类直立行走的原因。人类直立行走的原因是便于携带重物。美国一个研究小组也是通过实验得出这样的结论的。研究人员认为,人类双足直立后并不能省下多少力气和能量,相反这样要比此前消耗更多的体力,因此,人类双足直立行走与节省体力和能量基本没有任何关系。

研究人员对7名年龄在30岁以下的成年女性进行氧气消耗量观察实验。这些女性每人都进行了两次负载实验。第一次她们两手各携带一个重5千克重的婴儿模特,第二次则每人只用一只手携带10千克的婴儿模特。从实验者直立行走携带10千克的重物消耗的能量来看,便于负重是人类直立行走的重要原因之一。而且,只有在直立行走的条件下,人类才能最大限度地解放上半身,才能够方便携带和运送物品。因此,直立行走和携带物品互为因果。步行和负重又对人类进化起到了重要作用。

应当承认,所有这些假说都有一定的道理,也都可能是人类直立行走的原因。但是,应当看到,并非一种单独的原因形成了人类的直立,而是上述种种原因的合力造成了人类的直立行走。

人类直立行走的好处太多了,仅从外表而言,就使人获得了形体上的美观。但是,任何事物都有一正一反的两方面。人类的直立行走也为自身带来了一些弊病。

首先是分娩困难。直立行走让人的胯骨变小,骨盆变得倾斜,骨盆开口较狭窄。同时智力的不断进化又让人的脑容量变大。所以胎儿的大脑袋和狭窄的产道的相互矛盾导致了分娩异常困难,甚至充满危险。妥协的方法便是,让胎儿提前产出母体,因为这时胎儿骨骼尚未成熟,不是太硬,可以较柔软地通过产道。很早以前人类胎儿的发育肯定超过 10 个月,而现在只有 10 个月。提早脱离母体的结果便是人类的婴儿比任何其他哺乳动物——包括猿猴的婴儿——都要更加依赖母亲的照顾。

直立行走易患多种疾病。人直立后使得心脏距离头顶约 0.5 米,但距离脚底 1 米有余,每秒钟它都要奋力克服重力把动脉血挤压到大脑,同时把静脉血从脚底吸上来。如果人像动物一样四脚着地,则大脑、身体其他主要脏器和心脏近乎一个水平面,心脏本无须如此辛劳。正因为如此,人比动物更容易患心血管疾病,如脑缺血、下肢静脉曲张、心脏肥大、心律不齐、心肌劳损、心力衰竭、高血压、中风以及脑溢血等。

另一方面,直立把人类过去如同动物四肢着地的腰与后肢之间的夹角由 90°拉成 180°,让脊椎和下肢骨承受了很大压力,因而造成颈椎、腰椎、膝关节、髁关节负荷加重,引发这些部位的病变,如颈椎增生、腰椎增生、膝关节骨刺、髁关节骨刺等等。

甚至连"十人九痔"的重要原因也是直立。因为,直立时,人的一肚子脏器都压在直肠和肛门上。当我们坐下,大半的体重更是让肛周的静脉血流不畅,形成痔疮。

所以,直立固然让人获益不少,但也受累不少。利弊权衡,当然还是直立让人受益更多,所以进化才有如此选择。

2.9 肤色的疑问

肤色是人类最直观和显著的外部形式。凭借肤色,可以把人类分成几类,而且不同的肤色,各有不同的作用。这其实也是生物多样性的表现之一。

大家可能都知道,肤色越深,越能保护我们免受阳光灼伤,因为皮肤中决定肤色深浅的是黑色素。黑色素越多,越有保护作用。所以住得离赤道最近的人肤色最黑,极暗的肤色可以阻挡阳光对皮肤的伤害。而且阳光越强烈,紫外线越强,人们患皮肤癌和其他相关的癌症也越多。所以,深肤色尤其是黑色是我们天生的保护色。

但是,问题也随之而来。既然天然的黑色有这么多好处,为什么我们每个人并非变得要多黑有多黑呢? 换句话说,自然选择为什么不把所有人都武装成暗色或黑色呢? 当然,除了审美的影响,比如男性喜欢女性肤色白嫩可以影响人们的肤色的趋势外,很多情况不能得到圆满解释。比如,高纬度地区的人阳光照射较少,于是他们的皮肤就变得很白。但是,肤色白是皮肤中黑色素减少的结果,太阳照得少是否就能引起皮肤的黑色素变少从而让肤色变白呢?

美国加利福尼亚科学院的尼娜·雅布隆斯基(N. G. Jablonskia)和其丈夫认为他们的研究已经找到了一些答案。肤色的深浅并非是过去所认同的单一因素,即紫外线与黑色素的相互关系造成的,而是有其他的因素在共同起作用,比如人的毛发脱落、人体合成维生素的需要等。

人类的肤色可能要追踪到几百万年前人类进化到直立行走之时。在非洲撒哈拉沙漠直立行走的人类当然会奇热难耐,于是需要有一种方法来散热,出汗就是一种最有效的散热方法。人类有 250 多万个汗腺(孔),比其他哺乳动物的汗腺更为均衡也更多。一个成年人每天不活动时要出 0.7 升汗,活动时仅每小时就要出约 2.5 升汗。

不过,出汗的冷却作用取决于汗水的蒸发。伴随这一要求,人身上的毛发就不能太多,否则就会阻止汗水的蒸发排热。于是,人身上的毛发就慢慢消失。这可能就是人类在进化过程中有别于其他动物浑身长毛的原因之一。当然人体毛发的脱落可能还有其他的原因,比如,让触觉、感觉更灵敏,更舒服。

人类的祖先在毛发脱掉后就会产生肤色的进化选择,要么使光溜溜的皮肤有一些颜色,使其变暗或变黑,要么让其保持浅色或白色。早期的人类失去了保护性的毛皮后,却对黑皮肤情有独钟。原因在于,肤色较暗的个体既能出汗排热,又不会被太阳灼伤,而且更可能存活,并且能把黑色素基因传递下去。不过,不让阳光中的紫外线辐射,并非人的皮肤变黑的主要原因。

早期人类变得较黑的主要原因是为了阻止一种人体必需的叫做叶酸盐的营养物质的分解。叶酸盐的另一种形式——叶酸可能更为我们所熟悉,叶酸是维生素 B 复合物的成员之一。它在胚胎发育时期的神经管形成时具有重要作用。如果叶酸太少则可能导致严重的神经缺陷,包括脊柱裂、无脑、大脑和头颅不全等。此外,叶酸对细胞分裂和生成,如血液和精子的生成,也意义重大。比如,叶酸不足可导致男性生育力下降。

不过,问题的另一面是,叶酸的生物重要性是与紫外线敏感性联系在一起的。美国疾病预防和控制中心的研究人员证明,当身体较长时间暴露于长波紫外线时,体内的叶酸就会分解。由此得知,黑色素并不仅仅是使皮肤免受阳光灼伤,而是主要避免叶酸减少。黑色素是一种碳环聚合物,而且结合了一些蛋白质,它能够吸收和弥散太阳光中的紫外光。所以,合乎逻辑的推测是,人类在撒哈拉沙漠的祖先首先需要的是抵御阳光的照射而不致使体内的叶酸分解流失。于是身体就需要有黑色素的生成来屏蔽阳光,人类的肤色就慢慢变黑了。

不过,人类在脱掉毛发后肤色变黑只是一个附加结果,即首先是人类为了保证体内的叶酸不受破坏,才产生黑色素来保护身体,随后肤色也才变黑了。但是,这只是一个假说。为了验证这个假说,否定以前所认为的越晒太阳越黑的观点,雅布隆斯基使用了美国国家航空航天局(NASA)用卫星拍摄的由光谱测定仪测得的所有臭氧层图谱,绘制了全球各地的紫外线密度和相应的85%的当地人群肤色模式图。

按传统的理论,如果黑色素的主要功能是保护皮肤免受阳光灼伤,那么在赤道附近生活的人在夏季最强的紫外线照射下皮肤应该是最黑的,这才可能最大限度地保护皮肤。但情况并非如此,在夏季纬度低于50度地方居住的当地人的肤色并非最黑。这提示还有某种原因左右着黑色素的产生。

实际情况是,在热带地区以外,冬季的阳光并不直接损害皮肤,但是它会毁坏叶酸。因为在冬季长波紫外线能穿透地球大气层,即使在有更多大气层的高纬度地区,长波紫外线也能穿透大气层。叶酸对长波紫外线特别敏感,所以叶酸最容易受到损害。在这个时候体内产生的黑色素最多,可以保护叶酸不受破坏。随着黑色素的大量产生,在冬季人的肤色反而最黑。这就是说,人需要黑皮肤首先是为了避免紫外线破坏叶酸。

既然黑色素越多,越能保护叶酸,由此自然产生了另一个问题:为什么皮肤不越黑越好?

事实上,除了黑人天生的黑皮肤外,其他人种的皮肤都倾向于向白的方向发展。这与维生素有关,特别是与维生素 D_3 有关。维生素 D_3 的功能是帮助人体吸收钙,并使钙沉积到骨髓中。如果维生素 D_3 不足,会产生佝偻病,甚至死亡。维生素 D_3 的产生一是靠自身合成,二是靠食物摄取。自身合成途径则需要紫外光,通过紫外光对皮肤的照射产生一系列化学反应后,人体就能制造维生素 D_3,这也是为什么医生常常要求人们晒太阳的原因之一。

既然合成维生素 D_3 需要阳光,人体就要节制黑色素的产生,以避免黑色素屏蔽紫外光。这样,在保护叶酸和制造维生素 D_3 之间就产生了矛盾。前者需要较多黑色素,后者却不需要或少要黑色素。显然,在两种矛盾因素之间需要另一种力量来调节和制约。进化的结果是,人类并没有让自己的皮肤尽可能地黑下去(黑人的肤色除外),而是选择了让肤色变得较白。也就是说,在要不要黑色素问题上,采取中庸手段,不产生较多的黑色素,以免阻挡阳光照射,无法产生维生素 D_3。

所以,我们的肤色是两种矛盾调和与平衡的结果,矛盾的双方中一方是需要较弱的阳光以保护叶酸不受破坏,另一方则需要较强的阳光来产生维生素 D_3。结果便是现在的不是太黑,也不是太白,即使是黑人和白人也并非是全黑或全白。

研究人员使用 NASA 的资料来验证这个假说,同时,还对不同地区的人们进行了多项叶酸和维生素 D_3 的生化研究。那些肤色与日照不相符的人群全都是最近的移民,他们包括在过去一千年内移民来的人。研究的人群样本包括欧洲巴斯克人、东非人、澳大利亚土著人等,他们都在原居留地至少生活了一万年,所以对这些人的肤色取样完全能说明问题。

对女性的研究首先证实肤色与阳光的复杂关系。由于女性负有孕育后代的任务,她们在孕期所需的钙当然会比其他人多,这也意味着她们需要的维生素 D_3 也得相应增多。在同一地方或社区,女性的肤色比男性要白。这是因为她们需要更多的维生素 D_3,为此体内必须减少黑色素的生成,以让阳光更多地照射皮肤来合成维生素 D_3。并非阳光照射得多肤色就会变黑,而是体内为满足维生素 D_3 的较多需求使得黑色素减少,所以黑色素生成的动态平衡(在保护叶酸与生成维生素 D_3 之间平衡)决定着肤色的深浅。

这也可以解释为什么地球上最北部几个国家和地区的人头发是金黄色的。由于这些地区的人身体很少接触阳光,他们必须最大限度地通过头部来吸收阳光,而淡色的头发比黑色头发更能让阳光穿过头盖骨,这有利于阳光的穿透和吸收,让人体制造维生素 D_3。因此通过上万年的进化,这些地区人们的头发就变得金黄甚至是白色。

但是,并非所有人都同意雅布隆斯基的解释。比如,有人批评说,人们获得维生素 D_3 的渠道是多种多样的,并非只有靠阳光照射皮肤来合成,从食物中摄取维生素 D_3 就是一条重要的渠道。对此,雅布隆斯基解释说,从食物中获得较多的维生素 D_3 应当是现代人的做法,因为我们可以通过营养学的知识有选择地摄取不同的食物。而在远古时期,科学和生产力不发达,我们的祖先无法选择食物,只能获得什么食物就吃什么食物,所以不仅从食物中摄取的维生素 D_3 不够,其他一些必需的维生素也不够。因此,维生素 D_3 主要还是通过皮肤吸收阳光来合成。

但是,从人类生存和文化的角度看,肤色与其说是适者生存的一部分,还不如说主要是为了对他人产生吸引力,主要是性魅力。比如,几乎所有国家和地区的女性肤色都比男性白嫩,原因在于,男人更喜爱肤色白的女人,以女人的肤白为漂亮。当然,在不同国家的文化中,肤色之美的标准也有不一致的地方。例如,在下撒哈拉非洲,理想而漂亮的女性应当是红色的;在东南亚,漂亮的女性是金黄色的;在欧洲,美女应当是雪白的。

从生物学和生理机能上看,所有男性肤色都比女性黑的原因除了黑色素比女性多外,还有另一个因素,男性的血管中有更多的循环血液,因为男性的体力活动更多,力量更大,需要的血供更丰富。皮肤血管的血液多,也使得他们的肤色比女性更暗(暗红色)。

由于有这样的生理和生物基础,不同文化在肤色审美上还产生了相应的意义。比如,许多文化都把黝黑而红润的综合色皮肤与力量和强壮联系来,而把白皙与柔弱、女人气和懦夫等联系在一起。当然,这些因素也可以作为解释人们肤色变化的理由之一。

与上述肤色成因的假说相印证的是基因研究的发现。一种名为 SLC24A5 的基因拥有两个变体,不同人种变体不同,从而影响了他们皮肤的色素沉淀,决定了他们肤色有深浅之分。99%的欧洲人含有 SLC24A5 基因的一种变体,使黑色素减少,黑色微粒间空间增大,从而让皮肤变浅。93%~100%的非洲人含有 SLC24A5 基因的另一种变体,使黑色素增大增密,导致皮肤变黑。

150 万年前,当人类体毛开始减少时,人类祖先的皮肤开始转化为深色。黑色素沉积是为了不让紫外线辐射损伤人体内的叶酸。后来,人类移居至寒冷的北方,他们的皮肤也适应环境的变化,皮肤中黑色素减少,皮肤颜色变浅,否则在日照相对较少的地区黑色素过多沉积会阻碍皮肤合成维生素 D_3。

不过,对人外表肤色的演变自然有一个问题要提出来。既然肤色是人类为适应环境而演变为黑色、白色和黄色的。那么,热带地区的黑人到了北美会不会因适应环境而又逐渐演变为白色呢？或反过来,寒带地区的白人到了非洲热带皮肤会不会演变为黑色呢？

史书记载,从 15 世纪到 19 世纪,估计约有 1200 万～4000 万非洲黑人被欧洲白人强迫贩运到欧洲和南北美洲的殖民地。与此同时,白人对非洲的殖民统治也从 15 世纪开始。至今,在欧洲和北美洲有大量的黑人定居,以美国为甚;在非洲也有为数不少的白人定居,以南非为甚。这两类人与人类肤色演变的地理环境背道而驰。那么,长期居住在北美的黑人会不会因适应寒冷而让肤色变浅,反之,长期定居在非洲的白人会不会因适应炎热而让皮肤慢慢变黑？

也许,黑人和白人相互转换到不同的地理环境中只有五六百年的时间,与人类肤色演化的数百万年历史上简直不值一提,还起不到环境改造肤色的作用。但是,如果黑人和白人也相互在与他们祖先相反的环境中生存几十万或上百万年时,各自的肤色还会转化吗？也许,这个问题只有时间知道答案;也许,这个问题无解,就如同另一个问题无解一样:既然人是从猴子进化而来的,为何今天的猴子不能进化为人？

2.10　毛发与外表

既然光洁无毛的皮肤是人类与动物的重要区别特征之一,那么,有毛的人则称为返祖现象,而且长毛也使得人的外表非常难看。但是,为何人类有头发,而且体表的某些部位还有毛发呢？

14 世纪逻辑学家、英国奥卡姆郡的威廉(William of Occam)博士提出过奥卡姆剃刀理论。他认为凡是空洞无物的东西或无用的累赘,应当被无情地"剃除",该理论被简称为"如无必要,勿增实体",与牛顿的"少已够用,多则无益"异曲同工。

人身上无毛符合用进废退和奥卡姆剃刀的原理,仅剩下浓密的头发同样符合用进废退和奥卡姆剃刀的原理。头发是人类最多最好的毛发,如果没有用,人类是不会长这么多的头发的。头发的用处在于,它是皮肤的附属器官,有十分重要的生理功能。例如,头发的保护作用,表现为保护头部,包括对头部的保湿和防冻作用并缓和各种外力外物对头部的伤害;可以阻止或减轻紫外线对头皮和头皮内组织器官的损伤;有排泄(排毒、散热)作用,人体内的有害重金属元素如汞,非金属元素如砷等都可从头发中排泄到体外。头发也是健康的晴雨表,可以通过头发判断疾病,比如测定头发中锌、铜等微量元素含量的多少,为诊断某些疾病提供依据;头发也是性爱和美容不可缺少的器官。

一般成年人有 8~15 万根头发。它们每月长约 1 厘米,每根头发的寿命为 2~6 年。头发的主要成分是角蛋白、黑色素和脂质类,其中还含有很多微量元素。正常情况下,每天掉头发 100 根以内。头发含有自然界 108 种元素的 75 种以上,这是人体其他器官所不具备的。发丝与细胞一样,是一种生物体,通过对它的分析,可知道一个人的健康状况。像贫血或营养不良就是掉头发过多的原因之一;甲状腺机能亢进,可能会有损发质而造成脱发;而甲状腺机能减退,也可能使发质变脆而干枯。

飞机有黑匣子,头发这种纤纤细丝也成为记录人体状况的"黑匣子",它可随时"录"下体内新陈代谢的盛衰、微量元素的变化及健康与病损。每根头发中约有 2 万个角化细胞和数十种化学元素,分析它们的变化,就能窥知身体的秘密。从拿破仑几根遗发中发现其死于慢性砷中毒,从牛顿五十多岁时的遗发中发现其体内汞量很高并断定这是牛顿一度出现精神失常的原因,这些例子更能说明人体的毛发绝不是可有可无的器官。因为自然界可以一叶知秋,而人体则可以一发知微。

除了头发,人体还有很多体毛。实际上,人的肉眼比较难以观察到人的毛发,并不意味着人没有毛发,只是身上的毛发没有动物那么浓密和绵长而已。

细数起来,人体表面的体毛分为胎毛、毳毛(亦即汗毛)和终毛(包括头发、腋毛、阴毛、胡须甚至胸毛)。婴儿期一过,胎毛褪尽,就剩下终毛和毳毛。后者约有 500 万根,除掌跖、指(趾)末节背面、唇、乳头、龟头等部位以外,几乎到处都生长着汗毛。与头发、腋毛不同,汗毛长得十分纤细,而且无色,在前额部分最集中,每平方厘米达 400~450 根,尽管它们的数量远远超过头发,可是并不为人注意。

汗毛看似无足轻重,实际上肩负着不可取代的护肤重任,其重要作用是使皮脂腺分泌的皮脂和汗腺分泌出的汗液沿着自己在皮肤表层形成均匀的皮脂膜,使皮肤保持一定量的水分,从而经常处于滋润状态。

阴毛生长开始于 11~13 岁,腋毛在随后两三年长出。阴毛是第二性征之一。人在青春期开始以后,由于雄激素的作用,阴部毛囊长出阴毛。男性体内的雄激素是睾丸分泌的,女性体内也有一定量的雄激素,是由肾上腺皮质和卵巢间质分泌。但无论男性还是女性,阴毛的有无和疏密,都与体内雄激素水平,以及阴部毛囊对雄激素的敏感程度有关。当然,女性的雌激素也对其阴毛的生长和形成起一定作用。青春期后,男性的阴毛不仅逐渐增多,且呈男性典型的菱形分布。女性阴毛的分布特点为上缘平,呈倒三角形分布,与男性截然不同。

对于阴毛的作用和认识,虽然东西方在生理上的理解是一致的,但在文化上,东西方是不太一致的。东方认为阴毛是一种耻辱,所以长阴毛的部位称为"耻骨"或"耻部",而西方则称这一部位为"维纳斯丘",是美好爱情和性爱的象征之一。实际上,阴毛也起到了性爱的作用与功能。首先,阴毛是为保护人们的身体而长出来的,它能吸收会阴部位分泌出来的汗和黏液,保持住性器官散发出来的独特的芳香味道,并向周围发散,不仅有利于身体健康,而且能传播性信号,以吸引异性。另一方面,在两性性生活时,它还能增加外生殖器处摩擦所引起的快感。

同样,腋毛也不是可有可无的东西。当人们抬起手臂或进行肩关节活动时,腋毛可以减少皮肤间的磨擦,同时还具有疏导汗液、降温等生理作用。

如此看来,人没有毛发才是不正常的,在这一点上男女稍稍有些差异,而这正是证明其生理是否正常的标准之一。

以阴毛、腋毛为例,女性与男性是不一样的,前者较后者少,原因在于两性的雄性激素分泌不一样,因为女性的雄性激素较少。中国民间对于无阴毛和腋毛有一种说法,称这样的女性为"白虎",男性为"青龙",这当然缺少科学根据,但又隐含了一种事实,少毛或无毛在特定的情况下可能是一种病症。如果是男性少毛或没毛,意味着男性的雄激素较少,可能患有先天性睾丸发育不全或小睾丸症,由此还伴有其他症状,如无喉结、声调高、精液中无精子等。当出现这些情况时最好到医院作染色体检查并治疗。

阴毛和腋毛高度稀少或缺如时称之为少毛症,大约占人群的 2.5%。女性的阴毛、腋毛较少一般并不是病症,原因是,女性体内雄激素水平本来就较低,另一方面阴部及腋部毛囊中接受雄激素的受体对雄激素不敏感或存在其他缺陷,也有的是完全没有这类受体。大多数少毛症女性的内分泌、月经周期、性特征发育、性功能及生育力都是正常的,因此一般而言少毛症不是病症,而是生理性的,不会影响这些女性的健康和婚姻生活。

当然,女性的另一种少毛或无毛就是疾病的表现了。比如,有一种称为特纳氏综合征的性染色体异常遗传病,病人的染色体多为45X,少一条性染色体,是性细胞成熟过程中性染色体不分离或丢失所致。这种病人的性腺机能不全,表现为矮小、乳房发育不良、外生殖器幼稚、阴阜无毛或少毛,因卵巢无滤泡而伴闭经。她们虽能过性生活但无生育能力。

还有几种情况也表现为少毛或无毛。一种是,有甲状腺机能低下的女性也无腋毛,阴毛稀少,性欲明显低减。另一种是单纯性性腺发育不全,也伴有少毛症,轻症治疗后可恢复生育力。另外,女性产后大出血可造成垂体功能减低的席汉氏综合征,病人极度消瘦、闭经、不育、头发及阴毛逐渐脱落、无力、性欲极度降低。

另一方面,体内雄激素水平高者,阴毛、腋毛就会较多,同时身上和唇上的汗毛也较重。但是患有嗜酸性或嗜碱性垂体腺瘤的女性,阴毛也会较多,同时会伴有其他症状。比如,前者的手指像香肠样、牙床变厚、舌头肥大、性腺机能失调;后者出现脸部如满月、腹大如鼓、皮肤粗糙,伴有闭经和高血压。另外,患有肾上腺皮质过度增生及肿瘤的女性,雄性激素分泌过多,也会引起多毛和阴蒂肥大。

无论是男性还是女性,出现病理性的无毛或少毛,以及多毛时,都说明其内分泌系统出现了问题,进而影响到健康与正常的情爱生活。

毛发的作用同样体现在爱情与性爱上。无论哪个种族,散发着光洁的浓密头发,都是美貌和性魅力的象征,比如,秀发如云或乌黑亮丽的头毛总是与面如傅粉、明眸皓齿的外貌联系在一起,金发亮丽也是与面若桃花并驾齐驱。对于男性来说,秀发也与智商和聪明联系在一起。对世界百位名人的调查发现,这些人中80%以上有一头秀发。

深究起来,秀发之美的根基是健康。雌激素促进头发的生长,而雄激素抑制额部两侧头发的生长,因此男性的头发不如女性浓密,且呈现特定的凹入形发际。雄激素刺激须髯和胸毛的生长,雌激素则抑制它们的生长,所以男子有胡须和胸毛(黄种人少见),女性则二者皆无。雌激素和雄激素对腋毛和阴毛都有刺激作用,故男女皆有腋毛和阴毛生长,当然男女阴毛分布特点有所不同。

关于秀发之美,中外诗篇里早有描述。《圣经·雅歌》里说,(美女的)秀发就像一群山羊从加纳雅兹山上下来,卷发下的面颊如同石榴。从《诗经》中的"鬓发如云"到后来"当窗理云鬓,对镜贴花黄"以及"宿昔不梳头,丝发披两肩"等都把秀发视为人类最美的外部形式之一。

2.11 对称是一种生活方式

人的外部形式特征之一是对称,这也是人类自认为自己的外表富于魅力的几何外形之一,并且人类从美术和文学作品中为自己创造了理想的对称境界。例如,爱神维纳斯和阿芙罗狄忒的形象就是对称造型登峰造极的表现。

凡是对称(匀称)的都是美的,凡是美的都可能是对称的。这一原则的典型证明就是人体。既然人是大自然的杰作,那么造物主也给予人类身体一种完美的几何形体——对称。例如,从手到脚,再从眼、耳、鼻到乳房等

人们把人体对称所具有的吸引力不仅归结为生物心理因素,而且很大程度上涉及社会文化因素。一个很简单的试验是让男女受试者挑选相片。男性常常挑选那些面部十分对称的女性作为漂亮者或视为"有魅力女性",并表示愿意选择这样的女性为妻。反之,女性也一样,愿意挑选面部对称的男性为丈夫候选人。因为对称的面貌使人产生愉悦感。

美国新墨西哥大学的南迪·桑希尔(R. Thornhill)教授对72名大学生的外表体貌做了测量。主要测量左右耳朵的长度和宽度、左右脚、踝、手、拳头和肘的宽度。根据这7项指标再计算出整个体表和面部的对称度。他们发现,人体并非绝对左右对称,这在很大程度上受遗传影响。从这72名受试者的选择看,他们认为最有吸引力的脸面和身材是左右不对称仅为1%～2%的面孔和身材。而他们认为最没有吸引力的面孔和身材是不对称性在5%～7%之间的面孔和身材。这个试验还得出一个结论,具有非对称身体的人也拥有十分对称的脸蛋。

由于对称的体表和脸蛋被视为美和有魅力,因此这样的人在生活中寻找异性朋友和配偶更容易成功。桑希尔(Thornhill)对122名大

学生的婚恋生活调查,发现体表和脸蛋最对称的人比不对称的人有性伴侣要早三至四年。这说明他们对异性更具吸引力。而且那些体表最对称,包括手、拳头、脚、踝、耳和肘对称的人(对称性在98%～99%)比最不对称的人(对称性在93%～95%)拥有2～3倍之多的性伴侣或异性朋友。这更说明体貌的对称性具有巨大的魅力。

不仅仅如此,对称的体貌也具有促进或提高夫妻生活质量的作用,这主要是美感在起作用。由于体貌对称给人美感和刺激,这必然会由感官转化为强烈的心理冲动。人的性行为又在很大程度上受心理、情欲的支配,因而对称姣好的容貌必然会增强人的情欲,获得较满意的性满足,表现为和谐愉悦的性生活。

对称自然有生物学原因,首先是人和生物个体发育的适应性,即个体的对称性是与健康相适应的。在人或生物的发育过程中,无论在子宫内还是在子宫外,新的生命都可能受到寄生虫、细菌或病毒的感染、侵袭,从而造成个体生命外形的不对称。只有那些具有最好的基因、抗病力(免疫力)强并且食物供应充足的个体才会发育成完整对称的体形和容貌。正是这样的个体在婚配中能找到理想伴侣(相貌对称、形体姣好)。这样的配偶不仅夫妻生活愉悦和谐,而且下一代也具有很对称的形体和姣好的面容。这也是对称形体的生物选择的进化作用。体现到人就是性魅力的吸引和配偶的外貌美的选择。这也是男女性选择性伴侣都首先考虑外貌美的生物学原因。外貌形体美的一个重要因素就是形体和面容的对称和谐。

对称或匀称不仅与美直接相关,而且还与人的智商有关,因为身体对称是决定人类智商的重要条件。对此可以从两方面来解释。一是在发育过程中的压力可能损害人大脑结构的完整性,造成大脑的不对称,使大脑在执行功能的过程中神经功能降低,从而直接降低人的智商。

不对称的身体包括大脑可导致新陈代谢的不正常。因此不对称身体的人就需要更多的能量来执行一些基本的功能。尤其是在大脑参与的认知过程时,能量显得相对不够用,这也影响到智商。

另一方面,为什么形体的对称具有无法抗拒的美感呢?这可以从生物学原因予以回答。人和生物都依赖于视觉与神经网络的传导感知认识世界,恰恰是对称的形体和外表、图像最能为神经网络感知并在神经网络中留下深刻烙印。

人们宁可选择对称体貌是因为对称是我们视觉系统恰好最能获得

最强烈反应的印象。这种视觉印象是人类从远古进化而来,而绝非仅仅是在择偶和吸引异性上才起作用。简单地讲,人们喜爱对称是因为对称的特点容易被识别,当然对称的形体也可能是健康的一种提示。如果外形不对称,很可能是这一个体有不健康的因素。这在人和生物的发育中都有表现。

例如,近亲繁殖的生物或近亲婚配的人的后代形体不对称占了很大的比例,这是基因变异的结果或有害基因表达的结果。在动物实验中,果蝇受毒素、高温或寄生虫的影响都会发育成极端不对称的体形。只是这其中的细胞和分子生物学原因尚未弄清。

显而易见,对称的形体与健康相关,因为美的另一个命题即为:健康即美。动物的形体也对此作了很多旁证。例如日本蝎蝇,凡是拥有对称翅膀的总是长寿和强健。在赛马中,体形对称的优势更明显。具有对称四肢的马比不对称四肢的马速度快得多。在英国一个赛马场,赛马协会对75匹赛马观察发现,形体最对称的马能跑出最快的速度并总是获胜,不对称的马几乎总是失败者。

一些国家的新生儿出生缺陷研究提示,母亲在怀孕时患感染性疾病极容易分娩外形极不对称的婴儿。这种婴儿也极容易患病或本身就与某种疾病联系在一起。例如,外形不对称的孩子以后患心脏病的比率极高。此外不对称的牙齿常常是嘴部微生物严重感染或患病的结果。另一个更有说服力的例证是,精神分裂症或精神病患者的指纹是极其不对称的。因此,对称即健康,不对称即有病在某种意义上是成立的。

西班牙格兰纳达大学的曼纽尔·索勒(M. Soler)等人发现,有着比较对称乳房的妇女比那些乳房不对称的妇女具有更强的生育力。美国研究人员对50名美国育龄妇女的调查发现,没有孩子(即没有生育力)的妇女其乳房极不对称,乳房不对称的程度表现在左右乳房圆周体积竟相差30%之多。相反,具有十分对称乳房的妇女生育的孩子最多,她们左右乳房的体积相差不超过5%。尽管女性生育能力受到多方面的因素影响,但乳房对称确实是因素之一。原因在于,乳房对称与生育能力的关系是受激素平衡制约的,而且个体在子宫中发育受阻和某种遗传因素也会影响女性的乳房对称,从而影响生育力。对男性而言,如果他认为女性的匀称双乳有性魅力,则会自然而然地认为这样的女性具有较强的生育力。这可能是人类进化中的一种直觉。

另一方面,人体对称美的体现最显著的外观在于左右脸庞的对称。这取决于左右颧骨和上下腭的对称。男性的脸庞对称与否最容易受青春期发育的影响。如果一名男子健康,在青春期时发育正常而且睾丸激素分泌充足,就会使男性的左右颧骨、上下腭发育完善,变宽变长,形成对称的男子汉脸形,从而变得富有男子气,对女性有吸引力。

对人来讲,面部和身体的完美对称可能说明一个人具有良好的基因、强壮的免疫系统和营养丰富。而且就夫妻生活和繁衍后代来看,一名女子与形体对称的男子结合,她会被更加激起情欲。

不只是人类,生物同样有广为对称的形体,最大的理由是在进化中以对称的完美来吸引异性。也许,人体对称是人的天性中追求和体现美的一种表现,但更重要的是对称美是吸引异性、选择繁衍更完美下一代的行为和表现,这在动物和人身上都得到了体现。

拥有对称翅膀的雄蝎蝇更能吸引雌性因而拥有更多配偶,剪刀形尾巴对称的雄燕会轻而易举吸引雌燕,组成家庭。而当把雄燕尾巴人为地剪去一点造成不匀称时,这样的雄燕很难获得雌燕的芳心,只能形单影只地飞来飞去。同样,孔雀、斑马、燕雀、蠼螋、野蜂中都存在形体越对称,寻找配偶越有利的关系。甚至在植物中花瓣的对称与否都成为吸引蜜蜂采蜜的重要因素。

对称不仅是动物,也是人类在进化中所选择的一种体现健康和美的外部形式。

2.12 不对称也精彩

美国人曾一度把好莱坞男影星丹泽尔·华盛顿(D. H. Washington,1954—)评为"当今最富魅力的男性",原因之一是他的面庞几乎完全对称。然而,对称是相对的,不对称才是绝对的。

实际测量表明,丹泽尔·华盛顿的脸只是几乎完全对称,并非真的全部对称。因为生活中不可能有完全对称的物体,包括人的脸庞和其他身体部位。由此,引出了另一个概念——反演。那么,什么是反演?

各种学科,尤其是生物医学、物理和化学等学科的许多新研究表明,严格的对称在世界上是不存在的。世界上许多事物存在两种集合,如正与反,天与地,左与右、左脸与右脸、左眼与右眼、分子的左旋与右旋、人性格的外倾与内向等,其中一个叫正集合,另一个叫反集合。正反集合中所有要素(元素)可以是一一对应的,但不一定是对称的,比如左眼与右眼都含有角膜、晶状体、瞳孔、眼球的各种肌肉,但是左眼可能比右眼稍大,或反之右眼比左眼稍大。事物或物体的正反集合就称为反演集合,即反演。它们之间相互对应,相伴相生,但不一定对称,而且并非互不相关。

李政道和杨振宁在20世纪50年代提出的物理学理论之一——"宇称不守衡"(为此获得1957年诺贝尔物理学奖),换一种角度理解就是,宇宙可能是不对称的。现在,李政道进一步提出,为什么我们要相信对称?我们生活的世界充满了不对称。基本的事实可能是这样的:最多的"非对称"的可能性是跟完全的"对称"是一样的,就是完全的"对称"会产生最多的"非对称"。不管这话多么拗口,换句话说,对称与不对称可能是对等的。

李政道还说:"当我们说左—右对称时,其含义是不可能观测到左与右之间的绝对差别(人们自然知道'左与右'是不同的)。换句话说,假如能够找到它们之间的绝对差别,那么,我们就有左—右对称的破坏,或左-右不对称了。事实上,所有的对称原理,均基于下述假设:某些基本量是不可能观察到的。这些量将称之为'不可观测量';反之,只要某个不可观测量变成可观测量,那么,我们就有对称性的破坏。"

因此,我们可以换一种看法,既然对称可以产生美,非对称也可能产生美,因为非对称的事物也大量存在于我们的生活中。

从最容易理解的人体谈起,实际上所有人在身体的表形与器官上都有不对称。美国新墨西哥大学桑希尔的调查表明,尽管所有受试者认为最满意的漂亮面庞是最对称的,但这些所谓最对称的脸庞也只有98%~99%的对称性。反过来说就是,还有1%~2%的地方是不对称的。这正符合反演的解释。而且,无论多么美丽和对称,人体都有不对称的地方,而且人体的不对称率有时高达7%,当然最低可达0.5%。

人体对称和由对称表现出的人体美只是一种表面现象,其实在人体充斥着较多的不对称,而且不对称也是男女有别,因此不对称也表现出另一种美。

比如,男性常见的不对称是睾丸和阴茎。大多数男性右睾丸和阴茎海绵体右侧较大或发育较快,这使得大多数男性的阴茎勃起时会向左侧偏移。不过,如同任何事物都存在的合理误差一样,这属于正常的不对称现象。在女性,常见的不对称是左右乳房。大多数女性的左乳房比右乳房大,也是一种正常的误差。不过,这种人体外表上的不对称也与人的某些功能有关。

测试发现,体表左侧大于右侧的人在女性思维的考试中占有优势,如语言、艺术和想象等科目。体表右侧大于左侧的人在男性思维的考试中占有优势,如数学、工程技术等科目。对此,研究人员又得出了一个结论,大多数女性的左乳房大于右乳房是与其思维方式是一致的,男性的右睾丸大于左睾丸也是与其男性思维方式是一致的。

美国俄亥俄州立大学的南迪·尼尔森(R. J. Nelson)等人对100名志愿者研究发现,人体的不对称甚至与易怒等个性有关。经过比较,不对称者比对称者更容易发怒和有侵略性,但这些特点是在正常的个性范围之类,而非异常。

实际上,在反演概念出现之前,人们早就观察到人体并不对称的现象,并认为这同样是一种美,或对人的美感影响不大。人体体表的不对称表现在很多方面,仔细观察就会发现。很多人的眼一只眼大,一只眼小,而且一只眼高,一只眼低,因此眉毛也是一边高一边低。更有甚者,有的人一边眼是双眼皮,一边眼是单眼皮。同理有的人一只耳大,一只耳小;一只脚大,一只脚小。有的人一只手长(通常是右手),一只手短(通常是左手)。

同样,有的人一只腿短(通常左腿),一只腿长(通常右腿)。如果不信,你自己可以做一个试验。在伸手不见五指的漆黑深夜走路,大约90%以上的人会绕圈子。这就是俗语或迷信所说的"鬼打墙"。因为如果看不见方向而任凭一只腿长一只腿短走路,就只能绕弯子。

还有一些人体的不对称也很少为人所知。不少人的左肩比右肩高,原因在于胎儿期6个月时,胎儿会自然向右倾斜,因此其脊柱在胸部多向右弯曲,在腰部多向左弯曲,长大后往往是左肩高于和宽于右肩。至于人们看不见的人体内脏器官就有更多的不对称了。比如,肝脏大部分并附带胆囊在身体右侧,心脏的2/3在身体对称线左侧,当然心脏内部的腔室是对称的,但每个腔室也并不是完全对称。最不对称的是肺脏,右肺分为上、中、下三叶,但左肺却只有上、下两叶。此外脾和胰腺的大部分都在身体的左侧。

人体体表和器官的不对称必然要影响到其功能的不对称。最明显的例子是左右利手(左撇子、右撇子)。对世界各种民族的调查表明,所有人群的左右利手分布大体是一致的,右利手占人群的 66%,左利手占人群的 4%,左右手混用的占 30%。右利手和左利手本身也是一种不对称或互为反演。

表情的使用是人体功能最不平衡又最有趣的现象,只是没有多少人注意而已。一些心理学家对此做过一些研究和调查,得出的结论更有意味,如若不信,可以在实际生活中试一试,它们可能反映出左右大脑半球的功能与思维的互为反演现象。

与人群中的性格分类一样,一个人的表情可以在左右脸的表情上表现出内向型和外向型来。一般情况是,一个人的左脸表情为内向型,而右脸表现为内向型。所以心理学家认为左脸的表情是真实的,因为那是下意识的表情流露。右脸的表情是虚假的,因为那是刻意掩饰后的表情流露,正如一些人,尤其是政客的公众的形象与私生活的形象迥然不同。这些情况正是反演集合的具体生动体现。

此外,人体一些器官还表现出不正常的不对称,比如有些人的心脏大部分不是在右侧,而是在左侧,阑尾不是在右侧而是在左侧。但是这种所谓的不正常的不对称在某种意义上也是对称的,它们只不过是物质排列方式的镜像位置而已,就像糖分子偏振光的左旋与右旋。而且,即使不对称,也并不意味着不美,只不过是美的另一种表现形式。

正如犀牛的独角,能说这样的不对称就不美?

2.13 黄金分割与和谐比例

19 世纪初,希腊米洛岛的农民在挖地时意外地挖掘出了一尊维纳斯像,后来这一雕像被法国人买去藏于卢浮宫,所以该雕像一直称为米洛的维纳斯。经过具体测量,人们发现,米洛的维纳斯像是根据人体真实的黄金分割比例来创作的。

所谓的黄金分割是,把任一长度为 n 的线段分成两部分,使其中一部分(x)与全部线段(n)的比等于其余一部分($n-x$)对这部分(x)的比。如果整理成公式,就可以得到一个一元二次方程,最后解这个方程便得到 0.618 的值,这就是黄金分割的数值。

我们把迷人的身材称为"魔鬼身材"。其实,这种身材并不神秘,它脱胎于人的标准身材,后者又以黄金分割为基准。在人身上就存在许多具体的黄金分割点。人的总体体形的黄金点在肚脐,肚脐以上与肚脐以下的比值约为 0.618,肚脐以下的长度与全身的高度之比也是接近于 0.618。艺术家常把这两个比值都等于 0.618 的人称为标准体型,并以他们作为模特儿绘画。

此外,人体还有好几个黄金分割点。肚脐以上体表的黄金分割点在咽喉,肚脐以下体表的黄金分割点在膝盖,上肢部分的黄金分割点在肘关节。头顶到举手之高的手指间距离与脐部到头顶的距离之比,也是黄金分割之比。所以,肚脐、咽喉、膝盖和肘关节是人体重要的功能部位,也是人体美的主要体现点。功能与美结合的特点正应证了美学理论中"美就是实用"的命题。

值得补充的是,肚脐这个重要的黄金分割点也是治病的重要部位。按中医的经络理论,许多中草药需贴敷于肚脐才能显示独特而迅速的疗效。虽然肚脐这个黄金分割点并非治病的暗道机关,但它可能起了一定的作用。

人体除了黄金分割所显示的美之外,也还存在着许多比例和谐的美。它们都呈现简单的比例关系,就像乐音中声音的频率有周期性,在和声中,如四部混声合唱,各部同时发出的声音频率总表现出简单的比例关系一样。人体有许多部位表现出这种简单的比例关系,和谐的美也分外显著。比如:

发际到鼻根:鼻根至鼻底:鼻底到颏下点=1:1:1

左右颧角之间:两眼外眼角之间=1.4:1

左右瞳孔之间:左右嘴角之间=1.4:1

左右嘴角之间:鼻底宽度=1.4:1

身高:面高(头顶至颏下点)=8:1

乳头至肚脐联线:面高=1:1

臂宽:面高=1:2

腋中线与第一腰椎体中央交点:面高=1:1

细致解剖人体,还可以发现许多我们平时不太注意的简单比例关系,却表现为自然的和谐的美。例如:

肩膀宽度是身高的 1/4;

头颅是身高的 1/7~1/8;

脚长也是身高的 1/7;

大腿的厚度约等于脸宽等。

与和谐即美相反,不和谐和失去比例,就可能是疾病和灾难。

文艺复兴时期的意大利画家、解剖学家达·芬奇通过无数例人体测量发现,人的两眼间的距离与另一只眼睛的长度相等;耳朵与鼻子的长度也相等。如果人的两眼间距离不是等于或近似于一只眼的长度,那么他/她就是异常。例如,先天愚型(唐氏综合征)小儿两眼间距离就超过了一只眼的长度,同时面容不对称。

五官的美貌还与它们在脸部所占的比例大小有关,据此,心理学家根据人们对面部审美的印象,计算出了面部各器官在审美中的指数(即魅力影响指数),其中眼裂的宽度对美貌的影响最大,比如,舞台上光彩照人的男女主角,其眼裂明显大于普通人。下表是面部不同部位在审美中的重要地位,魅力指数越大,表明该部位对美感的影响越大。

部位	魅力影响指数
眼裂宽度(上下宽度)	0.62
口唇横长	0.60
眼裂长度	0.54
颧骨脸宽	0.42
瞳孔直径	0.49
眼眉间距	0.40
双瞳间距	0.09

一个人容貌迷人与否,还取决于某种精确性。例如,从正面看,鼻尖与下颌尖的连线如果恰好经过嘴唇的中间点,无论是男还是女,这种面容必然很英俊。从侧面看,侧头像的鼻尖与下颌尖也有连线,称为E线。在侧面像上,如果上下嘴唇处于E线以内,则分外漂亮;反之便不美。

早已流行的选美的三围标准为 90 比 60 比 90,其中腰围与胸围,腰围与臀围之比都是 0.666,接近于黄金分割的数值 0.618,由此也证明,三围选美不是凭空臆造,而是有科学内核。最近的一种审美时尚对女性曲线的三围要求稍稍有了一点改动,但万变不离其宗,也符合和谐与比例。新的标准是:胸围要求约为身高的一半;腰围约比胸围差 20 厘米;臀围约比胸围大 4 厘米。

除了三围标准外,还有 6 种比例关系与美直接相关:

眼的宽度为脸宽的 3/10;

下颌长度为脸长的 1/5；

眼中心到眉毛的距离是脸长的 1/10；

正面可见眼球纵长是脸长的 1/14；

鼻子的面积应占脸部面积的 5% 以下；

嘴的宽度应为嘴部面宽的 1/2。

在上述比例关系的基础上，西方学者对多次选美的美女进行了测量，得出了西方美女的几个数字化标准：

两眼长度为面部长度的 3/10；

眉与眼间的距离为面部长度的 1/10；

嘴的长度等于两眼瞳孔间距离；

相应地，韩国学者也提出了东方美女的几个数字化标准：

两眼长度为面部长度的 1/3；

鼻子宽度为面部宽度的 1/4；

上唇厚度为下唇厚度的 8/10；

嘴的长度等于两眼瞳孔间距离；

国内有些专业人员认为，中国女性之美也有自己的数字化标准：

两眼长度为面部宽度的 1/3；

两眼内眼角垂线与鼻翼外侧相切；

眼与眉毛距离为面部长度的 1/10；

鼻尖与发际的距离与脸长之比为 0.618；

耳垂长度与唇沟长度相等；

其实，上述标准只是人类的理想外貌，生活中的大部分人都是普通人，能完全满足上述美貌标准的人，只占少数。所以，我们应当理解和区别理想与实现的差异。

2.14 运动：生命外部形式的巅峰

人能通过四肢做出各种精致美妙的动作，既能创造美轮美奂的舞蹈，又能产生力量、速度和优美姿态的竞技体育形态和动作。尽管人类没有猎豹跑得快，远远逊色于跳蚤的跳高能力[按比例跳蚤是跳高之王，可以原地跳到其身长 350 倍的高度，相当于一个 1.8 米的人可以原地跳到 630 米的高度，而布勃卡(S. Bubka,1963—)借助撑杆也不过只能跳到 6.14 米],但运动可以充分展现和升华人的外部形式,即使是步行也能体现人体之美,与踉踉跄跄行走的黑猩猩相比,优劣毕现。而且,人类运动和艺术所能创造的外部形式之美的巅峰可以从体操、跳水、艺术体操、芭蕾、滑冰等得到充分体现。

不过,田径是运动之母,100 米短跑又是田径运动的王冠。从 100 米短跑着手,可以深刻理解人类的雄姿英发以及运动的本质、极限。在 2008 年 8 月的北京奥运会上,牙买加运动员博尔特(U. Bolt,1986—)在男子 100 米、200 米和 4×100 米接力比赛中三次刷新世界纪录。这位身高 1.96 米、体重 88 千克、22 岁的短跑名将跑出了 100 米 9 秒 69 和 200 米 19 秒 30 的最好成绩。前一个成绩打破了他 2008 年 6 月 1 日在美国纽约跑出的 9 秒 72 的世界纪录,而第二个成绩打破了美国著名选手迈克尔·约翰逊(M. Johnson,1967—)于 1996 年在亚特兰大奥运会上所创造的男子 200 米 19 秒 32 的世界纪录。这还不算,博尔特与其队友又创造了 4×100 米的新世界纪录 37 秒 10,而前世界纪录是 1993 年 8 月 21 日美国人创造的 37 秒 40。

博尔特创造的这种前无古人的短跑世界纪录再一次提出了一个人们在每次新的世界录面前都要重复的话题:人类百米或短跑的极限在哪里?或者说,人类 100 米跑的速度有无极限?

要回答这个问题,先要考察人类百年短跑史,然后要通过生理学、运动力学、生物化学等科学研究结果来回答。从历史的长河中采撷两朵醒目的浪花来比较可以看出人类 100 米速度进展的缓慢和艰难。从 1912 年到 1960 年的 48 年中,人类 100 米速度提高了 0.6 秒。但是,从 1960 年到 2008 年的又一个 48 年的周期,100 米纪录只提高了 0.31 秒。相比于前面的半个世纪,后面的半个世纪 100 米成绩的提高程度只是前者的一半。

也就是说,随着时间的推移,人类 100 米的速度提高得越来越慢,几乎成倍数递减。这就传递了一个信息,人类的体育运动成绩是既有极限,又无极限。例如,100 米速度是在不断地突破,但突破的刻度却越来越小。这似乎是庄子"一尺之棰,日取其半,万世不竭"的另一种表述。换句话说,人类运动极限的突破可能是一个无穷数的问题。

决定人类运动速度的因素有很多,但主要的因素有肌肉类型、神经反应、肌肉供能、骨骼承受力、人体结构等,另外还有一些辅助因素,如训练方式、风力、运动器材(械)的改进(如跑道和运动服装等)。

人类的奔跑速度要提高,首先与肌肉收缩有关。牙买加理工大学教授莫里森(E. Morrison,1962—)等人与牙买加西印度大学和英国格拉斯哥大学的科学家联合对超过 200 名牙买加运动员进行研究,发现有 70% 的人体内拥有一种名为 Actinin A 的物质,这种物质可以改进与瞬间速度有关的肌肉纤维,这些肌肉纤维可以使运动员跑得更快。相比之下,澳大利亚田径选手中只有 30% 的人体内含有 Actinin A。

Actinin A 也就是 α-辅肌动蛋白,即人体快肌纤维中的一种蛋白。这种蛋白也分几种,目前比较明确的是 α-辅肌动蛋白 3(ACTN3)与肌肉的收缩有关。ACTN3 可直接结合一种肌丝蛋白 actin,后者是肌肉收缩中必需的蛋白。但是,为 α-辅肌动蛋白 3 编码的基因有两个变种,其中 R 等位基因可以编码产生辅肌动蛋白,后者只是在快速肌肉纤维中可以找到,这些纤维的作用就是提供短跑选手所需的爆发力和速度,所以 R 等位基因适宜于短(快)跑和举重等运动。α-辅肌动蛋白 3 的另外一种等位基因是 X,它并不产生 α-辅肌动蛋白 3,但是与需要有耐力的运动,如长跑有关。

不过,α-辅肌动蛋白 3 只是优秀运动员的基因之一,还有许多基因与运动天分有关,如另一种基因称为血管紧张素转换酶(ACE),它产生的一种酶可以影响人体肌肉的氧气利用率以及肌肉的生长速度,从而改变运动成绩。

运动需要能量的供应,而不同的运动有不同的供能方式,也就是体内有不同的生物化学反应和代谢。

对肌肉的供能有几种物质,如三磷酸腺苷(ATP)、磷酸肌酸(CP)、肌糖元、脂肪等,它们是在不同条件下对人体运动供能,包括无氧代谢供能和有氧代谢供能。无氧代谢指的是,在剧烈运动时,体内处于暂时缺氧状态下的能源物质代谢过程,包括下列两个供能系统。

A. 非乳酸供能(ATP—CP)系统,一般可维持 10 秒钟的肌肉活动。因为 ATP 释放能量供肌肉收缩的时间仅为 1~3 秒,此后要靠 CP 分解提供能量。但肌肉中 CP 的含量也只能够供 ATP 合成后再分解供能,可以维持 6~8 秒肌肉收缩的时间。100 米跑的剧烈运动是 10 秒以内的快速活动,主要是靠 ATP—CP 系统供给肌肉能量。从这个意义上来看,很多人认为人类的 100 米跑成绩也就在 10 秒左右。

B. 乳酸供能系统,指的是持续进行剧烈运动时,肌肉内的肌糖元在缺氧状态下进行酵解,经过一系列化学反应,最终在体内产生乳酸,同时释放能量供肌肉收缩。这一代谢过程,可供1～3分钟肌肉收缩的时间,一般是中距离跑运动的供能模式。

此外,在无氧代谢中,三磷酸腺苷、磷酸肌酸和肌糖元在消耗后会在肌肉和血液中产生乳酸,后者是引起疲劳和肌肉机能下降的重要因素,在100米和200米这种剧烈运动中尤为明显。100米短跑起跑后5～10秒,肌肉活检表明三磷酸腺苷和磷酸肌酸明显消耗,乳酸有较大量堆积,主要发生在快肌纤维中,有时肌肉中乳酸可增加约30倍。乳酸在体液中离解成乳酸根离子和氢离子,并导致血液中的pH下降(酸性增强)。在肌肉疲劳时,肌肉中pH大约在6.5～6.6之间,血液中的pH大约在6.9～7.1之间。因此,供能后的乳酸堆积也是影响短跑速度的重要因素。

有氧代谢是在氧充足的条件下,肌糖元或脂肪彻底氧化分解,最终生成二氧化碳和水,同时释放大量的能量。

对运动员完成100～10000米各种距离跑的测试数值来看,100米跑时无氧代谢供能占96%,而血乳酸为32%,三磷酸腺苷-磷酸肌酸供能占主要成分。400米和800米跑时无氧代谢供能分别为92%和77%,血乳酸接近32%。5000米和10000米跑有氧代谢占主要地位,血乳酸明显下降。

因此,在无氧代谢供能这一环节上,100米、200米成绩的极限取决于三个要素。一是肌肉中ATP、CP的含量及分解速度,二是肌糖元的无氧酵解速度及血液对乳酸的缓冲能力;三是神经、肌肉对缺氧和乳酸堆积的耐受能力。

当然,人类100米速度还取决于身体结构以及骨骼和肌肉能耐受多大的压力。这种压力不仅有来自外部的,而且有来自内部的。外部的压力诸如举重对身体的压力和跳高需要脱离地心引力的压力。内部压力也分两个方面,一是承受身体的自重,二是承受肌肉收缩发力对自身骨骼和肌肉造成的压力。

骨头当然是人体最强大的支撑系统,尤如一幢建筑的钢筋混凝土结构。人体有206块骨头,各有不同的保护对象。但所有的骨头都有较强的耐压力。测量表明,每平方厘米骨头能承受2100千克的压力,比花岗石还能抗压,后者是每平方厘米承受1350千克。

不过,与运动关系最大最多的是四肢骨,其中胫骨是人体最坚硬的骨头。胫骨位于小腿的内侧。举重运动员对胫骨的依赖最重,他们手举几百千克杠铃而不会被压垮就是与坚固的胫骨分不开。胫骨能承受的重量,可以超过人体平均重量的20多倍。

肌肉是附着在骨骼上的组织,它们也决定着人类运动的极限。运动员向前跑的动力大部分是由股四头肌收缩提供的,股四头肌又与膝盖连接。跑步时,肌肉、关节和骨头都需要承受这种由肌肉收缩发出的强大压力。有生物力学研究人员认为,若100米速度超过9.6秒,肌肉收缩所产生的力量足以造成四头肌腱和膝盖连接点撕裂。也就是说,人类的100米速度不可能超过9秒6,研究人员从1976年推算出这个极限以来,还没有人打破过。

最后是人体结构。别的结构姑且不论,仅骨头和关节的缓冲力也制约着人类运动的速度。例如,人体有缓减压力的三根"弹簧"。第一根"弹簧"在脊柱上,是脊椎骨之间的"海绵软垫"——椎间盘。它由内、外两部分组成:外部是坚韧而富有弹性的纤维环,内部是白色而有弹性的胶状物质的髓核。这种结构可以使脊柱承受压力、吸收震荡、减轻冲击。不同部位的椎间盘,厚度是不一样的:胸部中段最薄,腰部最厚,因而腰部活动起来方便得多。女性腰部的椎间盘比男性厚,而且空隙也要大。这种得天独厚的条件让她们能完成高难度的体操或杂技动作。

人体的第二根"弹簧"是腿部的肌肉以及连接肌肉和骨骼的肌腱。其中,最优秀的莫过于小腿的腓肠肌和比目鱼肌,以及与它们相连的跟腱。跟腱全长37厘米,弹性与优质橡胶相仿。一个人以每秒4.5米的中等速度奔跑时,地面的最大作用力大约是人体重量的2.8倍,而跟腱承受的力量约等于人体重量的7倍。如果以100米约10秒的速度奔跑,则地面对跟腱的压力更是大过人体重量的7倍。这也是中国著名110米栏运动员刘翔以及其他短跑运动员为何跟腱容易受伤的原因,更是"阿喀琉斯之踵"的谚语千古流传的原因之一。

最后一根"弹簧"是足弓,它是脚底的拱形结构。足弓有两重作用。一是减轻脚的压力。有了足弓,人的体重大约52%可落在脚后跟上,余下的可落在拇趾跖骨头和小趾跖骨头上。有了足弓,脚富于弹性,劳动和运动时能对震动起缓冲作用。足弓的第二种作用是让人保持平衡。有了足弓,体重就落在脚后跟、拇趾跖骨头和小趾跖骨头组成的"三脚架"上,走路、跑步时不会左右摇摆。而猿类几乎没有足弓,所以走起路来摇摇晃晃,跟跟跄跄。

人类尽管没有动物跑得快跳得高和强壮有力,但人通过训练和科技的帮助所体现出来的运动状态也叹为观止,便何况人类还有最为珍贵的大脑呢!通过大脑设计出来的汽车和飞机,早就超越了任何动物。

第3章

生命的内部形式

  内部形式是一种比喻说法,"内部形式"这一术语由19世纪时德国语言学家洪堡特(B. W. Humboldt,1767—1835)提出,指的是词义最初形成之时,造词者为反映事物对象的特点所采取的语法结构和语义结构,因其与被动的、静态的外部语音形式相对比,故称为内部形式。

  本书所指的生命的内部形式是指,与生命,尤其是人体外表(外部形式)相对应的内部组织器官,以及由这些组织器官所表现和完成的生命功能,例如血液、血管、淋巴液、大脑、周围神经、胃肠道,以及由大脑对环境和事物进行综合评估之后表现出的理性、情感和精神活动。由于相对生命的外部形式是我们肉眼所不能见到的,故而称之为生命的内部形式。

3.1 生命的物质基础：食物和能量

生命的存在首先需要摄取食物并转化为能量，才能供给生命的活动。人摄取食物是由消化系统完成的，消化系统则由消化道和消化腺两部分组成。

消化道从口腔延续为咽、食道、胃、小肠、大肠，最后终止于肛门，包括口腔、咽、食管、胃、小肠（十二指肠、空肠、回肠）和大肠（盲肠、结肠、直肠）等器官。而消化腺有大小之分。小消化腺散在于消化道各部的管壁内，大消化腺有三对唾液腺（腮腺、下颌下腺、舌下腺）、肝和胰脏，它们都借导管把分泌物排入消化道内。

唾液腺分泌唾液、将淀粉初步分解成麦芽糖；胃腺分泌胃液、将蛋白质初步分解成多肽；肝脏分泌胆汁、将大分子的脂肪初步分解成小分子的脂肪；胰脏分泌胰液，对糖类、脂肪、蛋白质都有消化作用；肠腺分泌肠液，将麦芽糖分解成葡萄糖，将多肽分解成氨基酸，将小分子的脂肪分解成甘油和脂肪酸，也可对糖类、脂肪、蛋白质进行消化。

食物中的营养物质除维生素、水和无机盐可以被直接吸收利用外，蛋白质、脂肪和糖类等物质均不能被机体直接吸收利用，需在消化道内被分解为结构简单的小分子物质，才能被吸收利用。食物在消化道内被分解成结构简单、可被吸收的小分子物质的过程即为消化。小分子物质透过消化道黏膜上皮细胞进入血液和淋巴液的过程就是吸收。未被吸收的残渣部分，消化道则通过大肠以粪便形式排出体外。

消化系统获取和吸收食物当然不仅仅是供给人类生命的能量，而且还有生命的感知。例如，对美色的感知就是最先起源于食物。"美"这个字的意思本来是由"羊"和"大"会意成的，即羊大为美，正如鱼羊为鲜，都以饮食快感为美善感觉的基础。孟子甚至问齐宣王："肥甘不足于口欤？"指的是，肥亦是甘。《后汉书·襄楷传》还指桓帝"淫女艳妇，极天下之丽；甘肥饮美，单天下之味"，说明美色与美味可以导致精神的审美和愉悦。

可是，美食与美味并非是多多益善。人体和生物的生命活动无不具有促进和抑制、生成和毁灭、正相关与负相关的制约与平衡。如果食物太多,人也会撑死,所以得有一个制约的开关。这个开关就在人的大脑司令部。

人控制饥饱的中枢在大脑的下丘脑,分为饥饿中枢和饱觉中枢。人体通过血液会把机体中养分的增减、体温的变化、毛细血管里葡萄糖的利用状况等信息传输至位于大脑的丘脑下部的饥饿中枢(腹外侧核)和饱觉中枢(腹内侧核),从而判断出是否需要进食。当葡萄糖的利用度很高(血糖高)的时候,会刺激饱觉中枢并抑制饥饿中枢的活动;反之则使饥饿中枢活跃起来,以提高食欲。

当然,从丘脑下部发出的信号也会传输至被称作大脑边缘系统的部位,在那里受到由视觉、味觉、嗅觉、触觉及听觉之类感觉器官获得的各种信息的影响,进而转化为具体的食欲。除了葡萄糖以外,胰岛素之类的激素和脂肪酸也是影响食欲的信息来源。另外,精神紧张、外伤、疾病等也会导致丘脑下部发生异常时,这时信息的传递就不能顺利进行,因而大脑会无视生理状况,从而食欲大振或食欲不振,前者造成的是肥胖,后者造成的是消瘦。

不过,在今天物质和食粮极为丰富多样的状态下很多人是营养过剩的,这也可能是大脑中的饮食中枢失控的原因之一。在古代,人类也许用不着饮食中心或很少利用饮食中心的控制。那时食物匮乏,人们只能想尽办法来进食,能不能吃饱是第一要素,吃得好不好还顾及不上。

根据学者们的不完全统计,中国从秦汉至明清,各种灾害和歉饥就有 5079 年次。其中,水、旱灾最多,还有蝗、雹、风、疫、地震、霜雪奇寒等灾害。在缺少食物的情况下,中国人创造了独特的饮食种类和饮食方式,展现了中国人在追求美食方式的世界一流智慧。例如,有剧毒的河豚也会被中国人轻易地将毒素剔出去而享受美味。显然,这个时候,是大脑的饥饿中枢在起主要作用。

美国史密森热带研究所和国家自然历史博物馆的考古学家多雷斯·皮佩罗(D. Piperno,1949—)以及范德比尔特大学的考古学教授汤姆·迪勒海(T. Dillehay,1963—)对约 9000 年前的古代秘鲁人的齿菌斑分析发现,当时的南美人种植了一些作物,他们就是吃这些作物维持生存和进化的。这些作物包括,南瓜、豆角等食品。此外,古代的南美人食用了花生,因为他们的口腔齿菌斑中还发现了花生的遗留物。而古人的食谱还包括当地的一些水果,如 Pacay,有点像长刀豆,只吃里面白色的果肉,水分不如桔子多但较甜。

古代人的大多数牙齿上有淀粉谷物。这些结果提示,秘鲁古人的饮食中含有种植的农作物,并在一段时期内,这种饮食比较固定,一些谷物还是煮熟的。

2007年,皮佩罗和迪勒海就在南美洲安第斯山脉发现了西葫芦种子、花生壳以及棉球的遗迹。西葫芦正处于一种栽培的过渡状态,花生也可能是如此。这些食物不仅揭示了南美洲的古人在吃什么,而且表明,美洲新大陆农业开始时间比人们想象的要早,几乎与古老的东方世界相差不远。

即使9000年前人类的饮食已经比较好了,但也与今天的营养学的要求还相差甚远,所以,营养过剩之下的肥胖还不是一个问题,大脑的食物中枢也可能还不足以产生抑制作用,也即饥饿中枢的感觉更为敏锐,或能更强;而饱觉中枢的感觉更为迟钝,功能更弱。

可是,人们也发现,饱觉也与体内的激素分泌有关,也因此涉及人的情绪。美国得克萨斯州大学西南医学中心的内科学和精神病学教授杰弗里·齐格曼(J. M. Zigman)博士等人发现,人在饥饿时胃黏膜会分泌一种饥饿激素(ghrelin),可以降低心理压力,减轻抑郁与焦虑的情绪。

原因在于,当人们饥饿时会释放这种激素,就会让人对食物产生兴趣。于是,在寻找食物并享用食物时,会对自身所处的环境压力,如担心失业或工作压力大,或失恋等,较少关注,因而会转移情绪,忘却不愉快。另一方面,饥饿激素的分泌又向大脑提出建议,寻找和享用美餐。当人想到美味的食物并享用时,会极大改善心情。因此,抑郁或焦虑情绪也会减轻,抵抗压力的能力会明显增强。

不过,饥饿激素在让人放松和获得好心情的同时,还可能让人吃得多。如此一来,要么是让人暴饮暴食,要么是让人变得肥胖起来。这也许是今天肥胖者多起来的原因之一。不过,如果能利用饥饿激素,也可以帮助厌食者和抑郁症患者。

但是,还有一种情况是吃饭吃得太快,这也会让人的饮食中心不起作用,因而控制不了食欲,从而变得太胖。提出这种学说的是美国营养学家马克·大卫(Marc David)。其理由是,消化是从大脑先开始的,称为头期消化反应。消化工作的30%～40%都要归功于这一反应。如果吃饭太快或注意力不集中,就会使新陈代谢的能力大打折扣,肥胖也在所难免。同时，人们在压力状态下进食、生活和工作，必然是快节奏的。但快速进食并不意味着消化也快速跟进。相反，紧张而快速的状态下，神经系统就会自动进入应激反应状态，造成心跳加速，血压上升，呼吸加快，消化系统功能减弱甚至消化功能关闭。吃进的大量食物就会转化为脂肪囤积起来，肥胖也就不邀而至。

如何避免呢？有几种方法。

如果你用 5 分钟吃早餐，那么把它延长到 10 分钟。如果你通常花 10 分钟进早餐，则可延长到 15 或 20 分钟。

至少给自己半个小时吃午餐或正餐，并试着延长到 1 个小时。

吃饭的时候一定要坐下来，不要接任何电话，不收邮件，不要做任何与工作有关的事情。

重新安排自己的工作和生活时间表，尽量给自己更多的时间。

这些做法的目的是让副交感神经发挥作用，身体放松，促进消化和营养吸收。但是，也许有很多人做不到，因为他们太忙了。

种种情况表明，我们的消化道内部和能量摄取机理错综复杂，而且与神经系统有千丝万缕的联系。能量的摄取不只是生存的需求，而且与健康和寿命息息相关。对这些方面的理解和探索只是刚刚开始。

3.2 肠道内的秘密——腹脑

消化和吸收固然与胃肠道功能有关，而且也与神经系统密切相关。但是，这样的相关不止是大脑指挥中心有饥饿中枢和饱觉中枢，而且肠道内就有指挥中心，称为"腹脑"。美国纽约哥伦比亚大学研究人员迈克尔·格尔松（M. Gershon，1936—　）认为，腹脑就是人的第二大脑。

我们都有这样的体验，在生气时，尤其是严重生气时，常常会感到胃疼，这就是肠道内的腹脑产生的情绪感知和体验作用。19 世纪中期，德国精神病医生莱奥波德·奥尔巴赫（L. Auerbach，1828—1897）有一次研究时用简易显微镜观察被切开的内脏，惊奇地发现肠壁上附着两层由神经细胞和神经束组成的薄如蝉翼的网状物。当时他并没有明确提出这就是"腹脑"或第二大脑，但意识到它与人的消化和其他功能有关。实际上这些神经组织就是肠胃消化的总开关。

格尔松指出人体胃肠道组织的褶皱中有一个"组织机构"，并称之为神经细胞综合体,也就是第二大脑,中国人称之为"腹脑",提出这个看法是基于与大脑比较的几个理由。

一是从"腹脑"的组织发生学来看,它与神经系统的发生有相同或相似的渊源。比如,古老的腔肠生物拥有早期神经系统,在漫长的生物进化过程中,高级动物才由这种早期的神经系统慢慢演变为功能复杂的大脑,早期神经系统的残余部分可以转变成控制内部器官如消化器官的活动中心,即"腹脑"。这个转变在胚胎发育过程中是可以观察的。

在胚胎神经系统形成最早阶段,神经细胞凝聚物首先分裂,一部分形成中央神经系统,另一部分在胚胎体内游动,直到落入胃肠道系统中,在这里转变为独立的神经系统,后来随着胚胎发育,在专门的神经纤维——迷走神经作用下该系统才与中央神经系统建立联系。

二是"腹脑"与大脑一样是通过多种神经递质来感受和传达指令的,比如血清素、谷氨酸盐、神经肽蛋白等,甚至"腹脑"本身的营养来源也与大脑一样,由神经胶质细胞提供。

三是"腹脑"不仅具有记忆功能,而且像大脑一样有情绪反应,这是因为在"腹脑"中发现了与大脑记忆功能有关的同种物质。过度或持续不断的恐惧不仅会在大脑留下印象,甚至会给肠胃器官打下烙印。比如,人在精神紧张的情况下,"腹脑"会像大脑一样分泌特别的激素,其中就有大量的血清素。特殊激素的大量分泌使人能体验到某些特殊的感觉和刺激,例如有时产生一种"猫抓心"的感觉。同样,我们很多人也有过这样的体验,在特别剧烈的情绪刺激下,如惊吓,胃肠道也会做出反应,产生痉挛和腹泻。

四是"腹脑"与大脑有信息与情绪交流。比如,人在沉睡无梦时,肠器官进行柔和有节奏的波形运动;但做梦时,内脏开始出现激烈震颤。一个典型的例子是,我们如果吃得不好会常常作恶梦,而且许多肠胃功能紊乱的病人总是抱怨睡不好觉,原因在于"腹脑"感受到的不好信息(吃不好)会传递到大脑。

第五个原因是,"腹脑"如同大脑一样也是一个感觉和指挥中枢,而且是相对独立于大脑的指挥中心。"腹脑"有一亿个神经元和二十几个神经传感器,可以感受各种信息,做出反应并发出指令,为消化必要营养物质产生相关的分泌物。"腹脑"的主要机能是监控胃部活动及消化过程,观察食物特点、调节消化速度、加快或者放慢消化液的分泌。

"腹脑"类似第二大脑的理由还在于,大脑与"腹脑"细胞及分子结构有同一性,这可以解释为什么精神性药物或治疗大脑疾病的药物对肠胃也会起作用。比如抗抑郁药可能引发消化不良,治偏头疼的药可以治疗肠胃不适。

不过,"腹脑"只不过是一种形象的说法,事实上"腹脑"只是内脏神经(总称为植物性神经)系统中的一种,它既与大脑和脊髓有联系,又相对独立于大脑。所谓联系是指它通过第十对脑神——迷走神经——与大脑联系在一起;所谓独立是指它相对独于大脑监控胃部活动及消化过程,观察食物特点、调节消化速度、加快或者放慢消化液的分泌等。所以,从整体上看它也是人的整个神经系统的一部分,但是其主要功能是监控和调节消化系统对食物的摄取和吸收。

另一方面,相对于大脑独立而高级的神经活动和功能,如记忆、思维、分析、逻辑推理、言语等等,"腹脑"的功能也还差得太远,根本难以比肩,甚至在很多方面不如脊髓的多种中枢传导和指挥功能,如脊髓的血管张力反射、发汗反射、排尿反射、排便反射、勃起反射等,在这些方面"腹脑"也要逊色很多。

当我们对"腹脑"的理解更为深入之时,对能量的摄取和神经活动的原理就可能进一步深化。

3.3 珍惜内部生态环境

胃肠道就是人类的主要内部环境,这个环境的好与坏直接影响着我们是健康还是亚健康,抑或是生存。要了解这个问题,就要先理解我们的内部环境是一种什么样的状态。

人的胃肠道,主要是大肠和小肠充斥着大量的细菌,人是与细菌共存的。过去,人们认为人体内大概有500多种细菌,但是,现在的研究结果认为,这个结论不正确。人的内部环境中其实充满了海量的细菌,大概有5600多种,1000万亿个细菌。但是,人体内所有的细胞加起来才约100万亿个(成年人),而细菌数量就达到了细胞的10倍,这有可能吗?而且,人体内的这些细菌大多集中在消化道中。

过去,计算人体内部环境中的细菌的方法是从肠道中提取细菌,然后在培养皿上培养,待菌落长出后,再计数统计。通过这种方法得到的数据便是,人体内大约有500种细菌。这个结论也一直沿用至今。但是，这种计算人体内环境细菌的方法不能有效查清人体内环境中的所有细菌，因而有大量的遗漏。因为，这样的方法可以查到那些在培养皿中生长的常见菌落，对于那些无法在体外环境中生长的罕见细菌，则无法计数。因此，"人体内有500种细菌"的结论并不准确。

但是，如果用基因测序技术就有可能检测到那些只能生活于人类的内部环境但在外部世界难以生存的细菌。启发来自海洋生物学家对海底环境中细菌生态系统的评估。研究人员采用了一种新的检测细菌基因的方法——焦磷酸测序法——来检测海底细菌的总量和类别。而这一方法也可以用来测定人体内环境中的细菌总量和类别。

美国斯坦福大学医学院的大卫·雷尔曼(D. Relman)等人采用焦磷酸测序法获得了我们以前未曾知晓的人体内环境中更为准确的细菌数量和种类。用这种方法可以先提取大量待检测细菌的DNA片段，这些基因片段一般编码某些常见的分子，再根据基因片段上的变异情况，对细菌进行分类。由此就能检测到比传统方法所能检测到的更多细菌。

其结果便是，人体肠道内的细菌种类远远超出我们的想象，至少有5600个细菌群落，而细菌则有1000万亿个。所以，从细菌多样性程度来说，胃肠道堪称人体内的热带雨林。

那么，人体内环境中的细菌从何而来？人们常说，赤子之心，以比喻初生婴儿的心地纯洁，同时表明婴儿的身体也是纯洁的。所以，人们可能认为，一生下来的婴儿是没有细菌的。但是，事实却相反，人一生下来其内环境中就有了细菌，而且这些细菌可能会影响其后来的生活。对14名初生婴儿肠道内微生物一年的研究后，发现人的早期肠道中的微生物可能长期地影响个体的肠道，而且人类肠道中的微生物是有利于人类的。

人之初的细菌其实来源于母亲。研究人员收集婴儿出生当天排泄的粪便样本，然后在他们的第一年中定期收集粪便样本，同时也收集婴儿母亲的粪便、阴道分泌物样本和含有来自皮肤细菌的乳汁样本。再从这些样本中分离出微生物，并提取微生物的DNA，用现在常用的基因芯片鉴定微生物的类型。事实上，婴儿获得的最初的微生物就是他们降生到这个世界上第一次所遇到的微生物。比如，婴儿的微生物最相似于出生第一天母亲粪便中的微生物，以及阴道和乳汁中的微生物。而且，在一岁时婴儿就建立了与成人相似的细菌群落，这些细菌群落足以伴随和影响人的一生。

人需要依赖细菌来帮助吸取来自食物的营养,也要依赖它们来抵御入侵的细菌,还要依赖它们来吸收药物和促使免疫系统的健康成长。也就是说,可以把人类看成是由各种细菌组成的超级微生物。只是到了以后的生长期以及成年后,还会有各种细菌通过食物、呼吸道加入到人体的内环境中,以丰富和扩大内环境中的生物多样性。

不过,按对人体有益还是有害的功能而言,在这个生物多样性的热带雨林中,大体可分为正常菌(或益菌)与恶菌(或害菌)两大类。但是,从生存所需的条件,如是否需氧,则可分为厌氧菌和需氧菌。正常人内环境中的菌群主要为厌氧菌,少数为需氧菌,前者约为后者的100倍。

人体内环境中的益菌群为类杆菌、乳杆菌、大肠杆菌和肠球菌等,而恶菌则有金黄色葡萄球菌、绿脓杆菌、副大肠杆菌、产气杆菌、变形杆菌、产气荚膜杆菌、白色念珠菌等等。在正常情况下,是益菌抑制恶菌,使得种种恶菌只是路过人体内环境的过客,不会对人体造成伤害。而且,由于益菌占大多数,它们帮助维持人体正常的生理功能,例如分解食物、调节免疫系统、分泌维生素K等营养物质、吞掉食物残渣等。

人们正常进食后,经肠胃消化与吸收,最后化为粪便排出体外,其中有食物渣滓,也有大量细菌,包括益菌和恶菌。可引起肠胃炎的金黄色葡萄球菌、副溶血性弧菌等会依附在不洁净的食物上进入体内,但也会在食物消化吸收后排出体外。虽然这些恶菌会在肠道释放毒素,引起抵抗力不强的人产生腹泻等症状,但也会被完全排光,不会残留在肠道里。

但是,比较可怕的是,由于人体内环境中菌群失调,生物多样性受到破坏,让大量的益菌减少或其功能受到抑制,这些益菌就不能发挥功能,使得路过的恶菌开始发威,危害人体。例如,随意使用和大量应用广谱抗生素,可以使肠道正常菌群被抑制而数量减少,耐药的过路菌过量繁殖,造成肠道菌群失调。这时会产生一些临床症状,称为肠道菌群失调症,最常见的是金黄色葡萄球菌和白色念珠菌引起的感染,其次为难辨梭状芽孢杆菌、绿脓杆菌和变形杆菌所引起的感染。

另一方面,由于进入肠道的恶菌太多太强,例如伤寒杆菌、霍乱杆菌等,会引起相应的疾病,需要使用抗生素来攻击恶菌,以治疗疾病。所以,只要是正常人,体内有足够多的益菌是可以让致病菌没有立足之地的。但如果机体抵抗力减弱或滥用抗生素造成内环境中的益菌与恶菌双方力量的此消彼长，才会引起疾病。

人体内环境中的细菌的生物多样性概念和作用还可以扩大到对食物的消化和利用上。正常情况下，帮助人类消化的益菌如果保持正常状态，就会让人保持正常的生理功能和体态均匀的外表。但是，如果能帮助消化和吸收的益菌数量过多却可能造成另一种失衡或病态，超重或肥胖。例如，能更多地吸引食物中的能量的"肥胖细菌"会让人变胖，从这个意义上看，也许它们是另一种恶菌。

肥胖者肠道内游弋着一种与苗条者体内迥然不同的细菌。前者体内的微生物群实际上是在帮助肥胖者发胖。在人和小鼠身上的试验证明了这一点。尤其是在小鼠身上的实验发现，把肥胖小鼠肠道内的特殊细菌移植到其他正常小鼠肠道内，后者也变得比正常小鼠肥胖了。这种"肥胖细菌"从食物吸收了过多的能量，后者被身体吸收并沉积起来成为多余的脂肪，肥胖便形成了。

在人的内环境中也有同样的情况。研究人员收集并提取12名肥胖志愿者粪便中的细菌，并用基因遗传序列鉴定不同的细菌种类，最后与5名瘦的志愿者粪便中的细菌进行比较。

这两组志愿者的细菌大多数都可归为两大类，一大类是厚壁菌门（Firmicutes），包括李斯特菌、葡萄球菌、链球菌等。另一大类是拟杆菌门（Bacteroidetes）。对比发现，肥胖者比瘦者多出约20%的厚壁菌，同时又比瘦者少了约90%的拟杆菌。也就是说肥胖者的厚壁菌多而拟杆菌极少。

然后在一年的时间内对肥胖志愿者给予低脂肪低碳水化合物的食物，结果他们体重最多减少了约25%。在这段时间，肥胖者体内的厚壁菌比例有了下降，而拟杆菌的比例则上升了。当然，这两类细菌的比例水平尚未达到瘦者体内两种细菌的比例。

这个结果提示，不同细菌帮助消化食物的结果不同影响着人体的肥胖。如果改变细菌类型就能够影响体重，比如减少厚壁菌的数量，增加拟杆菌的数量，可能会让人减肥。

研究人员又提取瘦鼠和肥鼠肠道中的细菌，把这些提取的细菌注入那些肠道内没有这些细菌的小鼠肠道内，因为这些小鼠是在消毒的笼子中长大的。2周之后，那些注射了"肥胖细菌"（从肥鼠体内提取的细菌）的小鼠比接受了"瘦细菌"（从瘦鼠体内提取的细菌）的小鼠的脂肪量大约增加了2倍。尽管脂肪量的增加只是以克为单位，但也足以说明小鼠的肥胖显著增加了。

小鼠实验也提示细菌是怎样对肥胖起作用的。经遗传工程改造而变肥的小鼠也有更多的肠道厚壁菌,而且它们肠道中的细菌在整体上有更多的分解难消化的食物纤维成分的基因。这意味着肥胖小鼠能从它们所吃的食物吸收更多的能量。从它们吃入的食物的能量与排出粪便的能量相比较就知道它们吸收了更多的能量。

现在,我们还能肯定另一种细菌与人的肥胖有间接关系。这种细菌称为史氏甲烷短杆菌(Methanobrevibacter smithii)。它的任务是吃掉由其他微生物所排出的氢和废物,并且把这些废物转换成甲烷,从肛门排出体外,同时又帮助其他细菌更好地消化吸收营养。

对那些在无菌室培养的、肠道内没有任何细菌的老鼠肠道,注射一种人体肠道内常见的益菌卵形类杆菌。然后把这些老鼠分成两组,其中一组除了有卵形类杆菌外,还注射甲烷短杆菌,另外一组则没有注射其他细菌。结果,注射了甲烷短杆菌的老鼠体内存活的卵形类杆菌数量是没有注射甲烷短杆菌老鼠的 100 倍,而且有甲烷短杆菌的老鼠长得比没有甲烷短杆菌的老鼠肥胖。当两种细菌都存在时,卵形类杆菌分解、代谢果聚糖的基因活性大大提升。

包含麦类、洋葱、芦笋在内的许多蔬菜都含有果聚糖,而人类本身无法分解消化果聚糖。但卵形类杆菌会把果聚糖转化为脂肪酸,老鼠的肠道可吸收这些脂肪酸,将其转化为能量利用,或是转变为脂肪堆积。数周后,有甲烷短杆菌的老鼠血液中的醋酸盐(脂肪酸的一种)比没有甲烷短杆菌的老鼠多 40%,体内的脂肪也多 15%。

这提示,甲烷短杆菌清除了肠道内的废物,因此有利其他细菌的生长。如果废物堆积,则其他细菌无法生长。85% 的人肠道中有甲烷短杆菌,而且,肠道内甲烷短杆菌较多的人,其肠道中的其他种类益菌也可能比较多,可以分解较多的果聚糖而产生较多脂肪酸,因此会让人摄取较多的能量,这样的人就容易肥胖。相反,肠道内甲烷短杆菌比较少的人则不太容易肥胖。

如果要让我们的内部生态环境平衡,也需要像自然环境一样,要有许许多多的细菌和微生物,以保持生物的多样性。同时,还要保证益菌抑制恶菌的生态平衡,更不能人为地滥用抗生素来破坏我们内部的"热带雨林"。

3.4　指挥中枢：从暗箱到透明

我们所有的思维和行为都遵循大脑的控制，每个成人都有一个重约1400克的大脑。这个被誉为司令部的核心器官起源于胚胎时期神经管的前部，然后发育为5个部分：端脑、间脑、中脑、后脑和延髓。端脑和间脑合称前脑，后脑与延髓合称菱脑，后脑又由脑桥和小脑构成。另外，人们习惯上把中脑、脑桥和延髓三部分合称为脑干。延髓向下经枕骨大孔连接脊髓。

尽管大脑中所有的部位和结构都参与指挥着人的行为，但端脑的作用更大。端脑主要包括左、右大脑半球，每个半球覆盖表层的灰质为大脑皮质，皮质深处是白质。在灰质和白质中不同区域有不同的功能，这些不同的功能区便称为中枢。这些中枢有着大致的分工，分管听觉的中枢是不会与分管语言的中枢重合的，否则就会陷于"政出多门"，无法统一个体的行为。当然，大脑皮质各部分紧密联系，大脑中的1000亿个神经元（细胞）之间有着广泛的联系，并形成复杂而广泛的神经环路（回路）。

大脑皮质可分为额叶、颞叶、顶叶、枕叶与岛叶（脑岛）5大部分。过去，人类对自身的大脑是并不了解的，因此大脑的功能对于人类而言只是一种暗箱。但是，随着解剖学和生理学的发展、临床对病人的观察，以及今天的基因组学、分子生物学、磁共振成像技术（MRI）和计算机断层扫描技术（CT）的应用，大脑中枢开始从暗箱走向半透明。

1909年德国神经科医生科比尼安·布洛德曼（K. Brodmann, 1868—1918）提出将大脑每个半球划分为52个区域，其中一些区域在不断探索的基础上又被细分，如23区被分为23a和23b区等。要详解这些分区是解剖学、神经生理学和心理学的任务，但略举一些，可以让我们对大脑的功能区有一些了解。

躯体运动中枢位于中央前回和中央旁小叶前部（4、6区），是管理骨骼肌随意运动的最高中枢。

躯体感觉中枢位于中央后回和中央旁小叶后部（1、2、3区），该中枢接受背侧丘脑传来的对侧半身痛觉、温觉、触觉（浅感觉）和位置觉、运动觉、震动觉（深感觉）。

听觉中枢位于颞叶的颞横回（41、42区）。每侧听觉中枢接受内侧膝状体传来的两耳听觉冲动。因此,如果一侧听觉中枢受损伤,仅有轻度双侧听力障碍,不会引起全聋。

视觉中枢位于枕叶内侧面距状沟两侧皮质(17区)。一侧视觉中枢接受经过外侧膝状体中继的同侧视网膜颞侧半和对侧视网膜鼻侧半的视觉神经冲动,一侧视觉中枢受损伤,仅引起双眼视野缺损(偏盲),不会引起全盲。

语言中枢通常仅位于一侧大脑半球的几个区域。善于用右手的人(右利手者),语言中枢位于左侧大脑半球;善于用左手的人(左利手者),语言中枢位于右侧大脑半球。可见语言中枢在优势半球上(一般将管理语言和劳动技巧的半球称为优势半球)。语言中枢按管理功能的不同,可分为说话、听话、书写和阅读四种语言中枢。

运动性语言中枢又称说话中枢,位于额下回后部(44、45区)。如果此区受损,可出现运动性失语症,患者能听懂他人的语言,与发音有关的舌、咽喉肌等并未瘫痪,尚能发音,但却丧失说话能力。

书写中枢位于额中回后部(8区),在中央前回的上肢投影区的前方。本区受损,患者虽然手部的运动没有障碍,但丧失书写文字表达能力,即不能以书写方式表达意思,称为失写症。

视觉性语言中枢又称阅读中枢,位于顶叶的角回(39区)。本区受损,患者无视觉障碍,但看不懂认识的文字,不理解句意,患者不能阅读书报,称为失读症。

听觉性语言中枢又称听话中枢,位于颞上回后部(22区)。本区受损,患者虽然听觉正常,能说话,但听不懂他人讲话的意思,也不能理解自己讲的话,自己还常讲错话,称为感觉性失语症。

嗅觉中枢分为初级嗅觉皮质(包括梨状皮质或梨状叶、前梨状区、前嗅区、杏仁周区和内嗅区)和次级嗅觉皮质(包括眶额皮质、丘脑背内侧核、下丘脑、杏仁核、海马),而内脏运动中枢一般认为位于边缘叶。

不过,多少年来,人类对自己大脑中的智力中枢有着更为浓厚的兴趣,正是凭借着超凡的智力(智商),人类成为了主宰世界的高级动物,并创造了最好的物质世界和精神世界。那么,人的智力中枢在何处?

广义上讲,整个大脑都是人的智力中枢,但是由于大脑功能区的划分,人们更相信在大脑的某个部位是主要决定人的智力或智商的区域。例如,多年来的研究表明,人的智力似乎主要是由额叶来决定的。但是,也有一些研究人员表示怀疑并持反对态度。加拿大蒙特利尔神经学研究所的神经学家和精神病学家谢里夫·卡拉马(S. Karama)就表示,像智力这样如此复杂的功能只局限于大脑的极少数地方简直难以理解。

随后,又有一些研究队伍发现,大脑分管智力的功能部位于大脑的其他地方。不过,这些实验的依据是,每个研究的对象只有较少数量的儿童。为了对大脑智力功能部位进行确认,卡拉马等人使用了磁共振成像技术来扫描大脑,以获取大脑智力活动的信息。他们研究的对象包括216名健康的、年龄在6~18岁的男孩和女孩,这些孩子来自不同种族和不同社会经济地位的家庭。而且也对他们做智商测试,以检测他们的类比、词汇、推理、视觉空间能力等。

结果发现,这些人的智力总体上是与大脑皮质(灰质)的厚度有关。而大脑皮质在记忆、思维、语言和意识等方面扮演了重要角色。智力所涉及的区域并非只有几个,而是广泛分布于大脑,通过大脑不同区域的整合,才能产生智力,或生成智商。

从平均厚度上来看这些孩子的大脑皮质,在最低智商和最高智商之间只是在皮质上有半毫米的差别,这个厚度相当于一个硬币厚度的三分之一。也就是说皮质越厚则越聪明、智商越高。而在西方"厚脑袋"的比喻义是指愚蠢,但卡拉马等人的研究则提示,"厚脑袋"从字面义来看却是指聪明。

但是,卡拉马强调,他们的发现并不是指大脑皮质厚度或智力是唯一由遗传决定的。因为,可以肯定的是,环境对人的智力的开发也扮演了重要的角色。这一发现的另一个意义是对治疗精神疾病有帮助。如果能发现何种基因影响皮质的厚度,则可以帮助治疗诸如老年性痴呆、抑郁和精神分裂症等精神疾病。

卡拉马等人因此得出结论,将来确定大脑智力功能部位不能局限于在某个区域,因为除了大脑皮质外,其内部的白质和脑干等也与智力有关。例如,一些高智商的人也许有更好的白质,因为这有利于他们更快更好地通过大脑的不同区域进行联系。

卡马拉等人的观点与美国生理心理学家卡尔·拉什利(K. S. Lashley,1890—1958)的观点相似。1929年拉什利出版了《大脑机制与智能》一书,阐述了大脑功能的两大原理。第一个原理是整体活动原理,指的是个体学习时,大脑皮质的各部位是一起参与活动的,而不只是某一特别区域发生作用。学习和记忆的效率与大脑受损坏的面积大小成比例,而与损坏的部位无关。例如,拉什利训练猫逃脱迷箱学习,学得逃脱行为后,将猫的大脑皮质某些部分切除,再放回迷箱中,发现猫已丧失学得的逃脱行为。若此时再加以训练,猫仍会再度学到逃脱行为。由此可见,动物的学习不靠大脑的分区作用,而是大脑整体的联合作用。

第二个原理是等势原理,指的是在学习时,大脑皮质的每一部位都是一样重要的,对个体学习发生同样的作用。大脑皮质某些部位切除后,其他部位照样可以发挥被切除部位原有的作用。例如,将白鼠的视觉区破坏,它虽失去辨别形状的能力,但仍能辨别光线的强弱,从而达到学习的目的。以智力要素之一记忆而言,记忆痕迹并非存在于大脑皮质的某一特定部位,而是存在于大脑皮质所有发生功能的部位,而且各部位对保留习得活动而言,其作用是等势的。

但是,还是一些新的研究支持大脑的智力功能区位于额叶。美国圣迭戈加利福尼亚大学精神病学和神经科学教授迪利普·耶斯特(Dilip Jeste)等人用磁共振成像扫描技术发现,人会因情况的不同而激活大脑中与性、恐惧和愤怒等原始情绪以及与抽象思维能力有关的区域,从而做出反应。而智慧的普遍特征也许都有神经生物学原理。例如,思考一个需要发扬利他精神的简单场景会激活内侧前额叶皮质,这是与智商和学习有关的区域。然而,在面临困难的道德判断时,大脑会激活其他区域,既包括那些与理性思考有关的区域,也包括那些与原始情绪有关的区域。

移情作用、同情、情绪稳定、自我了解以及宽容等品质是人类智慧的组成部分,与这些品质有关的区域涉及大脑边缘系统和前额叶皮质,因此耶斯特等人认为大脑的前额叶皮质和边缘系统等区域与智力或智慧有关。

此外,以往的许多大脑病损的研究也认为额叶或前额叶是人的智力机能的主要部位,因为通过临床观察人脑病损所引起的智力和行为改变,也是推断大脑智力机能定位的方法。大脑病损,如脑外伤、脑肿瘤、脑卒中和头小畸形等,都可引起人的智力和行为改变。通过观察发现,如果额叶或前额叶受损,人的智力会有多种改变和降低,包括:复杂智力活动障碍、抽象思维能力降低、高级认识过程障碍、计划能力减弱,记忆力衰退等。例如,如果额叶区受损,受损者在学习时不能抽象地思维或抽象思维能力大大减弱,对学习的结果缺乏信心,无法事先制订学习计划,同时记忆力较差,不能记住已经学会的技能或无法记住一些简单的数字。

另外,通过比较,也发现了大脑额叶与其他部位对智力的不同作用。因为患肿瘤而切除了部分额叶的病人会在抽象思维、组合力和判断力方面有困难,但同样因肿瘤而切除了颞叶、顶叶和枕叶的病人则没有出现切除额叶病人那样的智力改变。

当然,对于智力有不同的定义,这也是引起智力的大脑定位争论的重要原因之一。例如,英国心理学家斯皮尔曼(Spearman,1863—1945)在1904年提出智力二因素论,认为智力由一般因素(G因素)和特殊因素(S因素)构成。一般因素是个人的基本能力,是一切智力活动的共同基础,是智力的首要因素。而特殊因素是个人完成某种特殊活动所必备的能力。

1966年,卡特尔(Cettell)则将人的智力解释为两种不同的形态,即动态智力(fluid intelligence)和固态智力(crystallized intelligence)。动态智力是一种以生理为基础的认知能力,可以参与到一切活动中去,如知觉、记忆、理解、运算速度和推理能力等。由于这些能力大部分是先天的,它们受教育文化的影响比较少。固态智力是以习得的经验为基础的认知能力,大部分是从学校中学到的,如词汇和计算方面的能力,是个体经验的结晶。动态智力是固态智力的基础,任何一种智力活动都包含这两种智力,很难将它们分开。

坚持认为额叶是大脑主要智力部位的人所做的研究也大都得出额叶受损影响的是一般智力(G因素)。但是,智力功能区主要集中于额叶,还是分散地遍及所有大脑区域可能还将争论下去,直到有更多的研究结果支持某一种结论。终有一天我们会拼出一幅清晰的指挥中枢的功能图。

3.5 神经驿道上的秘密信使

大脑中枢的命令要通过脑干、脊髓下达到全身的运动神经纤维,而遍布全身的感觉神经收集到的信息也需要通过脊髓、脑干上传到大脑皮质。那么,神经通道中的无数我们看不见摸不着的秘密信使是如何传递信息和指令的呢?

多年来研究人员一直试图揭开这一秘密,瑞典的阿尔维德·卡尔松(A. Carlsson,1923—)、美国的保罗·格林加德(P. Greengard,1925—)和埃里克·坎德尔(E. Kandel,1929—)等人做的工作最多,也最显著。他们发现了"神经系统中信号相互传递"的奥秘,也由此获得了2000年的诺贝尔生理学或医学奖。

人为什么会有喜怒哀乐,为什么能思维、分析、判断和推理,为什么会有不同的行为举止,为什么会走会跑会跳,为什么会有各种复杂古怪的表情?所有这一切可能都会得到一个简单而笼统的答案,因为人的大脑和神经系统指挥着人的一切行为与情感活动。但是大脑和神经是通过什么样的方式和机理指挥着人们的行为、情感和思维的呢?在神经科学还没有充分开展以前人们对此是一无所知或知之甚少。

在早期的研究中,有些研究人员认为大脑的神经细胞(又叫神经元)之间以及神经元与肌肉细胞之间肯定是有什么有效的信息传递作为纽带,联系和指挥着人的行为,并产生和传递着人的情感与思维。早在1900年谢林顿(Sherrington,1857—1952)就把神经元之间以及神经元与肌细胞的连接部位称为突触,由突触前膜、突触间隙和突触后膜组成。人的大脑中约有1000亿个神经元,由树突、胞体和轴突组成。一个神经元的轴突与另一个神经元的树突之间的结合部位就叫突触。神经细胞就是通过这样的接触感受和接收来自其他神经细胞的信息,并经过自己的整合和加工传递给其他神经细胞。

神经细胞之间的信息传播是通过生物电流的电脉冲形式传递的,但是电脉冲的实质是不是就是神经信号或信息的本质传播呢?1921年洛尹维(O. Loewi,1873—1961)用双蛙心灌注实验解开了细胞间信息传递的本质之谜。他用电刺激第一只青蛙心脏的迷走神经,这只青蛙的心跳变慢了。同时又将第一只蛙心的灌流液注入到第二只青蛙心脏中,结果也引起了第二只蛙心的搏动减慢,这提示信息传递的本质是化学物质。因此,这些担任信息传递任务的化学元素和物质也被统称为神经递质。

从那时起研究人员发现神经细胞之间和神经细胞与肌细胞之间的神经递质(化学物质)有许多种。从1936年戴尔(H. Dale,1875—1968)发现神经递质乙酰胆碱起,研究人员又陆续发现了去甲肾上腺素、多巴胺、谷氨酸、5羟色胺、氨基丁酸等几十种神经递质。正是因为神经递质的不同,神经细胞之间传递的信息才迥然不同,因而可以整合、加工和传递不同的信息,使人产生不同的行为、情感和思维,而且这些神经递质在大脑不同部位内的浓度大小、传递过程的快与慢、传递的多与少等都影响着人们的思维、情感和行为方式,并在认知、语言方面都起到重要作用。

后来,卡尔松等人对神经细胞间的慢突触(慢神经信息)传递原理有了更深入的发现。神经细胞间的递质传递通常可以起到两种形式的信号传导作用,一种是快信息传导,另一种是慢信息传导。

神经递质通过突触前膜释放到突触间隙,再扩散至突触后膜并与相应的受体结合,使受体通道开放,产生突触后电位。如果突触通道中的钠或钙离子升高,则称为去极化,也即产生兴奋性突触后电位;如果钾离子或氯离子增高,则突触后膜超级化,不容易兴奋,也称为抑制性突触后电位。这两种情况都是在 1 毫秒内完成信息传递的,所以称为快突触(快神经信息)传递。

另一方面,神经递质与突触后膜一些受体结合后并不是马上引起膜电位的变化,而是产生一系列生物化学反应,并由这些反应产生活性分子来传递信息,因此时间慢一些,通常是以秒计,而且造成的行为、情感、思维和精神状态可以持续几分钟至几小时,所以称为慢突触(慢信息)传递。

早在 20 世纪 50 年代卡尔松就发现,多巴胺与受体结合后调控着包括控制人的行为在内的大脑的许多活动。位于大脑基底神经节上的多巴胺在控制人的行为方面具有重要的作用。如果多巴胺不足或明显缺乏,就会造成行为迟缓、呆滞、肌肉僵硬、震颤和行动能力下降,例如帕金森氏患者就是这样,因为他们的基底神经节中的含有多巴胺的神经细胞已经死亡。而且多巴胺和去甲肾上腺素不足还会改变精神和情绪状态,例如抑郁、闷闷不乐。相反,如果多巴胺过多,则会使人动作过快,手舞足蹈,精神亢奋,幻想,狂躁,控制不住自己的行为,甚至患精神分裂症。

由于大脑内多巴胺过多,引起了人的幻想,产生精神分裂,如果用利血平治疗则会取得效果。因为利血平是一种天然生物碱,它能够减少储存于突触前膜中的多巴胺。让病人服用左旋多巴则可以治疗帕金森氏病,因为左旋多巴是多巴胺的前体,在大脑中可以转化为多巴胺。

格林加德则进一步知道,多巴胺发挥作用是因为多巴胺刺激细胞膜上的受体,这时细胞内会产生大量的第二信使环化腺苷酸(cAMP)。由于 cAMP 是一种激活酶,它能活化蛋白激酶 A,后者则能把磷酸根结合到神经细胞和其他蛋白质分子上去,从而改变蛋白质的结构和功能。这一过程又称为跨膜信息传导。蛋白质磷酸化的结果是影响到神经细胞膜上的离子通道。不同的神经细胞的离子通道是不同的,而且神经细胞在执行不同的功能时离子通道也是不同的。如果某一特定的离子通道受到蛋白质磷酸化的影响,会改变神经细胞的兴奋性和突触传递电脉冲的效果。

慢突触传递是通过蛋白质的磷酸化和去磷酸化实现的。所谓磷酸化就是磷酸根结合到蛋白质上去,去磷酸化则是磷酸根从蛋白质分子上去掉。磷酸化一是可以调节离子通道开关的大小和快慢,二是能控制神经递质释放的快慢,三是可以改变细胞内某些酶和调控分子的活性,从而影响细胞的各种功能。格林加德还发现,一种叫做 DARPP-32 的蛋白能起到调控许多蛋白质磷酸化的作用,通过 DARPP-32 的调控,慢突触和快突触传递两种信号传递方式之间有相互作用。

坎德尔同样通过神经递质的研究了解到了人和生物的记忆原理。坎德尔发现,海兔这种哺乳动物的神经系统有 20000 多个神经元,它具有一种自动保护腮的反射,在腮受到伤害时会做出保护性反应,而且如果它的腮受到刺激,它会做出持续的保护性反应达几天至几周。坎德尔认为这就是一种学习和记忆的过程。

后来进一步的研究发现,海兔的短期记忆和长期记忆都与突触和神经递质有关。感觉神经与做出反应的肌肉相连接的突触上,神经递质释放得越多,海兔的学习和记忆保护(反射性保护腮)能力就越强。有趣的是,较弱的刺激形成短期记忆,时间持续几分钟到几小时。这种短期记忆的机理是神经细胞的离子通道有变化,由此较多的钙离子进入神经末梢,这就导致突触释放更多的递质,使记忆加强。突触释放较多递质的最重要原因是因为离子通道的蛋白质的磷酸化所致,这正与格林加德的研究不谋而合。

此外,海兔的长期记忆与短期记忆的基础不同。长期记忆的机理是需要生成新的蛋白质和蛋白质水平的巨大变化。例如,对海兔神经细胞进行强刺激可以形成好几周的长期记忆。原因是强刺激可以使第二信使环化腺苷酸和蛋白激酶 A 水平增高,它们到达细胞核后可以引起蛋白质水平的巨大变化。有些蛋白变得很多,有些蛋白变得很少,因此突触的结构变大,功能增强,记忆也变得增强。而且长期记忆还与新蛋白的产生有关,如果新的蛋白合成受阻,则长期记忆就不会产生,但短期记忆还会存在,说明短期记忆不受新蛋白生成的影响。但无论是短期还是长期记忆都发生在神经细胞的突触部位。

后来,坎德尔用小鼠做研究也得到了相似的结果,因此推论人的记忆功能也在突触部位,但是其功能、原理和过程更为复杂。只不过坎德尔的研究为后来和今天的大脑记忆研究奠定了基础。正是在坎德尔的基础上,今天人们已经了解到了大脑记忆的一些分子机制并提出了一些新的理论,例如,突触的结构性变化、突触的可塑性、突触改变发生在何种大脑区域、神经递质的种类和神经传导通路的变化等都可以影响记忆。

原来,我们的神经驿道上的信使和传令兵是各种各样的化学物质,即神经递质,那就让我们来具体认识一下这些信使所产生的魔力和效应吧。

3.6 知我者谓我心忧,不知我者谓我何求

好端端的一个人,会因为各种人们难以理解的原因产生各式各样的但大同小异的精神症状,轻则萎靡不振,重则自寻短见,比如抑郁。抑郁是谁也逃不过的一种糟糕的精神状态,每个人在一生的某一时候都可能有抑郁,患抑郁症的人尽管在不同的国家和地区有不同的比例,但大致在 6%～15% 之间。

表面上看,引起抑郁有各种原因。例如,工作业绩不佳会引起抑郁,个人生活不美满,如失恋、离婚、丧偶也会引起抑郁,甚至女性生完孩子也产生抑郁,重则寻死觅活,跳楼自杀。更有甚者,节日也成为人们抑郁的重要诱因。西方的圣诞节和新年、中国的春节等,都是抑郁症的高发期,也是自杀发生的高峰期。而且,漫长的历史也给人类留下了种种诱发抑郁的原因。《诗经》里说:"彼黍离离,彼稷之苗。行迈靡靡,中心摇摇。知我者谓我心忧,不知我者谓我何求。悠悠苍天!此何人哉?"(《诗经·王风·黍离》)所以,"故国不堪回首月明中"也可能是抑郁的重要原因。但是,所有这些只是诱发抑郁的外因。

抑郁固然是由各种诱因引起的,因为人们生活的大千世界,各人的境况和生活状态不相同,有人欢喜有人愁,当然是自然的。但是,除了形形色色的各种诱因外,抑郁这种说不明道不白的心病究竟有没有生物学的内在原因呢?现在可以肯定的是血清素(5-羟色胺)就与抑郁有关,血清素少就会产生抑郁。

5-羟色胺受到重点关注的原因还在于它对情绪、睡眠、性欲、食欲和环境感知等起着重要作用。如果大脑中这种物质含量较低,人就比较容易情绪低落,产生抑郁或抑郁症,同时错把春夏当成秋冬。所以,5-羟色胺被视为快乐激素。

在不同的季节,大脑中的 5-羟色胺浓度不同,因而能让人感知到四季。一种微型蛋白分子能让人脑中 5-羟色胺浓度不同,而在春、夏、秋、冬四季的时候这些蛋白粒子在人脑中的活跃程度不一样。微型蛋白粒子是运载 5-羟色胺的载体,在光照不足的秋、冬季表现极为活跃,它会对人脑的所有区域清扫 5-羟色胺,随着 5-羟色胺的减少和消失,人就感到压抑;而在春夏阳光充足之时,对 5-羟色胺的清除就会少一些,因而让人感到愉快。这也就是人们为何会产生抑郁以及感知四季的原因之一。

秋冬的阴霾阻止了阳光,让蛋白分子大量清除 5-羟色胺,如果再加上大脑内的 5-羟色胺分泌减少,人就极有可能患抑郁症,所以秋冬的肃杀季节必然与抑郁有联系。但是,并非只是 5-羟色胺才与抑郁有关,多巴胺的分泌减少也有同样的效应。临床研究发现,抑郁症越严重,5-羟色胺和多巴胺的分泌越少;反之,随着 5-羟色胺和多巴胺分泌的减少,会引发抑郁症;5-羟色胺和多巴胺分泌越少,抑郁症越严重。两者之间似乎互为因果。

那么,5-羟色胺是大脑什么部位分泌的呢?

5-羟色胺是由大脑中的 5-羟色胺神经元(神经细胞)分泌的。这些神经细胞沿脑干中线分布,并发出长轴支配从脊髓到皮质的整个神经系统。前脑的 5-羟色胺几乎全都来源于中脑背侧中缝核神经元,其末梢密集区包括下丘脑、皮质、海马回、杏仁核、纹状体等。

5-羟色胺的分泌与大脑神经细胞的结构也有密切关系。研究人员发现,抑郁症病人中存在神经解剖学的改变,海马回体积缩小。而且,抑郁症越严重、慢性或者复发的抑郁症的病人,尤其是未经治疗的抑郁症病人海马回体积缩小越明显。这也意味着,海马回中可以分泌 5-羟色胺的神经细胞减少，5-羟色胺在大脑中的浓度也相应减少。如此一来，抑郁症患者永远感到的是严寒的冬天。再加上现实中的严冬阳光减少，大脑中清除 5-羟色胺的蛋白分子又努力地清除 5-羟色胺，抑郁症患者更是雪上加霜。

同时，2000 年诺贝尔医学奖得主之一格林加德等人也发现了另一种物质调控着大脑细胞如何对 5-羟色胺起反应，这种物质是 P11 蛋白质。现在人们使用的治疗抑郁的抗抑郁药是百忧解（Prozac）一类的药物，这是一个大家族，其作用原理是产生更多的 5-羟色胺以供大脑细胞使用。因而这类药物支持了一种理论，抑郁患者大脑中缺乏足够的 5-羟色胺。5-羟色胺的作用又是在神经细胞之间传递信号。

不过，5-羟色胺的联系作用却是非常复杂的，比如，要么取决于这种神经递质如何很好地附着在受体之上，要么取决于它在细胞表面的贮存港湾。迄今已发现有 14 种不同的 5-羟色胺受体，它们都左右着血清素的多少并被大脑细胞利用。

最受关注的 5-羟色胺受体之一是 1B 受体，原因在于 1B 受体在严重抑郁症中起到了重要作用。格林加德等人发现，P11 蛋白能增加细胞表面 1B 受体的数量，使得 1B 受体能动员起来为 5-羟色胺所利用，从而让 5-羟色胺发挥作用。

对救治的抑郁症病人大脑组织的研究发现，抑郁症患者大脑组织中的 P11 蛋白水平大大低于非抑郁症患者。对那些看起来"无助"的也表现出抑郁症状的小鼠进行实验也发现了同样的情况。对有抑郁症的小鼠给予两种常用的抗抑郁药治疗，一种是三环制剂，另一种是单胺氧化酶抑制剂，同时配以电击治疗。奇怪的是，即使这两种治疗方式大相径庭，但药物和电击治疗都增加了小鼠大脑中 P11 蛋白质的含量。

通过基因工程处理，研究人员又饲养了不能产生 P11 蛋白基因的小鼠，这些小鼠也产生了抑郁症状，而且与正常小鼠相比，它们体内的 1B 受体很少，5-羟色胺的活性也较低。如果服用抗抑郁药，这些小鼠也能改善症状。

相反，通过基因工程处理能产生较多的 P11 蛋白的小鼠表现出截然相反的行为和情绪，它们没有出现类似抑郁症的行为，而且它们的大脑细胞也携带了丰富的感受 5-羟色胺信号的受体。

因此，现在可以肯定，P11蛋白就是人们长期以来都在探寻的5-羟色胺调节因子。而这种调节因子的作用途径是：大脑中的P11蛋白增多→神经细胞表面1B增多→5-羟色胺发挥作用→阻止或减少抑郁产生。

所以，在这一系列神经递质的反应过程中，如果上游的P11减少，就会导致一连串的连锁反应，导致抑郁产生。因此，针对P11可以是潜在的抑郁治疗新方法。

不过，无论对于抑郁症患者还是普通人，应对秋冬季节阳光减少大脑内5-羟色胺也相应减少的困难局面，一个好办法是改换环境，像候鸟一样把冬秋环境换成春夏季节。例如，英伦三岛的雾霾天气让人总是感到阴郁，心理医生和卫生部门就动员有条件者旅游休假，例如到阳光明媚的地中海度假。即使只有一个星期，也会在阳光充足的环境下让大脑感受到强烈的生机勃发的春天和夏天的气息。因为，在明媚的阳光下，大脑中的蛋白分子也会失去积极性，不会也不能清除大脑中的5-羟色胺，同时大脑分泌的5-羟色胺、去甲肾上腺素也会增多。5-羟色胺这种快乐激素增多，人们也就会心情舒畅。所以，这也是如今相当多的人在严冬季节要到海南三亚等地去度假，享受阳光、沙滩并拥抱春天和夏天的原因。当然，如果你没有条件度假，只要能充分地享受冬日的阳光，也有可能减少抑郁。

另一方面，无论是解剖学的原因还是生理学的原因，大脑中缺少5-羟色胺、去甲肾上腺素、多巴胺等，既可能是造成抑郁的原因，也可能是抑郁的后果，能改善这种情况并让人们感受到春天的，就是服药以增加体内的5-羟色胺和多巴胺等物质。治疗抑郁的原理也在于此。

5-羟色胺等神经递质是在神经细胞突触间发挥信息传导作用的，它们发挥作用后就会被突触前细胞摄取，或有的神经递质失活。而抗抑郁药5-羟色胺再摄取抑制剂（SSRI）通过阻断5-羟色胺的再摄取，使神经细胞突触间隙中的5-羟色胺增多，从而增强5-羟色胺的神经传递，起到抗抑郁的作用。

当然，抗抑郁药还能通过第一和第二信号系统的作用升高脑源神经营养因子（BDNF）和廿二碳六烯酸（BHA），以营养和修复神经细胞，使其恢复正常的分泌5-羟色胺、去甲肾上腺素和多巴胺等的功能，改善抑郁状况，感受到正常的季节。

3.7 多情伤离别和爱情的滋味

我们已经知道,离愁别绪和爱情在某种程度上就是大脑分泌的一些化学物质在起作用,这些化学物质包括 β-内啡呔、γ-胺基丁酸(GABA)、5-羟色胺(血清素)、去甲肾上腺素(NE)、多巴胺等,因此造成了我们的喜怒哀乐忧思恐的七情六欲以及感知春暖夏凉秋燥冬寒的环境意识。不过,我们还是要寻觅这些物质是什么,以及它们的作用原理。

"多情自古伤离别,更那堪冷落清秋节",让后人永远记住了有一个词写得极尽缠绵缱绻的柳永。同样,"感时花浅泪,恨别鸟惊心",又让人记住了诗写得极为沉重伤痛的"诗圣"杜甫。更让人心如刀绞、一咏三叹气、一歌三落泪的是王实甫所渲染的张生与崔莺莺的离愁别绪:"碧云天,黄花地,西风紧,北雁南飞。晓来谁染霜林醉,总是离人泪。"

柳永也好,杜甫也好,还是王实甫也好,都为我们描述了人类情感中最为强烈而震撼的心理活动之一:恨离别或伤拒绝。这是人类情感活动中相似的两类感情,尤其是在恋爱季节或社交场合,已经收获了爱情和情感的人害怕分离,尚未获得情感归宿但又心有所属或暗恋者,却担心遭受拒绝。这两种情感都会导致人们的痛苦与悲伤,甚而引起当事者的种种不理智冲动,造成悲剧和惨剧,伤人或伤己。所以古人还用"悲莫悲兮生别离,乐莫乐兮新相知"来描述人类这种强烈而伤人的情感。

但是,柳永也好,杜甫也好,还是王实甫也好,也只能描述出人类这种情感表现方式,却无法揭示这类情感的根源。为什么人或动物都会有恨离别和伤拒绝的浓烈情感?实质上,恨离别和伤拒绝反映的是人类的一种复杂的行为和与之对应的心理、情感,体现了生理与心理、行为与心理、行为与大脑之间的复杂关系。

磁共振成像技术在今天不仅能让我们比较清晰地看到人体和生物的内部器官,而且能看到人在受到行为、言语、生理等各种刺激时的大脑活动和相应的心理和情感反应,实际上也就是大脑内部的活动与反应,从而让我们能稍稍深入地理解和解读生理与心理、行为与心理、行为与大脑之间的复杂联系。从这个意义上讲,这也许是 2003 年诺贝尔医学奖授予磁共振成像技术(MRI)发明的又一个原因。

MRI不仅能让我们看到人体内部的器官,而且能看到人的看似捉摸不定的意识与情绪。例如,当人们受到拒绝或冷落,会陷入沮丧和情绪低落之中,原因在于受到拒绝的行为可以深深刺激大脑的一定区域而引起反应。而在此之前研究人员已经发现,失恋和离别——无论是恋人还是亲朋好友的离别,都可能引起大脑特定区域的反应,从而造成人情绪的极度失落。

为了解人类的失落情绪是怎样通过大脑产生的,4名男大学生和9名女大学生参加了美国加利福尼亚大学的内奥米·艾森伯格尔(N. Eisenberger)等研究人员进行的一项心理学游戏试验。所有人都被告知要把球传给其他两位参与者,对方也是学生,但后者实际上是电脑操作扮演的。第一次拒绝是告诉参与者游戏出现故障,他们不能参与游戏了,只能当旁观者。随后又有第二次拒绝,他们可以有选择地把球传给其他参与者(电脑扮演者),但在传了7次球后,电脑扮演者就再也不把球传回给他们。

在游戏中用MRI观察发现,当大学生受到第一次和第二次拒绝时都会产生极其强烈的挫折感,其中反应最激烈的是学生的大脑前扣带皮质(ACC)。ACC是大脑的情感警示系统区域,这一系统的功能是使大脑的注意力集中于令人感到痛楚伤感的事,以及注意到环境突如其来的改变。比如,如果母亲听到孩子的哭声,其ACC区域的活动就会增强,令母亲感到焦灼和痛苦。一些大学生受到拒绝后产生的痛楚就如同母亲听到孩子在啼哭一样。这和失恋、在爱情中被拒绝以及情人离别时大脑ACC区域的强烈活动一样,因而会造成心如刀绞般的痛苦和灼伤。

在大学生受到对方拒绝传球的行为后,MRI显示其大脑的右腹前额叶也产生了活动,这一区域与降低人的痛苦感有关。如果右腹前额叶被人的言行和环境刺激,会产生痛苦感和羞辱感。因此,情人、亲人的别离以及突然产生的环境变化也可能是刺激了大脑的前扣带皮质和右腹前额叶两个区域。

在社交和恋情被拒绝以及"多情自古伤离别"的行为刺激下,还有环境的改变下,大脑皮质的两个区域产生痛楚反应至少说明,心灵的反应也可能是物质的,因而也是唯物的。不过,这只能说明大脑的某些区域出现的强烈活动造成失恋、被拒的痛苦原因之一,在爱情中神经递质同样起了重要作用,或者正如一些人认为的那样,爱情其实就是化学物质。

爱情物质有哪些呢？β-内啡呔、多巴胺、苯乙胺、氨基丙苯和肾上腺素等物质。以多巴胺而言，它是大脑的情爱中心——丘脑分泌的一种物质，也即是恋爱兴奋剂。当你正值恋爱季节，而且遇上了一见钟情的对象，或经过慢慢了解，发现了一位值得托付终身的伴侣，这时化学丘比特之箭便启动了，丘脑中的多巴胺等神经递质就源源不断地分泌，势不可挡地汹涌而出。爱的感觉便汹涌勃发，源源不断。

这时幸福感也随之而来，坠入情网的人一时半会没有看见对方，就急躁不安，甚至感到一日不见，如三秋兮。当然，我们的身体无法一直承受这种像兴奋剂的刺激，也不可能永远处于心跳过速、脸面潮红、手心出汗的颠峰状态。到了一定时候，多巴胺的分泌会减少，而且多巴胺也会被新陈代谢，幸福的感觉也会慢慢消失。

按恋爱与婚姻的进程来看，热恋和新婚的幸福也不过两三年，这正符合多巴胺分泌旺盛期限的均值，一般为 30 个月。随着多巴胺的减少和消失，激情也由此变为平静。由此，人们得出结论，一对男女的爱情激情一般只能维持 30 个月。接下来便是平静的家庭生活，或者分手，但以前者居多。

不过，另一种爱情物质 β-内啡呔似乎对爱情更为重要。当一个人无论是因恋爱还是其他原因高兴时，大脑就会分泌一定浓度的 β-内啡呔，并启动一系列生理机制：分泌 β-内啡呔→使血管收缩正常→血流畅通，体内细胞活性增加→防止患病及衰老→让人产生愉悦感和止痛。

其实，我们所说的内啡肽是一大类物质，也称为阿片样物质，它们与吗啡有类似的功能，让人愉悦，并能镇痛，而且吗啡镇痛作用部位在第三脑室周围灰质。1975 年，英国的汉斯·科斯特利兹（H. W. Kosterlitz, 1903—1996）与苏格兰的休斯（J. Hughes）等人就发现大脑中有两种内源性阿片样物质，即甲硫氨酸脑啡肽、亮氨酸脑啡肽，并证明它们能与吗啡类药物竞争受体，而且具有类似吗啡的作用。后来，研究人员又陆续发现了了 β-内啡肽、强啡肽 A 和 B 以及内吗啡肽 I 和 II 等约 20 种与阿片类药物作用相似的肽，统称为内源性阿片肽。

这些阿片肽不仅分布于中枢神经系统，而且也广泛分布于植物神经节、肾上腺、消化道等组织和器官。在大脑内，阿片肽的分布与阿片受体分布近似，广泛分布于纹状体、杏仁核、下丘脑、灰质、脑干、脊髓胶质区等许多部位，它们一般与其他神经递质共存，不仅能镇痛和让人感到愉悦，而且实际上也是让人成瘾的物质基础，同时它们还调节内分泌、心血管活动和免疫反应等。

所以，人体中凡是具有阿片样物质功能的化学物也都具有爱情物质的作用，例如催产素。人的催产素是由大脑下丘脑室旁核神经细胞所分泌的激素，它与抗利尿激素相似，都是一种环状肽链分子。而在动物则是由脑垂体后叶所分泌的激素。催产素顾名思义就是能使女性子宫收缩的激素。人们对催产素的作用似乎产生了更多的认识。这种激素虽然量少，但对于控制人的各种行为和情绪反应非常重要，比如饥饿、饥渴、体温、内脏压力都有催产素的参与，而且恐惧和愤怒等人的基本情绪也受到催产素的调控。

催产素甚至可以让田鼠改变爱情模式。例如，草原上的田鼠像人类一样实行的是一夫一妻制，在交配后终生保持这种配偶模式，雌鼠雄鼠共同养育后代。这种现象本身就是令人惊奇的，因为在自然界，动物的一夫一妻制实属罕见，只有不到5%的哺乳动物实行的是一夫一妻的情爱方式。研究人员推测这可能与催产素有关，因为在此之前已经知道动物和人的性行为中会释放催产素。在实验中给草原田鼠的大脑注入催产素，结果它们结成一夫一妻的速度比通常情况更快。另一方面，如果对田鼠注入抑制催产素分泌的化学物质，则草原田鼠的情爱方式就发生变化，它们胡乱交配，没有持久的伴侣。原因在于，催产素与类阿片物质有相似之处，会产生与爱人在一起时那种温暖陶醉的感觉。

尽管爱情和情感与阿片类物质和其他化学递质有关，而且也与大脑某些特定部位的功能有关，但情感的复杂性绝不是这些化学物质和大脑部位的功能就能撑控的，因为，爱情和婚姻还有更多的社会因素在起作用。

3.8　英雄与懦夫

大脑中枢和神经系统的传导物质、指令方式以及大脑的思维是人的内部形式的核心之一。研究和讨论这些问题在学术上称为神经生理学和神经心理学，那就来看看人的心理与神经的关系，比如，英雄人物的神经生理和心理。

生活中有些人被称为胆小鬼、懦夫，有些人则被誉为英雄、壮士。英雄的产生有两种说法。一是英雄或懦夫是天生的，二是英雄或懦夫是后天环境造成的,尤其是英雄,是艰难和恶劣环境磨炼的结果。

不用在浩瀚的历史长河中去寻找天生就是英雄的无数事例,眼下就有一位全球公认的英雄,而且有人认为这位英雄是天生的。

2009年1月15日,一架全美航空编号1549的A320客机从纽约长岛拉瓜迪亚机场飞往北卡罗来纳州夏洛特。起飞约5分钟后飞机与飞鸟相撞,两个发动机失灵。机长切斯利·萨伦伯格(C. Sullenberger,1950—)临危不乱,以超凡的技术控制客机,让机腹轻柔而平稳地亲吻纽约哈得逊河,避免了这架重100吨的飞机在与水面接触时解体。机上155人奇迹生还,创造了史无前例、无人死亡的水上迫降记录。

事件发生后,美国当选总统贝拉克·奥巴马于16日从费城打电话给萨伦伯格,称赞他表现"英勇"、"漂亮"。奥巴马与萨伦伯格通了5分钟的电话,称每个人都为他的出色表现感到骄傲,同时也还向其他机组人员和许多在救援现场保证机上人员安全的人表示感谢。最后奥巴马邀请萨伦伯格参加其总统就职典礼,萨伦伯格也愉快地接受了邀请并如约参加奥巴马的就职典礼。因此,不仅美国人,全世界的人都视萨伦伯格为英雄。

那么,英雄是怎样炼成的?美国一位研究人员的观点很有代表性,认为萨伦伯格这样的英雄是天生的。美国耶鲁大学精神病学家迪恩·艾金斯(D. Aikins)称,萨伦伯格就是一位天生是英雄的例子。艾金斯做出这种判断是来自其一些研究结果。

艾金斯认为,有一些士兵天生胆大,原因在于他们体内的应激激素水平较低。艾金斯等人对那些接受生存训练的士兵测试应激激素水平。士兵们的生存训练包括模拟战俘情景等内容。对参训士兵的血样进行检测发现,在极度压力环境下表现最好的士兵,其应激激素皮质醇的水平较低,神经肽Y的水平较高。原因在于,皮质醇水平低会让人沉着冷静,而神经肽Y是一种可以抑制人体应激反应的化学物质,能减弱皮质醇的作用,让人临危不惧,胆大心细,遇事不慌。

因此,天生的体内皮质醇水平低和神经肽Y水平高会让人们在压力环境下更为冷静,表现也更好,可以成为天生的英雄。当然,世界上没有完全"无畏"的人,英雄也并非完全感觉不到恐惧,而是他们不会或很少表现出恐惧,并且能够冷静地处理问题。由于不同的个体皮质醇和神经肽Y分泌水平有差异,也就呈现出天生英雄或懦夫的情况。皮质醇水平低和神经肽Y水平高的人就可能成为天生的英雄,反之则可能成为天生的懦夫。

艾金斯的提法并不让人陌生。先天英雄论的滥觞者是现代医学的鼻祖、古希腊的希波克拉底（Hippcrates，约前460—前370）和古罗马的盖仑（Galer，129—200），他们认为人的外倾与内向、勇敢与懦弱取决于四种体液：血液、黏液、黄胆汁和黑胆汁。这四种体液在每个体内所占比例不同，从而确定了胆汁质（黄胆汁占优势）、多血质（血液占优势）、黏液质（黏液占优势）、抑郁质（黑胆汁占优势）四种气质类型，因此各有不同的性格特征和惯有的行为方式。

显然，胆汁质和多血质的人较为勇敢，而黏液质和抑郁质的人则不善交际甚至有社交恐惧和懦弱。当然，他们的假说在后来大部分被否认，正如中国古代人把胆小归咎于内脏中的胆囊，认为胆囊的大小和胆汁的多少都与恐惧有关，甚至把有的人吓死了解释为胆囊被吓破了。其实，这是张冠李戴。

现代生物医学研究的很多结果提示，一个人胆大或胆小很重要的原因之一是缘于体内某些激素的含量，正如艾金斯发现的皮质醇和神经肽Y可能左右着人们的胆量一样。不过，也有研究人员把人和动物的勇敢和懦弱归咎于基因。

如果仅仅把人的勇敢与懦弱看成是大脑或血液中的某些化学物质和激素的多与少以及基因的控制，显然是片面的。生活中很多英雄的产生其实是环境塑造的结果，所谓"时势造英雄"正是这种理论的总结。

很多胆小者可以经过训练和环境的熏陶而得到改善，从而走向懦弱的反面，变得勇敢起来，成为英雄。军人就是最懂得如何利用训练来克服恐惧，从而变得勇敢和坚强的。1982年5月英国和阿根廷军队为争夺马尔维纳斯岛发生了激烈的战斗。英军后来公布的英军士兵的恐惧心理引起的精神失常人数占全部非战斗减员人数的2%，但实际上这一比例达到5%～10%。

根据这一情况，各国军方都展开了对士兵进行克服恐惧的训练。恐惧心理是指生命遇到危险或回忆、想象、预感危险时所产生的一种担惊受怕的情绪，轻则使人失去正常的思维、表达和自我控制能力，重则导致精神崩溃、行为失常，甚至完全丧失战斗力。

要克服恐惧就行先认识恐惧。不仅在战争中，就是平常的训练和生活中，士兵也有恐惧。而对恐惧的克服也完全可以经过身心行为的训练来完成。例如，正确地呼吸和放松、数数、积极想象、体育锻炼、脱敏疗法（以毒攻毒法）等，都可以减轻恐惧并最终战胜恐惧。

在士兵克服恐惧的心理训练中常用的一种方法是脱敏疗法。士兵最怕的是实战中的场景，尤其是炮火硝烟以及负伤流血，都可造成人的紧张，心跳加快，四肢颤抖，情绪难以控制，动作僵硬变形，体能处于瘫痪状态，有的人甚至意志动摇，逃避或逃跑。战场上所谓的逃兵很多就是这样产生的，因此他们被视为懦夫。

但是，如果对士兵进行脱敏训练，即模拟真实战场的场景和情况训练士兵，如利用声、光、电、烟等模拟手段来制造真实战场的情景，要求士兵们完成一系列由浅入深的战斗动作，甚至模拟战友的负伤与流血，进行战场急救，就可以让士兵在心理上慢慢耐受这样的紧张刺激，从而消除和减弱恐惧心理，适应战场的紧张状况，逐渐变得勇敢起来。

同时，以提高专业技能来提高心理承受能力或心理容量，也是造就英雄的重要方式。诸如擒拿、格斗、射击、滑雪、游泳等技术都可以通过循序渐进的方法让人提高胆量，因为艺高人胆大。

皮质醇和神经肽Y可能是决定一个人是否勇敢的内在生物学因素，但只是因素之一。而且，就是这类决定一个人勇敢还是懦弱的化学物质在人体中还有很多种，它们都或多或少地影响人们的心理和行为，从而左右着人的勇敢或懦弱。

例如，人的各种神经激素、各种腺性脑垂体激素的释放激素或抑制激素、内啡肽、P物质、血管紧张素等都会对人的神经心理和行为产生或大或小的影响。能肯定的另一种激素便是促肾上腺皮质激素释放激素（CRH），由下丘脑分泌，能在机体内引起一系列复杂反应，并刺激脑部感知恐惧与焦虑的区域。在啮齿动物和人身上，过量的CRH激素会引起抑郁症症状。相反，促肾上腺皮质激素释放激素量少，会使母亲格外勇敢。

研究人员选取了一些哺乳期的雌鼠，其中一部分注射不同浓度的促肾上腺皮质激素释放激素，另一部分注射生理盐水，然后在每位鼠妈妈的笼子附近放一只雄鼠。结果，只注射生理盐水的雌鼠异常警觉而凶悍，为保护自己的孩子免受威胁，它们立刻向雄鼠发起攻击，能在短短45秒钟内攻击20次以上。而注射促肾上腺皮质激素释放激素的雌鼠则反应迟缓，攻击的激烈程度较弱，持续时间也较短。这提示，体内促肾上腺皮质激素释放激素含量少可以增强母亲的勇敢行为，以保护幼仔。

而且，女性产后忧郁症也可能与促肾上腺皮质激素释放激素水平失调有关。同时，催产素不仅与爱情有关，也与勇敢相关。体内催产素浓度高的母鼠，其攻击性行为增多，反之则减少。因此，仅仅从生物因素中的激素而言，人的胆小和勇敢也许并非只是一种激素在起作用，而是多种激素或化学物质共同作用的结果。

尽管艾金斯认为机长萨伦伯格是一位天生的英雄，但不知艾金斯是否测试过萨伦伯格体内皮质醇和神经肽Y的水平。如果没有，则只是一种推测，因此不能简单地说萨伦伯格就是一位天生的英雄。即使测定发现萨伦伯格体内的皮质醇水平低和神经肽Y的水平高，符合天生英雄的激素水平，也不能完全归结于天生。

因为，人们至少知道，萨伦伯格作为英雄是有着大量的后天准备的。在美国哥伦比亚广播公司（CBS）电视台对萨伦伯格采访时，他回答说："我觉得，从很多角度来看，飞机撞击之前我的整个人生都是在为这个特殊时刻做准备。"

事实也是如此。如果没有几十年来对自己飞行事业的钻研，如果不热爱自己的工作，也不精益求精地对待自己的工作，没有多年来训练和养成的高超娴熟的飞行技术，没有对每位乘客生命的大爱之心，萨伦伯格也不能够成为一位把飞机成功迫降在哈得逊河并保证每一位乘客毫发无损的英雄。

勇敢并非只是生物因素能决定的，后天的训练、平时的养成、多年的生活和工作经历以及科学的行为方式都能造就英雄。当然，激素和基因也会起到作用，但却非唯一的决定性因素。

3.9 左脑右脑与左手右手

我们的内部神经系统有一个众所周知的秘密：左右交叉。大脑左半球下达的指令是通过延髓交叉到右侧的身体去执行，反之大脑右半球下达的指令要通过延髓交叉到左侧身体去执行，但是两者之间也有一定的联系。

不过，现在却发现了一个有意思的问题，左右大脑发布命令或与肢体建立联系可能速度不一样。法国里昂大学认知神经学中心的安杰拉·西里古（A. Sirigu）等人发现，两名病人接受双手移植后，大脑与左手重新建立联系的速度要比与右手建立联系的速度快得多。病人在失去双手前都惯用右手,但在接受移植后,他们的大脑都与左手最先建立联系。

西里古等人用磁共振成像观察失去双手的病人的大脑以及在接受双手移植后控制活动的运动区如何反应。一位叫 LB 的病人是 20 岁的男子,2000 年双手受伤,2003 年接受移植,移植前使用人造手装置。移植手术后 10 个月,LB 的大脑重新建立了控制左手的神经连接,而在 26 个月后大脑才完成与右手的神经连接。而且,LB 以前是惯用右手,在截肢后主要用右臂使用假手,但接受移植后,用手偏好发生了变化。

病人 CD 有 46 岁,是 1996 年失去双手,2000 年接受双手移植的。在移植后 51 个月,即 2004 年对 CD 进行检查,发现他的大脑与左手之间存在紧密连接,但没有看到大脑与右手的联系。

这是否意味着大脑右半球的指令会更为迅速地传导到左手,而大脑左半球的指令会慢于右半球,因而与右手建立联系会更为迟缓一些?由于这只是两例个案的结果,当然无法得出令人信服的结论。不过,这种情况也确实说明了神经系统存在着左与右的结构以及左与右并不平衡的事实。

但是,这种左与右的关系也并非只是神经系统的问题,可能还有行为方式、生活习惯的问题。从左利手和右利手也许能反映出来。

人类中习惯于用左手的人占 10%~12%,即右利手与左利手之比约为 9∶1,这又与上述大脑(右脑)与左手最先建立联系的事实相矛盾,因为右利手多于左利手说明左脑更为活跃,控制和指挥能力越强。

其实,这里面有行为方式和习惯原因,从进化的历史来看,左撇子与右撇子的人数是相当的。

为了解左撇子和右撇子的历史发展,研究人员作了一项对比研究。他们对现代英国人的肘部宽度和中世纪英国农场工人的肘部骨骼进行测量。这个研究的假设是,习惯于用右手的人与用左手的人的比率如果是 9∶1,那么其右肘部骨骼大于左肘部骨骼的比率也应当是大致相同的。这个结果在现代人中得到验证,但是在中世纪的人的骨骼中却没有得到验证。相反,大多数古代英国农民的左胳膊肘与右胳膊肘大小是一样的,这说明他们是在同等使用左右手。

研究人员也对世界各国主要图书馆的画册进行研究,以求找到左撇子与右撇子起源之谜。他们对石器时代到 1950 年期间的 10000 本画册仔细观察后发现,图中人物的左撇子和右撇子人数在最近50个世纪中的比例相当。同时,研究人员又分析了世界各大博物馆中自石器时代以后出现的用具,也得到了相似的结论。也就是说,历史上左撇子与右撇子的人数旗鼓相当,只是在距今上千年或数百年才出现了右撇子占多数的现象。

既然在遥远的历史进程中,人类的左撇子和右撇子是大致相当的,就可以推论,左撇子与右撇子主要是后天的生活习得所形成。

但是,习惯使用哪只手也可能是胎儿在子宫中或更早的时候就形成了。英国莱斯特大学的心理学教授马里安·安尼特(M. Annett)认为,左撇子的形成有一个遗传模式,称为"右转移",指的是一个或一组基因增强了人们惯用右手的可能。基因有两种作用,既帮助大脑的左半球发育语言能力,同时又增加了习惯使用右手的可能性,因为大脑半球是交叉指挥对侧身体。也就是说,人类的进化使得大脑左半球分管语言能力,与此同时也加强了我们成为右撇子的优势。

这种情况也可以从人类的近亲黑猩猩得到一些旁证。黑猩猩不会说话(没有语言),而主管语言的这个基因肯定是在最近的进化阶段中才冒出来的。观察发现,绝大多数黑猩猩都用左手去捕捉白蚁。这意味着,没有受到与语言和右撇子有关的基因影响的黑猩猩容易用左手。但是,也有人观察,当黑猩猩用手挥舞的时候,也习惯于用右手。所以,基因决定左撇子还是右撇子的理由并不充分。

不过,也有人认为,左右利手可以追溯到胎儿时期。北爱尔兰贝尔法斯特王后大学的皮特·赫普尔(P. Hepper)等人对1000名胎儿进行超声扫描研究,并在他们出生后随访其中一些人的生长发育情况。结果是,在孕第10至12周时,如果胎儿更多地吮吸他们的右手,那么他们长大后就是右利手。反之则习惯于用左手。而且这一习惯将伴随终生。皮特·赫普尔认为,没有证据证明大脑控制着子宫内胎儿双手的早期的活动,最大的可能是胎儿适应子宫的空间活动状况反馈到脊髓,并从脊髓获得行为指令,这是一种脊髓的局部反射弧,由此成为左右利手的滥觞。准确地说胎儿更有可能是简单地选择其身体的一侧以适应子宫,因此这一侧发育得略为快一些,也包括这一侧的手,也就形成了左、右利手的雏形。

还有一项统计学的调查证明左撇子与遗传有关。在双亲都是左撇子的家庭,子女是左撇子的几率是50%;而在双亲都是右撇子的家庭中,子女是左撇子的几率仅有2%。例如,在苏格兰的克尔家族,大部分人都是左撇子,而且代代相传。他们建立的城堡的楼梯都是逆时针方向旋转的,以利于其家族的勇士作战和防卫。他们的公用设施和生产工具都是以左为主,这也说明左撇子与遗传有关。

另外,对100对左撇子夫妇及其孩子、父母的研究发现,孩子从双亲会接受某个遗传基因,有这个基因的,82%是右撇子。还有18%的人没有这个基因,其中一半人成为惯用右手者,另一半或是左撇子,或是两手都善用。

不过,研究人员大多认为,左撇子的答案很可能在于大脑,同时也可能伴随着器官的不对称性。人类不平衡的大脑的某个部位也许有一两个基因决定着选择用哪只手掷球,哪只手书写。遗憾的是,我们并不能剖开某个人的大脑以观察左撇子和右撇子的区别。现在能观察到的也只是两位双手移植病人的一种现象,大脑都与左手最先建立联系,提示人的右脑可能更为活跃,同时惯用左手(右脑指挥)是一种优势。

有人观察到,左撇子或许在艺术上更有天赋,因为大脑右半球更具创造性的潜力。但是这似乎也不能说明问题,因为所有人的创造力都是来自大脑的左右半球,创造力并不是一侧大脑半球的功能。也有人认为,左撇子由于是右半大脑起主要作用,因而其数学、视觉透视和空间能力较强。这个优势为左撇子在数学和建筑领域发展提供了重要条件。而且,20世纪90年代有人提出,右撇子(左脑占优势)与缺乏数学能力有一定关系。但是,这也都是假说。因为左撇子本身人数较少,需要更多的样本和对照研究才能得出大脑左右半球在指挥人的行为时的明确结论。

左撇子名人有很多。例如,美术界有达·芬奇和米开朗基罗;音乐界有贝多芬、流行音乐人鲍勃·迪伦、披头士成员之一保罗·麦卡特尼;科技和发明界有富兰克林、牛顿、爱因斯坦;企业界有比尔·盖茨、亨利·福特;演艺界有卓别林;政治家有凯撒大帝、亚历山大大帝、美国前总统里根、老布什、克林顿等。这些情况一方面表明左撇子与右撇子一样,没有什么特殊,只不过是用手习惯而已,另一方面,也并不意味着左撇子比右撇子更为高明,因为从人数的比例看,左撇子中优秀人才的比例与右撇子中优秀人才的比例在两个人群中应当是相当的。

当然,从青铜器时代到今天,似乎左撇子在用手的搏斗中占有上风,如同在《指环王》中所描写的那样。事实上,在崇尚暴力的时代,左撇子的确有优势,而且这种优势还可以一代一代地传下去。但是,左撇子的优势在于过去搏斗时的一种特殊的位置和保护方式。惯用右手的人是右手拿剑或武器进攻而左手拿盾防护。而左撇子则是左手拿剑进攻而右手拿盾防护,这就使得左撇子可以用左手进攻右撇子的没有拿防护盾的右侧,从而显出左撇子的进攻优势。

但是,左撇子在搏斗中对右撇子占优势的概念也并不可靠。比如,在剑被造出来并用剑的时代之前,右手:左手的比率长期都是 9:1,右撇子的优势是显而易见的,并且持续到今天。

相对于绝大多数右撇子来说,左撇子是少数。但是,如果辨证地看问题,稀缺是一种资源,也是一种优势。所以,左撇子有时还真有独特的生存优势。在运动中如果是左手握拍、击球、挥棒可能使习惯于用右手的人不便。同时左撇子也容易换手接招,改变战术,或用左手,或用右手,这就可迷惑对方,出其不意地致胜。当然,也有研究提示,左撇子在运动中的快速反应和正确的空间判断能力比右撇子强,这在网球、足球、高尔夫球等运动中尤为突出。

所以,左脑和右脑与左手与右手的关系还会吸引着人们继续探索下去。

3.10 灵魂和意识何时产生?

人类大脑最重要的东西是大脑的意识、思考、分析、逻辑推理、思辨和创造力,现存世界的一切,无论是物质文化还是精神文化,都是人大脑思想的产物,也是人区别于其他生物的本质。于是,就有一个问题,人类有没有称为灵魂的东西,人的意识是何时产生的?

我们都趋向于这样的结论:每个生命个体都有灵魂(心理),如果局限于人,扩大地讲,灵魂则意味着心理活动,即感觉、知觉、意识、知觉、人格、思维和思想等。但是,人的灵魂起源于何时却一直少有准确的答案。另一方面,即使可以确定灵魂是何时产生的,在灵魂产生的原因或动因、途径和怎样产生的方方面面也存在很多疑问,因此用实证而非思辨的方法是搞清这些问题的关键。

灵魂的产生首先要有生物个体,先有生命的产生才紧接着有灵魂的产生。一般而言,宗教的观点是当一个受精卵形成或精子与卵子结合的一瞬间，灵魂也就产生了。但科学的观点是，随着生命个体的逐渐发育成熟，各种器官的机能以及生命的整体机能开始成熟时，才会具有正常的生物功能。同样，大脑成熟后才会出现或产生灵魂（心理）。

过去的很多研究已比较明确地指出，个体的灵魂（心理）产生于胎儿后期。但到底是在胎儿的什么时间却语焉不详。美国一项涉及法律权利之争的研究明确地指出了灵魂产生的具体时间。

2004年3月22日，美国纽约地方法院法官理查德·凯西（R. C. Casey, 1933—2007）在处理涉及女性流产问题时做出一个决定，对于妊娠晚期的胎儿，如果要流产，应当允许医生测试胎儿是否感到疼痛。这个规定明确表示，在流产时应当考虑到胎儿的心理和生理感受。

法庭委托新生儿疾病专家坎瓦尔杰特·阿南德（K. Anand）医生做胎儿测试。阿南德医生的检测结果证明，孕20周时及以后的胎儿能够感受到疼痛。凯西法官认为，由于阿南德医生具有精深的行医与研究经历，其检测证据应当是可靠的。据此凯西法官做出一个判决，对于妊娠晚期的胎儿，如果要流产，应当允许医生测试胎儿是否感到疼痛。这一做法为世界上首次在司法上认定20周以后的胎儿就具有基本的灵魂——感觉或初步的知觉。

尽管凯西法官的这项判决也受到一些人的反对，如支持流产者和女权主义者，但却以实证科学为手段证明了一个以前悬而未决的问题——灵魂产生于胎儿发育的20周。

当然，全面地考虑，仅仅20周的胎儿能感受到疼痛还不能认为胎儿已具备了完整的灵魂和生命，只有能思考有意识的生命才能算是一个有完整灵魂的生命。因为，也有一些研究发现，胎儿只有到6~7个月时，才能产生与成年人相似的脑电波。在此之前的胎儿由于大脑发育尚未成熟，还不能进行人的思考。所以，意识、思维、识别能力、人格、气质等更深层次和广泛的灵魂（心理内容）在胎儿来说还不具备。

灵魂的产生当然不仅仅是生命个体尤其是大脑发育成熟之后自然而然形成的，还必须要有灵魂产生的外界环境，也即是个体心理产生的动因。只有当外界环境因素或动因刺激胎儿，正如人在成长过程以及成年后的各种生活事件刺激生命个体并加上生命个体的学习后，不同的个体灵魂（心理）才会产生并丰富和圆满起来。当然，个体灵魂之间也具有很多共性。

胎儿的环境就是母体的子宫，还有胎儿从母体所获得的营养、母体血液中的各种化学物质、母亲的生理状况和母体灵魂的影响,比如母亲的情绪。正是这些动因和因素决定了不同个体灵魂的产生及差异。这种灵魂的生成和成熟度也与离开母体后的生命个体的独特体验和不同环境有相似之处。

以成熟灵魂(心理)的要素之一——人格而言,在胎儿期就可以形成了。人格是指一个人在生活中所形成的稳定的态度和行为方式。其实胎儿就可以在一定程度上形成部分人格,决定因素就是母体子宫的环境。这个时期大约是胎儿发育的第10周。这实际上比胎儿在20周就有疼痛感的生理心理反应(灵魂的一种表现形式)更早,这也提示,个体灵魂可能在孕10周时就生成了。

胎儿母体外的环境也是灵魂(心理)和行为产生的动因,这个外界环境包括声音(音乐)和光线。这也是争论了很多年的所谓的胎教的根据。有了好的刺激就有可能在生命的第一起跑点产生良好的灵魂(心理),甚至高智商。姑且不论胎儿能否看到光,仅以音乐而言,胎儿听得见并能由此受到熏陶和教化吗?

按科学事实来推论,胎儿能听到音乐首先要有感觉器官——内耳的成熟,后者在20~22周时已长成成人大小,因此6个月时胎儿的听觉神经系统便基本成熟。第二个条件是声音的传播。人能听到的声波振动为20~20000赫兹。音乐进入胎儿耳朵需经过空气、肌肉组织(母亲的肚腹和子宫)和水(羊水)三重介质。声波在不同的媒介中的传播速度是不同的。在空气、肌肉组织和水中,声波传播的速度分别为343米/秒、1775~1785米/秒和1450米/秒。也就是说,声音在这三种介质中传播后,即使胎儿能听见,也将因为介质的不同和转换而大打折扣,因为,声音(音乐)从空气到肌肉组织再通过羊水要转换三种媒介,其音量、音质、音高和音强必然要发生变化。

不仅如此,即使在同一媒介中,声音的传播也受其他因素的影响,比如温度。一般情况是,温度越高,声音传播速度越快。所以,再优美的旋律经过这几重介质后也肯定要走样,可能变成一些可以听见的但却是听不太清楚的噪声。

当然这只是依据已有的科学事实进行的逻辑推理,最重的是需要实证研究来证明。2003年美国的一项研究有了初步结果。佛罗里达大学的肯·杰哈德(K. Gerhardt)等人发现,胎儿在子宫中可以听到音乐(声音),但是他们听到的不过是很不清楚的音乐,而且只听得到低频音,对高频音是无法听到的,因为低频音更能通过肌肉和羊水传播到胎儿内耳。

研究人员把已经发育得比较成熟的绵羊胎儿从母体中取出,然后在胎儿内耳中装上电极录音器(人造耳朵),再把胎儿放回母羊体内继续妊娠生长。此后,按照现在流行的胎教理论和做法,研究人员在母羊身边播放一些优美的朗诵诗歌。羊胎内耳中的录音器就会忠实地记录下这些声音,包括其音高、音质和语调。最后,研究人员把羊胎内耳中的录音器取出来,播放给30名成年人听。这些人对记录器所播放的声音(朗诵诗)的意思能正确地辨别出来的只有41%的内容,而且能辨识内容大都是低沉的声音。这提示,对胎儿播放胎教音乐或其他形式的音乐胎教,胎儿所能接受的大都是模糊不清的声音。

2004年底,新西兰梅西大学的生理学家梅勒(D. Mellor)通过一些研究认为,灵魂(知觉)并非是从胎儿开始,而只是在胎儿出生后。也因此,所谓胎儿的外界环境如音乐,对胎儿来说只是"对牛弹琴",毫无作用。梅勒的解释是,胎儿在母体子宫内受到大脑与胎盘分泌的天然镇静剂与麻醉物影响,整个妊娠期间都处于深度睡眠状态,出世之前对外界几乎没有感知,没有灵魂(心理),因此,所谓听音乐做胎教如同对牛弹琴。

梅勒做出这一结论的事实根据来自动物研究。他对绵羊、山羊、马、牛和猴子都做了实验,但以绵羊为主,因为绵羊的怀孕和分娩过程与人类有许多相似之处。实验中,他将怀孕的动物麻醉后,取出子宫中的胎儿,在胎儿脑组织接上监测脑电波活动的感应器,再把胎儿放回母体子宫内生长,观察怀孕期间胎儿的脑部活动。

梅勒观察到的结果是,怀孕初期,(胎儿)脑部的电波活动非常低,几乎一片空白。大约在怀孕中期,偶有活动峰值出现,显示脑部有少量活动,然后活动量增加,但是都维持在低度活动的水平。脑电波活动从未达到有意识状态的程度,就像在睡眠状态下。

只有在孕期的最后3~4周,动物胎儿会出现两种不同的活动迹象,好像胎儿在此时醒过来,但也并非如此。胎儿在动的时候,会出现生理反应,但是这是处于中度睡眠状态。而且梅勒在山羊、马、牛和猴子胎儿的实验都得到类似结果,因此他认为,这种情况所有哺乳动物都大同小异。不过梅勒没有在人身上做试验,原因是以人为实验对象,风险太大。

以此类推，梅勒认为，胎儿是不会有知觉（灵魂）的，甚至孕妇在分娩时，胎儿也不会有疼痛感觉，胎儿的知觉（灵魂）要到出生后才会首度出现。所以，胎儿在出生前，或者分娩当中都不会有感觉，要一直等到新生儿开始呼吸，氧气进入身体组织后，才会开始产生灵魂（感觉）。

梅勒的研究显然是对灵魂产生于胚胎结论的推翻，同时也否认了胎儿的母体外环境是灵魂（心理）产生的动因。通过比较可以看到，梅勒的研究只是通过动物做出的，美国的坎瓦尔杰特·阿南德医生则是直接对胎儿做实验得出胎儿有灵魂的结论以及胎儿是如何产生灵魂的（胎儿发育成熟与母体内的环境和动因相互作用）。

不过，也有一些专业人员并不认同梅勒的看法。他们认为，未出生的胎儿对痛觉有反应，因此可能是有知觉的，也即是有灵魂的。问题在于，要证明胎儿是否会感到疼痛有困难，但是要证明他们没有感觉，同样困难。

归纳起来，较多的实证研究倾向于灵魂从个体生命孕育至10周或20周时产生，而且是母体内的动因和环境，如血压、血流（其中的营养和化学物质）、母亲的情绪、子宫中的环境等决定了个体生命灵魂的产生，母体外的声、光、色等是不太可能对胎儿意识、知觉也即灵魂的产生起什么作用的，当然也不可能起到什么胎教作用。

3.11 意识和灵魂是什么，在何处？

没有人否认人在活着的时候拥有灵魂，换句话说是有意识和思想的。但是，人死后有没有灵魂却可能自人类产生以来就产生了争论，而且到今天仍无明确答案。好在随着一盏盏科学明灯的点亮，我们已经开始有了倾向性的看法。

说人死后有灵魂的几乎表现在人类生活的方方面面，比如为濒死的人尤其是孩子和精神病患者进行招魂的各种活动，敲锣打鼓、声声呼号（唤魂）。还有在各种文学、哲学和宗教作品中执著地拷问魂归何处，以及希冀在天国灵魂获得安息或诅咒灵魂在地狱受到鞭笞与惩罚等等，无不表明相当多的人认为灵魂可以离开人而存在，灵魂甚至能飞舞在空中，就像一个精灵。

当然,如果把这一切斥之为"迷信"倒是挺简单,但那些坚信者一方面可以说,他们所指的灵魂是形而上的,是一种精神符号和象征,甚至是信念或信仰的代名词。另一方面,还会脱离形而上的争论,从形而下的实证的科学研究来证明灵魂的存在。

2003年国外上演的一部叫做《21克》的电影似乎没有吸引住人们的眼球(也许是没有译介到中国),但这部电影所表达的思想正是多年前一个科学实验的结果,人无论在世还是死后都是有灵魂的,因为灵魂是物质的,是可以体现的,它的重量就是21克。

一位叫做邓肯·麦克杜尔(D. MacDougall,1866—1920)的美国医生早在1907年就做了一个实验。他将6名濒死的病人安放在一个装有灵敏计量装置的床上,可以确认死者生前和生后的重量。在确认患者死亡的瞬间麦克杜尔记下了病人体重的变化。在第一名病人死去的一刻,麦克杜尔记录到病人体重减轻了21.3克,由此他认为这就是灵魂的重量,因为灵魂离开了躯体,所以重量减轻了。也由此推之,灵魂是可以离开人体而存在的。

作为比较研究,麦克杜尔还以同样的方法测量15只狗被宰杀前后的体重。结果表明,所有的狗在死前死后都没有体重的变化。据此麦克杜尔认为狗没有灵魂。这个证明还得出了另外的东西,人作为万物之灵是有根据的,因为人有灵魂,而诸如狗一样的其他生物则没有灵魂。麦克杜尔的研究和其结论在后来的岁月而且直到今天一直被用来证明人的灵魂在死后也存在,因为它有重量,而且能在人死后脱离躯体。

所以,如果要问魂在何方的话,麦克杜尔的回答是,它既可以在躯体内,也可以脱离躯体。文学、哲学和宗教等作品提到的灵魂就成为有根据的东西,人们的喊魂和招魂行为也并非瞎忙活。

当然,也有人认为,灵魂即意识是不能脱离于躯体而存在的,比如,1962年因发现DNA双螺旋结构而与詹姆斯·沃森(J. Watson,1928—)和莫里斯·威尔金斯(M. Wilkins,1916—2004)共同获得诺贝尔生理学或医学奖的弗朗西斯·克里克(F. Crick,1916—)。从1976年后克里克就把研究的方向转向脑科学和意识。通过一系列研究,克里克坚信,独立于身体之外的灵魂(意识)是不存在的,没有了生命就没有灵魂。

克里克是通过研究大脑神经细胞(神经元)突触之间信息传递而得

出结论的。他在1994年出版的《惊人的假说：对灵魂的科学研究》一书中说，"你的快乐和你的痛苦，你的记忆和你的雄心，你的个人身份和自由意愿的感觉，实际上不过是一大群神经细胞及其相关分子的群体行为。"也就是说，人的灵魂（意识）是大脑特定神经细胞的生理活动。因为，意识的生理机制才是问题的重要部分，其他的争议只不过是在玩弄辞令。

2003年，克里克更把灵魂的定义和看法向前推进了一步。他在《自然》杂志神经科学分卷上发表文章说，人的灵魂是由大脑的一些特定的细胞产生的，他和他的研究小组发现了人的"灵魂细胞"，灵魂和意识就是由这些细胞产生的。人的确存在灵魂和意识，但是人的灵魂不是像宗教人士所说的，"人具有永恒的灵魂，肉体只不过是灵魂寄居的场所"。克里克等人的研究也发现，大脑中某一群神经元产生并控制了人的灵魂。这些产生和控制灵魂的神经细胞位于大脑皮质后部到前缘的一小块区域。

所以，当人死亡后，没有神经元的相互活动和产生并传递的神经递质（多种化学物质），意识和灵魂就没有了，那么，独立于身体之外的灵魂当然不可能存在。

如果要问魂在何处的话，克里克的回答是，灵魂只能存在于有生命的躯体中，包括大脑和胃肠道中，因为除了大脑有约500亿个神经元外，胃肠道的肠神经系统中还有千万个神经元。

无论是麦克杜尔还是克里克的研究都必然会受到质疑和挑战，但在解释两者的论点时，天平慢慢倾向到了后者。

灵魂是不是有21.3克先不论，但那失去的21.3克难道就一定是灵魂的重量吗？也许是身体其他部分的重量呢！在这点上，麦克杜尔的研究并没有做出合乎逻辑的解释。其次，麦克杜尔的研究所选取的样本量太小，只有6个人，这难以说明问题。更为致命的是，在6例病人中，麦克杜尔还排除了两人的无效测量，真正的样本只剩下4例，这更难以说服人。还有，即使是这4例病人，死前死后得出的重量差也不一样，有的人大于21.3克，而有的人小于21.3克。但为什么麦克杜尔只认为21.3克是灵魂的重量呢？也许是他测量的第一例病人的重量差是21.3克的缘故吧。

另外，这些病人死前死后重量减少的时间快慢是大不一样的，有的人重量减少得快，而有的人则减少得慢。如果要解释的话，也只能说，有的人的灵魂出窍得快,而有的人灵魂出窍得慢。最关键的是从麦克杜尔之后迄今还没有人能重复过他的实验。按现代实验科学检验原则,这应当很能说明问题了。

当然,并非诺贝尔奖得主的所有看法都是真理或正确的,一些人对克里克的灵魂就是"灵魂细胞"产生并控制的论点进行了嘲讽。质疑者的怀疑是,并没有真正可信的事实来说明特定的神经细胞产生意识,神经生物学家并不认为在人大脑的约 500 亿个神经元中可能只有几万个甚至几千个神经元会产生意识或意识性的感觉,而且这些产生意识的神经元在大脑何种部位也难于确认,所以证明这些更为困难。

不过,美国麻省理工学院神经生物学家南西·坎威斯尔(N. Kanwisher)利用磁共振成像证明,在大脑中存在着对脸部或物体进行辨认的特定区域。这似乎支持克里克所坚称的"灵魂神经细胞"(换成学术术语是"知觉神经元")是可以被发现并在大脑中定位的。

当然,研究人员承认,现在还不能解释意识(灵魂)是什么,甚至可不可以量化,但可以设计如同意识计量仪一样的仪器来测量意识。但是,如何测定新生儿、弱智儿和老年痴呆患者以及精神病人的意识,显然是一个难题。比如,如何知道新生儿是否有意识,人的意识是从什么时候开始的,是不是胚胎生长到今天医学界认定的 14 天就开始产生灵魂即意识等等,这些都还不可能有答案。

另外,多数研究人员现在的看法是,意识(灵魂)可能只是大脑的一种综合功能,而不是克里克所认定的是一些少数神经元的活动和化学物质的交换与反应。如果灵魂是少数灵魂细胞产生并控制的,我们就会不可避免地产生一种联想,麦克杜尔所测得的灵魂重 21.3 克可能就是克里克所测得的"灵魂细胞"(知觉神经元)的重量。

说到这里就已经可以推论,灵魂(意识)是存在的,但只存在于有生命的活体中,主要是在大脑。当生命停止后灵魂也消失了,因为神经的活动和新陈代谢如同其他组织器官一样也都停止了。

不过,如果人死后没有灵魂又怎么能解释生活中的一些奇特现象呢?人们曾做过的一个实验是,有人与一名待处决的犯人商量,在砍下头颅后呼叫犯人的名字,如果他还能听到或感觉到,就眨几下眼。结果是,在头颅掉下来后的几分钟内,应对呼叫眨了好几次眼。这说明头颅掉下后已失去了生命的人也有灵魂,那么这个灵魂是在大脑中还是已经灵魂出窍?

另一个相似的事例是被砍下头颅的蛇。生活中不止一次发生这样的现象,蛇被砍头后人们以为它死去了,便去拾蛇头。但这时的蛇头还恶狠狠地咬了拾它的人一口,结果导致拾蛇头者要么重伤,要么身亡。由此也可看出,断头的蛇同样存在灵魂,而这个灵魂是在蛇头中还是已经灵魂出窍?

对此,生物医学可能的解释是,当人或蛇断头后,在断头的短暂时间内(几分钟或一小时),全身的组织器官,包括大脑并没有一下子死亡,还存在着新陈代谢,因而大脑中的意识和灵魂也存在并能指挥相应的器官与部位进行活动,如眨眼和用嘴咬人。但过了较长时间后,当完全死亡时,就没有意识和灵魂了,也就不会产生人头眨眼和蛇头咬人的现象。

从这个意义上说,灵魂也只存在于生命活体中,而且主要是在大脑中。至于灵魂是所有大脑细胞的功能,还是大部分细胞的功能,或只是如克里克所说少部分灵魂细胞的功能,人类可能还要走更长的路才能找到答案。

3.12 年轻的血液和衰老的血液

心血管或血液循环系统是人的内部形式中重要的组成部分。表面上,我们对心血管系统的了解比较多,但实际上对于血液和循环我们还有很多未知和知之甚少的东西。尽管英国医生哈维(W. Harvey,1578—1657)在1628年出版的《心血运动论》为我们认识心血管奠定了相对科学的基础,但今天,人类认识心脏、血液和循环的工作又进入新的纪元。

正如人和生物会衰老一样,血液也会衰老。但是,如果血液存在于活的生物体内,其衰老是可以更新的。这就是红细胞的死亡和更新。红细胞的寿命为100~120天。由于红细胞没有细胞核以及细胞器,无法自行制造自己的结构,也无法使自己的结构维持长久,因此人体内每天红细胞会死亡约1‰,它们的死亡是在脾脏及肝脏被破坏。人体每天有40000~50000个红细胞被破坏,因此需要补充。

红细胞得到新生和补充后就会使血液如流水一般新鲜,生命力提高,能保证把氧气运输到人身体的各器官和组织,再从各组织器官运送代谢产物二氧化碳到肺部呼出体外。如果从生命力来看,新生儿的红细胞寿命最短,约有80天,所以其体内制造新的红细胞的速度更快,以补充死去的红细胞。另一方面,有些长期病患者如慢性肾衰竭的患者,其血液中红细胞寿命可能会较正常的120天稍低一些,主要原因是这类病人体内堆积较多的代谢后毒性物质不易排除,这些物质会伤害红细胞,减短红细胞的寿命。

这些只是红细胞生存于生物活体时的情况。一旦血液离开人体,红细胞得不到补充,它们在120天期限后都可能死亡。所以,人工贮存的血液就可能存在新鲜与陈旧、"年老"与"年轻"之分。贮存的时间越短,就越年轻,因而其质量就越好。

如今,这一理论得到临床实践的检验。例如,心脏手术病人如果接受的输血是超过两周以上的,他们就很可能死亡或患病,而输入贮存两周以下的血液,就较少死亡和患病。原因可能在于血液是否年轻,因而是否具有生命力和高质量。所以,血液和循环专家提出,在临床上应避免使用较陈旧的血液。

美国克利夫兰医院的科林·科克(C. G. Koch)等人检查了6000多名心脏搭桥手术或心脏瓣膜手术,或同时进行两种手术,并在手术中输血的病人的医疗记录,这些人都是在克利夫兰医院治疗的病人,时间从1998年6月30日至2006年1月30日。这些病人的中位年龄是70岁,而且有些人除了心脏病还有其他疾病。2872名病人接受了贮存了14天或少于14天的血液("年轻血液"),共8802单位;另3130名病人接受的输血贮存期超过14天("年老血液"),共10782单位。因此,这两组病人所输的血液量相似。

"年轻血液"贮存的中位期是11天,"年老血液"贮存的中位期为20天。结果发现,那些接受"年老血液"的病人的住院死亡率高于输入"年轻血液"的病人,二者为2.8%比1.7%。接受"年老血液"的病人在1年中死亡率为11%,接受"年轻血液"的病人死亡率为7.4%。同时,接受"年老血液"病人的并发症也较高。例如,接受"年老血液"和"年轻血液"者的肾衰竭出现率为2.7%比1.6%;血液感染或败血症出现率为4.0%比2.8%;术后需要超过72小时使用呼吸器之比为9.7%比5.6%。至于多种(混合)并发症,接受"年老血液"者的发生率为25.9%,接受"年轻血液"者的发生率则为22.4%。

另一方面,丹麦小规模的对直肠癌手术病人、西班牙对癌症手术病人、加拿大对败血症病人和美国对创伤病人的输血治疗,也都得出了与美国克利夫兰医院研究相似的结论。这些研究都发现,那些接受了"年老"血液的病人比输进了"年轻"血液的病人各种并发症发生率都高。

有鉴于此,很多医院已经在重新评估血液贮存和使用的老规矩,并采取步骤减少输血。一个例子是美国北卡罗来纳的杜克大学医学中心。在过去的3年半该中心已减少使用输血或血液产品约17%。杜克大学改变输血做法的一个重要原因是对心血管病人使用"年老"血液的担心。当然,现在还不清楚为何血液保存的时间较长会有较大的危险。一些研究人员认为贮存的血液耗尽了携氧的化学物质,而且红细胞在贮存中也可能变得坚硬,阻碍了它们流向全身各处。

目前,每年约有500万美国人接受输血。美国食品与药物管理局(FDA)规定血液中心可以保管血液达6周,为的是有效提供输血并维持稀少血型的供应。但是,科克等人并没有呼吁立即改变FDA的规定,因为需要更严谨的研究。FDA在一份声明中回应科克等人的研究结果,认为科克等人的发现具有意义,但是FDA在重新审视其政策之前还需要更多的严谨的试验。FDA还说,医生们也许希望在做治疗决定前考虑科克等人的研究结果。

尽管科克等人的研究还不能得出最后结论,但是也让人们怀疑,血液随年龄而退化,也因此质疑现在临床上血液贮存保留6周的这一规定,因为这可能造成安全危害,至少对部分特殊病人是如此。尽管这些年来对供血检查艾滋病病毒和其他感染成为输血安全的首要考虑,但是血液贮存的时间长短也应当列入血液安全的指标中。

当然,这项研究也不能对避免使用陈旧血液作盖棺论定,因为研究所涉及的病人并不代表所有接受输血的病人。研究中的病人只局限于心脏手术,虽然在其他类型的病人中也出现了相似的结果,但病人的数量较少。只是,通过这样的研究,我们知道了血液如同人一样是有新陈代谢的,因此血液也会衰老,这主要是因为红细胞的衰老而引起。

通过其他研究我们还知道,由于红细胞的主要功能是运输和供给生物体氧气,因而人与其他生物的血液也是有区别的。

1674年荷兰人列文虎克(A. V. Leeuwenhoek,1632—1723)发明了世界上第一台光学显微镜。他在1674年4月7日写给英国皇家协会的一封信中说,他发现和了解到血液是由含有非常小的圆形球状物的水晶体般雾状的水组成。列文虎克提到的水就是血浆,圆形球状物的水晶体就是血细胞。

列文虎克不仅详尽描述了血液中的红色球状物,而且测量了它们的大小。为了测量那些非常小的红细胞,他必须用一种新的对比方法,例如用一根头发或者一粒沙子作为参照物。当时,他测得红细胞的直径大约为 0.0079375 毫米,体积是一颗细沙粒的 2.5 万分之一。这和今天测得的红细胞平均直径 7.2 微米,平均体积 83 立方微米是相似的。更为重要的是,列文虎克对无论是鲤鱼科的小鱼还是巨大的鲸的血液中的红细胞的测量发现,它们的体积大致一样,而且发现了血液的凝固性(血小板的功能)以及对白细胞有初步的描述。

这也意味着,无论是什么样的生物,其血液中的红细胞大小是相似的。但是,这并不意味着不同生物血液中的红细胞的结构和功能是一致的。例如,水生动物和陆生动物就有不同。

研究人员发现,海豹和鲸等海洋哺乳动物拥有一种非凡的能力,在水中长时间潜游时屏住呼吸,却能保持大脑的清醒和警觉。这种能力可能是它们大脑中的氧合血红蛋白浓度非常之高。血红蛋白是红细胞中携带氧气的蛋白,它是一种球蛋白,其携氧能力的高低决定着对动物供氧是否有效。如果血红蛋白携氧能力弱,则可能造成人和生物难以获得新鲜氧气,甚至造成晕厥。

美国加利福尼亚大学的海洋哺乳动物生理学家特雷·威廉姆斯(T. Williams,1954—)等人获得了 16 种哺乳动物的大脑样本,包括小鼠和鲸等,然后测试每种样本中的血红蛋白浓度。这些动物的大脑中血红蛋白的浓度差距可达到 9.5 倍。总体而言,海洋哺乳动物的血红蛋白浓度较高,比起陆生动物来,海洋哺乳动物大脑中的血红蛋白比神经球蛋白高出 3 倍。由于海洋哺乳动物的大脑中有如此高的血红蛋白,它们的大脑样本也被染成了暗红色。这意味着,海洋哺乳动物大脑中极其丰富的血红蛋白是其大脑保持清醒的基础。

所以,如果人类也拥有海洋哺乳动物大脑中的血红蛋白浓度,将会对心血管病治疗和提高运动功能有意想不到的作用。而且血液内环境的无数奥秘正受到人们的关注。

3.13 生命能源的异同

　　血液是人的生命能源,但是不同人的生命能源是不一样的,原因在于血型。从胎儿孕育之日起,人的血型就确定了,而且从出生到生命终结,血型一般不会改变。但是,在一些特殊情况下,人的血型也可能发生改变。那么,这种改变是暂时的还是长久的?改变血型的原因、条件和环境是什么?应该如何对待这种改变?说实话,这些问题都是既古老又新鲜的内容,因此需要从最基础的血型和血液学知识来探讨。

　　我们所说的血型一般是指 ABO 血型,是按红细胞所含有的抗原来分型的。1920 年,奥地利维也纳大学的病理学家兰德斯坦纳(K. Landsteiner,1868—1943)发现,如果按血液中红细胞所含抗原物质来划分血型可以避免病人因输血而频频发生的血液凝集导致病人死亡的悲剧。

　　具体的区分是,以人血液中红细胞上的抗原与血清中的抗体来定型。一个人红细胞上含有 A 抗原(又称凝集原),而血清中含有抗 B 抗体(又称凝聚素)的称为 A 型;红细胞上含有 B 抗原,而血清中含有抗 A 抗体的称为 B 型;红细胞上含有 A 和 B 抗原,而血清中无抗 A 和抗 B 抗体的称为 AB 型;红细胞上不含 A、B 抗原,而血清中含有抗 A 和抗 B 抗体称为 O 型。

　　如果在输血时把不同型的血输入病人体内,此时供者血液中的红细胞上的抗原(凝集原)就会与受者血清中的抗体(凝集素)发生凝集反应,使红细胞大量死亡,血管堵塞,危及受者的生命。因此,在输血前,需要通过血型鉴定,只能输同一血型的血或虽不是同一血型但不会发生凝血反应的血,如 O 型输给 A、B 和 AB 型。

　　血型鉴定分为正定型(血清试验)和反定型(细胞试验)。正定型是指,用已知的抗 A、抗 B 血清来测定红细胞上有无 A 抗原或(和)B 抗原;反定型是指,用已知的含 A 抗原或(和)B 抗原红细胞来测定血清中有无相应的抗 A 或(和)抗 B 抗体。这样才可能保证输血的安全。

　　1921 年,世界卫生组织(WHO)正式向全球推广认同和使用 A、B、O、AB 四种血型,这也就是传统的 ABO 血型分类。由于在血型发现和分类上的贡献,兰德斯坦纳获得 1930 年的诺贝尔生理学或医学奖,并被誉为"血型之父"。

　　但是,随着研究的一步步深入,人们发现自身的血型除了 ABO 血型外,还可以有其他的分类。1940 年兰德斯坦纳和韦纳(A. S. Wiener,1907—1976)又发现了 Rh 血型,到 1995 年,共发现 23 个红细胞血型系统,外加一个低频率抗原组、高频率抗原组和尚未形成体系的血型集合(collection),抗原总数达 193 个。后来法国的道塞特(J. Dausset,1916—2009)于 1958 年发现人类白细胞抗原(human leucocyte antigen,HLA),到 1995 年已公布 112 种 HLA 特异性表型,HLA 等位基因已达 503 个。此外,血小板血型抗原也在 1957 年后陆续被发现。

　　所以,人类现在的血型分类就至少有 ABO 血型、Rh 血型、HLA 血型等多种血型系统。今天,在生活和医疗中应用最广的当然要数 ABO 血型、Rh 血型、HLA 血型,前两者与输血和妊娠密切相关,后者与器官、骨髓和干细胞移植密切相联。

　　一个人的血型是与生俱来的,而且一般终生不会改变。但是,在特定情况下,个人的血型却可以发生改变。第一个可以改变血型的特殊情况就是,移植了骨髓干细胞后的变型。一个人如果患了血液病,如白血病、再生障碍性贫血,其机体的造血功能减弱和遭到破坏。人的造血功能是骨髓中的干细胞来完成的,患者造血功能受到破坏,说明其造血干细胞出现问题,所以需要移植他人的骨髓造血干细胞,移植骨髓干细胞后,患者(受者)的血型就可能会改变。

　　尽管这种情况与绝大多数人比较起来只是极小极小的人群,但国内外已发现这是一个比较普遍的现象。接受骨髓移植后受者的红细胞血型变为供者红细胞血型。比如供者是 A 型,移植后不论移植前受者是哪一种血型,都会变成 A 型。2000 年,中国医学科学院血液研究所和血液病医院的研究人员就发现 30 名病人干细胞移植后血型发生改变。既然血型是终生不变的,为什么干细胞移植后会发生血型改变呢?这种改变是长期的还是短期的呢?

　　对患者移植骨髓干细胞主要是通过 HLA 配型来进行的,所以受者与供者之间的 ABO 血型不合也可以移植。但是,移植骨髓后,由于患者自身的造血干细胞功能逐渐退化以致完全丧失功能,患者的红细胞不断衰亡,就由移植进的供者的干细胞担当起了造血功能,于是新生成的血液红细胞和白细胞就成为受者血液中的主要成分,其红细胞上的抗原当然会发生变化,成为供者的抗原。其次,受者血清中原有的抗体（血清凝集素）也在逐步消失，于是患者的血型慢慢变为供者的血型。

那么，这种血型变化是长久的还是短期的呢？如果受者的造血功能被移植进的供者的骨髓干细胞完全或大部分替代，那么这种血型的改变就是长期的，甚至是永久的，除非受者自身的造血功能得到恢复，并在造血中占主导地位。那么，人的血型改变了又如何接受输血呢？

答案是，干细胞移植者在血型未改变之前，主要还是按患者自己的原有血型来输血，如果患者血型转变为供者血型，就应当按供者的血型来输血。但是，在每次输血和使用血液制品前，都必须严格进行 ABO 血型的查验，不仅要进行正定型（血清试验）检验，还要进行反定型（细胞试验）检验。而且有时检验血型还是非常复杂的，使用的血液和血液制品也要做技术处理，才可能避免凝血反应的发生。

另一类血型改变是临时的或不彻底的血型改变，因此从本质上看，不算是血型改变。比如婴幼儿发育还未成熟、患病尤其是患癌症、输血、服药以及接受放射性治疗等，都可以短期内改变或表面上改变一个人的血型。比如，一名病人如果短时期内大量输注右旋糖苷等胶体溶液，这时溶液中的胶体分子就可能吸附红细胞表面的抗原，可以使服药者原有的红细胞的抗原发生改变，从而引起血型的改变。

另一个短暂改变血型的例子是肿瘤患者。首先，如果他们接受放射疗法，大剂量的放射线辐射可能会导致基因突变和红细胞表面的抗原产生变化，从而造成血型改变。其次，由于肿瘤本身的原因可以造成红细胞抗原的变化，或使红细胞上抗原的抗原性变弱，在检测时表面上也好像产生了血型改变。但这种血型改变仅是表现型的改变，不是基因型的变异。

例如，一位 39 岁的男性患者在患急性粒细胞白血病后 1 个月，血型由原来的 O 型转变为 B 型，因此在治疗时由过去输 O 型血到后来输 B 型血。另一名 16 岁的男性少年在确诊为急性非淋巴细胞白血病后 4 个月，血型从过去的 O 型转变成了 B 型，对他的输血治疗时也进行了相应的调整。

但是，这类血型改变都是短暂的，病情得到控制后血型就可能再次变回原来的血型。而且，这类血型改变都是不彻底的，实验证明，只有红细胞上的抗原发生了改变或抗原性减弱，但其血清中的抗体（凝集素）却不会发生变化，患者唾液中的血型物质也不发生变化。在这种情况下，首先是不能将白血病患者的血型改变当做亚型看待。其次，为了输血安全,鉴定血型必须做正、反定型,这才有可能防止误定血型。

现在还有一种方法,不是改变人的血型而是改变血液血型,例如,把抽出的 B 型血改变成 O 型血。

我们已经知道,红细胞表面抗原决定血型,这些抗原其实就是一种多种糖链结构。其中 O 型血的结构成分最简单,B 型血比 O 型血多了一个半乳糖,其他血型又多了一个到几个糖链。如果把几种血型的基本结构比喻为一棵树,它们的不同之处就像一棵树上长出了不同的枝桠,只要把这些枝桠剪掉,就能转变成 O 型血。比如,B 型血比 O 型血只是在红细胞表面最外端多了一个半乳糖,利用一种酶可以把这个枝桠剪掉,这个酶就是 α-半乳糖苷酶,它可以把 B 型血中最外端的半乳糖切除掉,使 B 抗原活性丧失,呈现 O 型血的典型特征,从而把 B 型血转变成 O 型血。

多年来一个与血型有关的传说一直吸引着人们,这就是血型与性格分类之说。例如,认为 O 型血的人开朗活泼,AB 型血的人内向阴沉。其实迄今为止,根本没有什么严格的科学研究证明血型与性格有必然的联系,所有的研究只是证明血型与性格是两种不同的事物和客观存在,各自有其规律和应用范围。性格、个性、气质等是由遗传和后天习得所养成的。在遗传因素上,决定性格的主要是神经类型,神经类型则是由体内的神经递质,如多巴胺、乙酰胆碱分泌的多少和快慢等,以及体内各种内分泌器官分泌的激素,如肾上腺素、雄激素、雌激素的多少等所决定的。后天的习得主要是指家庭、学校和社会教育所获得的行为举止和性格特征,教育是使一个人形成良好性格和人格的重要因素。

但是,血型全部是由遗传而成,这种遗传则是由基因决定一个人红细胞、白细胞以及血小板上的抗原,从而形成独特血型。决定血型的基因绝不可能等同于决定人的神经类型的基因和主管各种神经递质以及各种激素的基因,它们之间没有什么关系。

当然,也有一些人拿性格与血型的人数所具有的数量关系来认定血型与性格有关。但是,迄今没有任何一种调查和研究可以肯定某一血型与某一性格类型相关,比如,所谓 O 型血的人开朗活泼,其实,所有血型的人都既有开朗的,也有内向和羞涩的,而且以外向和内向或以希波克拉底的胆质汁、多血质、黏液质和抑郁质来分类,也没有哪一种血型的人可以明显地集中于某一性格类型和气质类型,比如说 O 型血的人至少 60% 以上是外向型的或多血质。相反,相当多的调查和研究已经证明,各种血型的人其人数在各种性格类别中基本一致,比如,O 型血的人在胆质汁、多血质、黏液质和抑郁质各类型中基本都是 25%～30%,其他血型也一样。

3.14 防火墙和守护神

生命内部形式极为重要的一个部分是保卫生命的防火墙和守护神,它们就是人体的免疫系统,主要是血液里的白细胞,其中主要有 T 细胞和 B 细胞。

T 细胞和 B 细胞都来源于骨髓,但 T 细胞是在胸腺内进一步分化成熟的,所以称为胸腺依赖性淋巴细胞。B 细胞在禽类是在法布里齐奥氏囊内分化成熟,故又称为囊依赖性淋巴细胞,而哺乳类动物和人的 B 细胞在骨髓内分化成熟(在胎儿期于肝脏内产生,成年时在骨髓内产生)。

T 细胞接受抗原刺激变成致敏细胞后便分化繁殖成具有免疫活性的细胞。T 细胞随血液或淋巴液流动到达抗原(对一个个体而言,一切外来物都可以称为抗原,如细菌、异物和他人的组织细胞)所在地,通过与抗原的直接接触,分泌出免疫活性物质,发挥免疫作用,如排斥移植来的异体组织、破坏肿瘤细胞、抑制病毒与细胞繁殖等,这就是细胞免疫。按免疫功能不同可将 T 细胞分为辅助性 T 细胞(TH)、调节性(抑制性)T 细胞、杀伤 T 细胞(细胞毒 T 细胞)和迟发型超敏反应性 T 细胞(诱发过敏反应)。

B 细胞被抗原激活后,可转化为浆母细胞,并分裂、分化为浆细胞。浆细胞产生各种特异性免疫球蛋白,总称为抗体。抗体通过血液、淋巴液等运输至抗原如细菌所在地,执行不同的免疫机能,如抗感染、抗肿瘤、中和毒素和免疫调理等,这就是体液免疫。B 细胞根据产生抗体时是否需要 T 细胞辅助分为 B1 和 B2 细胞。B1 细胞为 T 细胞非依赖细胞,B2 细胞为 T 细胞依赖细胞。

尽管我们对于身体内部的防卫系统心存感激,也尽管我们自以为对体内的防御系统了解得比较多,可是,随着研究的深入,我们不得不承认,人体的免疫系统非常复杂,它既有我们认识的强大防御功能,但有时也会很脆弱,并损害我们自身,例如导致变态反应(过敏),而且我们对自身防御系统的了解只是皮毛而已。

现在,以 T 细胞介导的细胞免疫来看看自身的防火墙是如何起作用。T 细胞执行的免疫是细胞免疫,T 细胞是由胸腺的淋巴干细胞分化而成,是淋巴细胞中数量最多、功能最复杂的一类细胞。

细胞免疫过程分为感应、反应和效应三个阶段。T 细胞受到抗原如细菌刺激后,会分化、增殖和转化为致敏 T 细胞,当相同抗原再次进入机体,致敏 T 细胞就对抗原进行直接杀伤和协同杀伤。

直接杀伤指的是 T 细胞对入侵人体的病毒、细菌和被致病微生物感染的细胞进行直接消灭。例如,一个人自身的细胞被病毒感染后,细胞表面呈现病毒表达的抗原,并结合到细胞表面的主要组织相容性抗原分子中,形成主要组织相容性抗原结合物。于是,杀伤 T 细胞接触到体内被感染的细胞表面的主要组织相容性抗原结合物后,就会识别出这些被感染的细胞是敌人或异己,可能对自身不利。于是,杀伤 T 细胞便分泌穿孔素,使受感染的细胞溶解而死亡。从这个意义上来看,癌变细胞也是异己分子,是杀伤 T 细胞攻击的目标。所以,如果免疫功能低下,既容易患癌症,也难于治愈。

协同杀伤则是由迟发型超敏反应性 T 细胞释放的细胞因子对入侵者进行协同杀灭。迟发型超敏反应性 T 细胞与病原菌(抗原)接触后便分泌细胞因子(淋巴因子),后者再吸引和活化其他免疫细胞,如巨噬细胞和嗜碱性粒细胞(也都是白细胞)聚集到炎症部位或抗原部位,对入侵者进行围攻。例如,皮肤反应因子可使血管通透性增高,使吞噬细胞易于从血管内游出;巨噬细胞趋化因子可引导相应的免疫细胞向抗原所在部位集中,以利于对抗原进行吞噬、杀伤、清除等。由于各种淋巴因子的协同作用,扩大对入侵者的围歼效果,达到清除抗原异物的目的。

当体内的免疫战斗或战争接近尾声时,调节性 T 细胞便开始发挥作用。这类细胞通过考察战场而采取行动。敌人已经消灭了,就不需要再采取行动了,而是要让机体重新建设,养精蓄锐。所以,调节性 T 细胞会抑制其他淋巴细胞的作用,以终止战斗。而且被致敏的 T 细胞也收兵回营,但是它们对敌人留下了记忆。未来如果再次遇到相同敌人(抗原)入侵时,就会更迅速地集结,并且成为数量更多的战斗人员(效应细胞),重新投入战场进行持久的抗敌斗争。

所以，T 细胞和 B 细胞所形成的防火墙的作用包括抗击肿瘤、抗各种病原微生物、抗细胞内微生物感染，同时也抗移植物，导致过敏反应以及诱发一些自身免疫疾病。

其实，人体的防火墙并非很完美，也存在着很多漏洞，极容易被一些入侵黑客攻破，例如，艾滋病病毒（HIV）就是目前人的防火墙无法防御的超级黑客。

虽然 T 细胞是我们体内的防御系统的主力军，但它又与被称为绝症的艾滋病有千丝万缕的联系，因为艾滋病病毒入侵的就是 T 细胞，最后彻底摧毁体内 T 细胞的功能，让人由于失去防御功能而患多种并发症死亡。艾滋病病毒入侵 T 细胞最先是从辨认 T 细胞上的标志开始的。

白细胞（免疫细胞）表面有多种蛋白质分子（也称抗原），其中一种称为 CD 分子。现在，研究人员一致同意把分化抗体群（cluster of differentiation，CD）鉴定的分化抗原称为 CD 分子，用以鉴别和命名白细胞。现在已经知道的 CD 分子已经有 130 多种，因而白细胞，包括 T 细胞和 B 细胞就可能有 100 多种。在艾滋病病毒的入侵上，拥有 CD4 和 CD8 分子的 T 细胞就成为了艾滋病病毒进攻的目标，但 CD4T 细胞是艾滋病病毒主要攻击的细胞。

艾滋病病毒是如何攻击 CD4T 细胞和 CD8 T 细胞的呢？艾滋病病毒发起攻击是要首先寻找哪种细胞具有与病毒自身的抗原相适应的、能结合的"受体"，如同钥匙要插入相配的锁眼才能打开房门。艾滋病病毒选中的就是 CD4 阳性 T 细胞，是由艾滋病病毒蛋白质外壳的 gp120 蛋白质与 T 细胞上的 CD4 分子结合，然后病毒把自己慢慢融合到 T 细胞中，从而完成攻击。一旦艾滋病病毒感染 CD4T 细胞后，就会慢慢耗尽 CD4T 细胞。于是，人体外周血液、淋巴结和黏膜组织中的 CD4 T 细胞不断减少，人的免疫力慢慢下降。

在实际生活中，艾滋病感染者是在几年甚至十多年的时间里才耗竭完正常的 T 细胞。而且艾滋病病毒在感染 T 细胞的过程中不断变异，也出现适者生存的问题。随着时间的推移，"更适应"的变异病毒会存活于被感染的 T 细胞内。于是，艾滋病病毒通过感染 T 细胞产生更多新的病毒。艾滋病病毒感染 CD4 T 细胞其实就是激活 CD4 T 细胞，这样病毒可以获得可感染的适宜的目标细胞，即 CD4 T 细胞。增加有效的目标细胞就像给火添加燃料一样，又导致更多感染和 CD4T

细胞的巨大损耗,结果让人体的免疫系统彻底失效。

所以,治疗艾滋病的药物有很多就是抑制病毒的复制能力,一些新药和疫苗也是瞄准 T 细胞上的 CD4 分子和艾滋病病毒上的 gp120 蛋白质,如果能阻这两种蛋白质分子的识别和结合,就能阻止艾滋病病毒入侵 T 细胞。

人体防火墙的脆弱也体现在白细胞的相互传递信息和评估体内是否遭到外来敌人的入侵上面。例如,调节性 T 细胞是评估人体内是否需要对入侵者作战的细胞,但是,由于种种原因,这类 T 细胞的评估会出现问题,在体内的病原体还未消灭干净时,是应当鼓励白细胞与病原菌进行战斗的。由于评估不当,调节性 T 细胞不仅不支持其他白细胞攻击病原体的战斗,反而命令其他白细胞停止战斗或阻止其他白细胞对病原体的攻击,使得人体的防火墙处于被关闭的状态。

例如,对 123 例慢性乙型肝炎合并肝癌的病人进行研究,通过与 21 例肝硬化患者和 47 例健康人比较,发现肝癌患者体内的调节性 T 细胞数量异常增加,分别是健康人的 2~10 倍和肝硬化患者的 1.5 倍以上。随着肝癌的发展,调节性 T 细胞增加得越来越多。增加的调节性 T 细胞可以显著影响肝癌病人的存活时间,表现为,调节性 T 细胞水平较低,病人的存活期较长,反之,调节性 T 细胞水平越高,病人的存活期越短。

是什么机制让调节性 T 细胞抑制其他白细胞攻击病原体的呢?研究人员发现,病人体内异常增加的调节性 T 细胞可以与自身的 CD8T 淋巴细胞直接接触,从而破坏 CD8T 淋巴细胞,使其失去有效的杀伤肿瘤的效应,从而促进了肝癌细胞的恶性增殖。不过,为何调节性 T 细胞要去抑制其他免疫细胞杀伤肿瘤的功能呢?目前还找不到答案。

同样的情况出现在疟疾患者的身上。调节性 T 细胞一直被视为是抑制其他免疫细胞的活性来平衡体内的免疫系统的。澳大利亚莫纳什大学的马达尼纳·普尼班斯基(M. Plebanski)的研究小组对印度尼西亚的 33 名疟疾病人进行研究,将其分为两组,其中有一半的人病情严重,另一组为病情较轻者。两组病人体内都有相似数量的调节性 T 细胞,但是病情严重者体内的调节性 T 细胞有高度的抑制性,原因是细胞表面形成了新的有特点的受体(肿瘤坏死因子受体 2)。而且,病情严重的病人身上也含有更多的疟原虫,但攻击和消灭疟原虫的各种白细胞却活性较低。这可能是调节性 T 细胞抑制了其他白细胞的功能,从而关闭了体内的防火墙。

这既是人体防火墙的一个谜,也是一个弱点。本来体内病原菌增多会促使免疫系统动员大量的白细胞参加战斗,以消灭病原菌,但有时调节性 T 细胞却错误评估了战场情况,疟疾严重者体内伴有高度抑制性调节 T 细胞的产生,反而抑制其他白细胞的作用。

现在,对此现象的推测是,大量调节性 T 细胞的形成和抑制其他白细胞攻击病原体的原因在于,身体在力图减轻体内的炎症失控。因为,一旦炎症扩大,体内不会有更多的免疫细胞投入战斗。这就像战场上我方兵力不足,只得主动撤出战斗一样。这种情况的出现也意味着,体内的防火墙可能已经被病毒严重破坏,人也病入膏肓了。

其实,神经系统、血液循环系统、内分泌系统和消化系统等人体的内部形式还有更多更复杂的机制,今天,我们只不过是窥见其一些局部而已。

Chapter 4

第 4 章

两性之间

除了肤色、相貌、高矮等区别性特征外，人的另一个更为重要的区别性特征是性别。那么，人为何要分成男人和女人？这是一个千古之谜，也是一个永远无法获得正确和完美答案的问题。尽管已经有很多人在努力解开这个谜，但又深感谜底之深而难以破解。虽然我们尚不能充分解释两性之谜，但两性的存在不仅使生物呈现丰富多姿的多样性，也使人类社会变得色彩斑斓和意蕴万千。

4.1 性的起源

想象一下,如果这个世界都是男人或都是女人,世界该会是什么样?混乱、单一或干脆就不会有人类社会?

既然生物的繁殖分为有性和无性,就既说明这是生存的多元化,也表明这两种方式都各有利有弊。无性繁殖是雌性可以克隆自身,有性繁殖则需要两性的结合,也是多数生物的自然选择。就现有的情况看,有性(两性)繁殖胜过无性繁殖。既然存在就是合理的,那就说明人分为男女、生物有两性都有巨大的理由,正如我们必须适应环境进行有氧呼吸一样。

有性繁殖大约起源于10亿年前,这种方法给生物提供了一种机会,彼此交换基因并进行基因重组,从而能创造新基因组合体的后代,也就能在环境突变的条件下生存下来。

但是,这并不能完全解释两性结合在一起创造后代的机理。因为两性结合产生后代比无性繁衍的代价大。仅仅是花大量的时间和资源来寻找和吸引异性便是一种很大的代价。

实际上所有生物都可能像海星和仙人掌一样,想要繁殖时可以脱落自己的一小片而成长为新的个体,这样的繁殖实在是一本万利,非常简单。无性繁殖不需要像孔雀一样煞费苦心地开屏以吸引配偶,也不必像一些鸟儿一样引吭高歌来吸引异性。与此相似,如果是无性繁衍,雄鹿没有必要长出又长又壮的多叉鹿角,用自己的强壮来向雌鹿求婚;雄象也不必产生"科隆香水"来吸引异性;小伙子更不必花大把的钞票来与姑娘约会。

所以,无性繁殖有一大堆理由,有性繁殖的理由似乎站不住脚。但是,为什么有性繁殖又是今天人类和其他多数生物所选择的主要生活方式呢?对此,已经有无数的研究在试图解释其中的奥秘。其中,2006年的一项研究提出了人类需要性的比较令人信服的根据:通过有性繁殖,可以把有害的基因突变从一个种群中清除出去。根据这种理论,通过性的结合而产生的基因随机组合有时会产生一种浓缩个体有害突变的作用。于是,这样的个体健康程度比其他人差,因而会被自然选择所淘汰。

当然,这只是一种假说,称为"突变决定论假说"。但是,这种假说又是自相矛盾的,因为比较起来,单个个体的突变是轻微的,而多个个体的突变结合起来则会造成更大的伤害。两性结合把多种突变结合起来,岂不是更糟?这种现象也称为遗传上的"负抑制"。

于是研究人员致力于解释这种矛盾的假说。虽然还无法在真实的生命中找到解释的模式,但通过计算机模式可以有一些答案。美国休斯顿大学的里卡多·阿哲维多(R. Azevedo)等人通过计算机模式给出了一个解释,他们认为负抑制只是性本身的一种自然的副产品。

表明他们观点的论文发表在《自然》杂志上。他们创造了一种数字生物,可以像真的生物一样以相同的性结合来繁衍后代。如同正常的生物一样,虚拟的生物会产生一种自然的缓冲器来对抗突变导致的变化。这种能力称为遗传稳健性。这一点被视为是性的主要益处。

有性繁殖可以通过基因重组让一个种群在本族群中把突变传播到许多个体。实际上这些突变就会被稀释,由此可以通过个体的遗传修复系统加以有效的修复处理。也就是说,有性繁殖其实是一种缩小和稀释危险突变的繁衍机制。显然,这才是两性产生的最大理由。不过,研究人员发现,数字虚拟生物只在一次面对少数突变时,稀释保护才起作用。当一次面临多种突变时,生物的修复系统会超负荷,由此甚至会导致生物死亡。

但幸运的是,大多数生物从未被迫濒临过一次许多突变的挑战,生物一次只习惯于1~2种突变,而不会面临一次10种突变。所以,通过性结合的遗传稳健性的重组和生物有限的能力处理突变导致了自然的负抑制发生,但这只是一个副产品。性对生物繁衍的最大作用却是稀释突变的危害。大多数突变都是有害的,因此任何能帮助生物摆脱其有害突变的东西都是重要的。当然,性的结合还有另外的作用,即产生好的突变并遗传下去。

所以,总的来说,尽管性和性的追逐是既费时又费力,但由于可以把好的突变相加和稀释坏的突变,因而性就成为多数生物的繁衍方式。

性对于人来说是费时费力费资源,对于动物来说同样如此,有时还要付上沉重的成本,比如雄性的生命。所以,性又是危险的。直到现在,一些植物和低级生命还是无性繁殖。它们继承的是生物在最初时候采用的简便且成本小的无性延续种群的方式。

例如,把树枝的芽埋入地下会长出新的树来,扁虫切掉一半还会长出新的头来,或在另一半长出尾来。许多微生物、真菌也是以这样的无性繁殖方式延续着自己的种族。这样的繁殖真是省时省力。两相比较,有性繁殖更危险。

但是为何人和很多生物还需要性呢?为什么费力不讨好的有性繁殖又在今天成为主流呢?答案在于有性繁殖的益处。通过有性繁殖而产生的基因重组有助于生物更容易适应有压力和变化无穷的环境,这是有性繁殖的另一个重要理由。这个解释也是建立在对酵母的一项研究之上。

美国奥克兰大学的马修·戈达德(M. Goddard)等人设计了一项研究来对比同一菌株的有性繁殖的酵母和经过修饰的无性繁殖的酵母的生存状况。有性和无性繁殖酵母都以同一速率繁殖。不过,对这两组生物同时改变了一点条件,只给它们提供较少的食物。在缺少食物的条件下,有性繁殖的酵母仍然以94%的速率生长,无性生殖的酵母则只达到80%。在《自然》杂志上发表的这一研究提示,有性繁殖比无性繁殖者更适应环境,因此前者生存的机会更大些。因为,缺少食物既可以看做是环境的剧烈变化,也可以是一种生存的严重压力,但有性繁殖者比无性繁殖者的适应更好。

此外,人类之所以发展为只有两性,是因为首先要保护自己的生存,只有在能生存和繁衍下去的情况下,才能谈得上美和后来的两性美。英国巴思大学生物教授赫斯特(L. Hurst)提出,生物性别的数目取决于有性繁殖的方式,这又是人体内另一种基因——线粒体基因所决定的。

线粒体的特点是分裂速度很快。在远古时代,如果一种生物能找到配偶的机会是99%,那么一旦线粒体基因发生突变,这种突变就很容易传给后代。传给后代的突变破坏力很强,严重时可造成后代生存困难。人类自身演变出了一种办法来排除这种生存的危险,就是在交配的过程中去除一组线粒体。去除的则是精子中的线粒体,当精子进入卵子后,其线粒体就被毁灭。这也是为什么今天人类的线粒体基因遗传只有母系的线粒体而缺少父系的线粒体的原因。而且地球上的绝大部分物种也是只从母体那里继承线粒体,从而避开线粒体互换而引起灾难性的基因突变后果。

那么线粒体基因又是从什么地方来的呢?生物学家推论,线粒体基因是远古时代细菌的后代,因为它的 DNA 是由某种特殊的细菌演变而来的。线粒体在人体细胞中的功能是供能站,因为它能生产能量。它感染人体的细胞后就被细胞发现具有如此好的功能和作用,被细胞留下来,或者从另一个角度讲线粒体进入人体细胞后也发现了这是一个存身的好地方而千方百计地留了下来,最后成为人体的一部分。研究人员推测,由于有了线粒体,人的性别开始变化,慢慢地向两种性别分化。这与某些生物比较就可以更能明白其中的原理。

例如,蘑菇原来有 3.6 万种性别,但是蘑菇的不同在于它在交配时不会允许两组不同的线粒体进入同一细胞,这也避免了不同的线粒体快速复制造成基因突变的后果。所以蘑菇才有较多的性别。当然,人为何进化成两性远没有这么简单,还需要大量的研究结果才能揭开谜底。

其实,尽管有这些理由来说明有性繁殖可能胜于无性繁殖,但可能还是缺少充分的说服力。例如,酵母研究结果并没有揭示为何有性繁殖者在压力环境下更为坚强。而且,这个研究不能解释为何有性繁殖产生雄性和雌性,并且雌性和雄性间会有很大的差异。比如,雌性的性细胞与雄性性细胞相比也显得非常复杂和昂贵,而且雌性花更多的时间和精力去抚育和照料后代,雄性则付出甚少。

现在,我们知道,生物和人分为两性主要有几个优点。一是更快地积累好的基因突变,二是更快地去掉坏的基因突变,三是更好地应对环境和生存压力。但是,分成两性也有沉重的代价,例如交配的代价、两性基因重新组合的代价等。所以,对两性的探索还会继续下去。

4.2 漂亮和幸福来自性

赞成克隆人的人会提出很多理由,其中一个突出的理由是,迄今在进化上并没有或者难以证明无性(克隆)与有性孰优孰劣。即使这样,如果从人人想要英俊漂亮和获得幸福感,也即幸福的层面上进行论证,那么,有性显然比无性更具实力,更能成为人和生物的首选。

今天,人类正在挑战培根(F. Bacon,1561—1626)对美貌的论断:美是不能用公式来创造的。有人认为,美是可以通过公式计算和创造出来的。一些美容专家把人们公认的不同类型、不同人种的人的漂亮面孔的相关数值输入计算机,从而算出漂亮或有吸引力的面孔,而这就是人类的标准面孔。当然,还有另一种做法是,只要把数百或上千人的面孔特征进行综合,进行统计学上的平均计算,就可以得出人的面孔的一些基本特征。把那些人们公认的具有吸引力的基本特征组合在一起就是最有吸引力的面孔。这一点已经得到了初步肯定。

人类的标准面孔可以通过数字化的归纳计算出来,那么这样的面孔是如何产生呢? 显然,美人是不能用集约化的大规模生产、不能用模型来创造。如果可以,则只有一类办法,克隆人。比如,人们可以挑选出标准化的漂亮面孔来仿造和克隆一模一样的漂亮后代。

克隆的结果是,虽然后几代人可能会与这位漂亮的标准美人一样,但由于基因突变的几率较高,几代后突变的基因就会在克隆体上积累。结果是,克隆人迅速退化,在容貌上会快速变丑,而且最终会死亡。

另一方面,在计算机上算出的人的标准面孔是由许多人的外貌特征平均而成,这种公式化的创造美人恰恰不是用克隆人来创造的,相反是用有性繁殖来达到的。因为克隆没有多样性和多种基因的混合,有性繁殖却可以通过多样性基因的随机组合而自然地达到人类的标准化面孔特征,当然也还会创造出具有各种个性特征的漂亮面孔,包括身材。

如果是克隆,由于没有不同基因的交流和整合,人们的外貌特征就会离平均外貌特征越来越远,某些面部特征还会逐渐被夸大。加上基因的迅速突变,人就会越变越丑。人的其他部位,如身材、各种器官同样面临这样的结果。但有性繁殖会克服克隆的这种弱点,因为有性繁殖可以通过不同的基因交流来创造新的基因,维护正常的和优势的基因,弥补和减少基因突变。

所以,从追求美的意义上说,人类离不开有性繁殖,也就离不开性和性爱,而且性爱的过程也是追逐美的过程,无论男女都会被对方的美貌所打动,由此而产生性爱,尽管美貌并不是性爱的唯一内容。

今天,人们评价幸福与否有多种要素,如舒适的生活、工作的意义、金钱、地位、权力、漂亮的服装、闲适、精神享受等等,但是越来越多的社会心理学调查得出的结论说,影响人们幸福观的第一要素是性爱。

2003年,诺贝尔经济学奖得主丹尼尔·卡尼曼(D. Kahneman, 1934—)对美国得克萨斯州的1000名女性的调查得出的结论是,性会带来极大的幸福感。在有19项问题的调查中,无论年龄大小、职业差异,这1000名职业女性回答哪一种活动会给她们带来最大快感时都选择了"性生活"这一项。

2004年,美国达特茅斯学院的戴维·布兰奇弗劳尔(D. G. Blanchflower)和英国的沃里克大学的安德鲁·奥斯瓦尔德(A. Oswald, 1953—　)发表了他们多年的一项大型调查结果,再次证实了卡尼曼的结论,性生活让人感到最幸福。

布兰奇弗劳尔和奥斯瓦尔德在1988—2002年间,每年对1.6万名美国成年人做一次问问卷调查,受调查者为7000名男性和9000名女性。核心问题只有一个,你目前是很幸福、比较幸福还是不太幸福,但要求他们回答"过性生活的频率"和"有过几个性伴侣"。

这两位研究者同时比较个人收入、个性、年龄和性生活对个人幸福感或幸福程度的影响。最后得出的结论是,性生活越多,人的幸福感越强。但是,这得排除一定的因素,即有多个性伴侣和用钱买性(召妓)的性生活——尽管很多也很频繁,但人们并不感到幸福。只有那些一夫一妻或有固定性伴侣的人才感到性生活越多就越幸福。这个结果无论是在异性恋还是同性恋者都是一致的。也许可以这么说:有道德感的性生活越多才会越幸福。

对1.6万人的调查还表明,穷人和富人的性生活导致幸福感是一致的,人们并非因为有钱或富有就感到更幸福,而是性生活最能让人有幸福感。不过,教育程度会影响人的性生活频率。受教育水平高的男性性生活频率要低于教育程度低的男性。此外,知识女性在挑选伴侣时更挑剔,但更换伴侣的现象也更少。

然而,为了获得性的快乐和幸福感,无论是人还是生物都会付出很大的代价,这在于雄(男)性更是如此。

现在看来,雄性动物为了获得交配的权利,付出的代价更大。一是可能会付出生命的代价,如一些螳螂和蜘蛛,雄性要冒着性爱后被吃掉的危险和现实。但尽管这样它们也要不顾一切地实施性爱,除了为其物种的延续和扩大外,还可能是为了性的愉悦和幸福,哪怕是用生命为代价来换取这样短暂的幸福也是值得的。

当然,还有很多生物在性爱时是很愚蠢的,全然不顾自己是否会遇到生命危险,比如交配中的蜻蜓或苍蝇,都会轻易地成为其天敌捕食的食物,因为在追逐性爱的过程中,无论是雄性还是雌性都会变得很疯狂,进而变得很愚蠢,放松了对天敌的警戒。但即使这样,性爱的生物也会感到很幸福。这在人也是一样的。

雄性为了性爱的幸福付出的另一种代价是终其一生都可能得不到雌性的青睐,即便如此,它们也会坚持下去——求爱的过程和受到的折磨也是一种幸福。比如,哥斯达黎加雄性长尾侏儒鸟向雌性求爱,必须要两只同时在雌鸟面前进行双舞,经过无数对的雄鸟双舞,雌鸟才会选中最好的一只与其成婚交配。鸟类学家约翰·斯帕克斯(J. Sparks)发现,在一个大约有80只雄鸟的地区,10年中只有6只雄鸟娶到了媳妇,90%雌鸟选择的是这6位丈夫。这意味着92.5%的雄鸟终其一生都只能打光棍。

尽管这90%以上的雄性命中注定并且也知道自己要打光棍,但它们终其一生都不会放弃获取性爱的最美妙的幸福愿望、努力和拼搏,它们终生都在跳舞,直到生命终结,就像西西弗斯周而复始地推石头上山一样。① 一旦实现了性爱的愿望,雄鸟当然是最幸福的。但即使当不了新郎,这种求爱过程的折磨也被雄鸟们视为幸福。

人类的求爱过程更为复杂和艰辛。除了自身的各种条件,追求异性的方式和手段也多种多样,比如源自动物的向雌性献食物以获得交配机会还是今天人类男婚女嫁的重要条件,男性向女性送花献礼也是这种模式的表现。当然,更为艰苦的是,男性要通过苦苦追求才能获得异性的爱,当其获得爱的果实后自然是幸福的。但还有一些人即使像雄性长尾侏儒鸟的苦苦求爱后也无法获得性爱的美酒,必然造成失恋的悲痛,甚至精神失常、产生情杀,包括自杀和他杀。

但失恋的悲痛也是一种幸福,因为如果能从这个过程中走出来,人就多了一分成熟和经验,也更多了一种比较,在后来的生活中才更能体验性爱的幸福。至于因失恋而致的精神疾病和情杀,就不得不承认是两性性爱所必须付出的代价。相对于性爱的幸福,这种代价确实太小。

由于性能让人感到最大幸福和只有通过性会产生大量漂亮的个体,也让人追逐和欣赏到漂亮,所以人类离不开性和有性繁殖。克隆的市场即使有的话,也不会很大。

---

① 西西弗斯是希腊神话中的一个国王,由于他绑架了死神而让世间没有了死亡,触犯了众神。诸神惩罚他把一块巨石推上山。但巨石到达山顶之时就会从西西弗斯手中滑脱滚下山。于是西西弗斯不得不再次推巨石上山,做着永无止境的劳作。

4.3 男女差异源于基因表达

既然人不可避免地分成了男女,就必然有男女不同的生活方式和生理及生物差异。这既是生命多元化的体现,又是人类生活丰富多彩的源头,当然,也是两性战争的根源。不过,无论两性有多么大的差异,其源头也在基因上面。

人与人、人与动物的差异,甚至两性的差异都可以归结到基因。但是基因是如何导致这些差异的却一直是一个谜。因为,人与自己最亲近的黑猩猩的基因差异也只有约 0.2%,人与人之间的基因差异就更小了,只有极个别的差异。

原因在于生物有基因型和表型的不同。基因型是一个人所有基因的总和,其中包括有不同程度的突变,某一物种中所有个体都有非常相似的基因型。表型则是指一个生物个体外在表现的形式,如人类分为男女,有的人身高,有的人个矮,有的人胖,有的人瘦。人的表型是直接与环境反复相互作用的结果。因为,基因并没有对表型做出直接的、详细的规定,而是为发育中的生物体提供了工具,以塑造其表型特征,并且与环境相适应。

男人与女人虽然有差异,但是他们的基因又是相同的,因此所谓的差异不在于基因的不同,而在于基因表达或活性以及产生(编码)的蛋白质不同。

小鼠最能说明问题。在雄性和雌性小鼠之间的基因表达的不同,或基因活性的不同,可以有 25281 种,而正是这些不同的基因表达才造成了雄性和雌性的差异。这种原理同样适用于人类。

女性除了多一个 X 染体色体外,两性的所有基因都是相同的。尽管这些基因有变体,由变体而产生了不同类型和不同数量的蛋白质,从而也使得一个人不同于另一个人。但是,除此之外,人与人的差异还有另外的原因,比如,性激素能影响已产生的蛋白质的数量,也就造成不同个体之间的差异。这种情况也可能造成药物代谢的不同,从而在男性和女性之间产生不同的药效。上述原因造成的男女方方面面的差异大概有几千种。

不过,另一种方式造成的男女差异在数量上更多,在范围上更大。

对 334 只小鼠的 1200 份大脑、肌肉、脂肪和肝脏的样本进行的基因水平研究发现有巨大的不同。用微阵列（点阵密集度很高、点的直径比较小的基因检测芯片，以筛选和鉴定不同样本中差异表达基因，如肺癌旁组织和肺癌组织中差异表达的基因），检测和评估了大脑、肌肉、脂肪和肝脏 4 种组织中 23000 种表达基因，由此找到了雄鼠与雌鼠之间的差异。

研究使用的是两组普通的但有亲密关系的实验小鼠，然后用微阵列技术检查它们的基因表达。雌雄鼠的基因表达上的差异很大，在雄鼠与雌鼠之间，有的基因表现出 1 倍的差异，有的基因则表现出 3 倍的差异。

总体而言，雌雄小鼠基因表达的差异少于 20%，但是一些特殊的基因表达差异则超过 300%，有 25000 种样本出现了不同的基因表达，这就造成了雄性和雌性巨大的差别。这种基因活性如此大的差异在以前从未发现过。

比如，肝脏是人体重要的器官之一，它对所有药物和食物起着代谢作用，并且是一个解毒器官。在肝脏的 12845 个活性基因中，72% 的基因表达至少有 1 倍的不同。在脂肪组织的 16664 个基因中，68% 的基因在活性上有一倍的差异。在肌肉组织的 7367 个基因中 54% 的基因在活性上有差异。

大脑是另一个表现男女差异的器官，过去人们认为男女的许多重要的差异主要是由于大脑的组织内容、结构和份量不同造成的，当然由此也产生了很多争论，并有性别歧视的嫌疑，以致一些研究人员不得不中止研究和表达看法。但是，新的研究却发现，基因表达的不同在大脑中也是存在的，但是没有在肝脏中那么大。在大脑的 4508 个基因中，有 13.6% 的基因表达不同。当然，这种差异也许并不能说明两性的大脑会有什么重大的差异，但小小的差异可能还是存在的。通过比较可以看出，在肝脏、脂肪、肌肉和大脑 4 种组织中，雄性和雌性的基因表达的不同在肝脏中最大。

此外，在不同的组织中有少量的基因表达是重叠的。比如，肝脏、脂肪、肌肉和大脑 4 种类型的组织共同拥有 1768 种相同的基因，但是其中只有 1.5% 的基因在同一指令下保持持续的活性，这当然取决于是雌性还是雄性的器官。也就是说，性别差异基因是有高度组织特异性的。而且，至少已经鉴定出小鼠肝脏中 1500 个性别差异表达基因的样本,这种基因表达的差异比以前人们想象的要大得多。

除了基因表达差异造成人与人、两性之间的差异外,其他因素,如激素,也对这种差异起到了作用。大多数基因表达的差异缘于激素对基因的影响。虽然激素对基因表达异常在总体上有多大影响还没有确切的答案,但现在已经有了一些线索。例如,肥胖和超重就是激素影响基因表达的差异而产生的结果,结果是雌鼠的肥胖大大超过雄鼠,这种情况在人类中也许是相似的。

男女基因表达的不同还有助于我们更好地理解疾病,因为很多疾病存在性别的差异。比如,女性对自身免疫疾病更为敏感,如红斑狼疮和多发性硬化症。但是,另一方面男性对其他疾病的易感程度也高于女性,如心脏病和老年性痴呆(阿尔茨海默氏症)。理解这些差异有助于更好地治疗患者,如开发针对男女差异的药物,或称性别特异性药物。

但是,指出男女差异不是为了提供男女优劣的证明,而是倡导对不同个体的健康提供更专业和更细致的关怀,提高保健和医疗的效率。在医学上,应对这些差异的最好方法就是提倡个性化医疗,也就是说针对不同的男女病人,提供不同的治疗方法,即使在患同一种疾病时也是如此。

多发性硬化症(MS)是一种自身免疫疾病,仅在美国就有近 35 万患者,并且每年新诊断约 1000 例。MS 最常见类型为反复发作型,临床表现为间歇性发生的神经机能急性症状或恶化,在复发的间歇期内,这些症状可以减轻或消失数月至数年。尽管 MS 的病因不明,但被广泛视为一种自身免疫疾病,患者的脑和(或)脊髓受到自身免疫系统的攻击。此病女性患者远远多于男性患者。

目前治疗多发性硬化症的药物发挥的作用是,药物通过与免疫系统细胞结合在一起,从而阻止免疫细胞进入脑部和脊髓攻击自身组织。但是,如果弄清了基因表达的差异是造成女性病人多于男性病人的原因,就有可能从根本上找到治愈这种疾病的方法,或者开发出男女有别的不同药物,对疾病进行男女不同的个性化治疗。

另一方面,由于基因表达的不同,两性之间在生理、病理等方面的差异还有很多。

不吸烟的女性比不吸烟的男性更容易染上肺癌。女性更容易在年轻时患肺癌,原因可能在于她们对致癌物质的代谢情况与男性不同。

女性的心脏病有别于男性,她们在心脏病发作时,经常不出现胸部疼痛的现象,可能只出现一些不很明显的有些像流感的症状。

女性比男性少患某些癌症,如口腔癌。还有,女性患溃疡性结肠炎和节段性回肠炎后症状每个月都有变化,而且女性的月经也必然会影响她们的疾病,这就是激素对疾病的影响,也许是通过基因表达的不同产生的。

治疗艾滋病的药物在男性身上代谢更快,所以可以推论,如果治疗艾滋病,两性的药物剂量应当是不一致的,这也可能是基因表达的不同而产生的,这也正是个性化治疗的具体内容。

当然,男女两性在生理、心理和病理方面的差异并非只局限于上述举例。两性之间的差异还有很多,也非常复杂。我们知道了基因表达的差异只不过是把男女差异的原因引向了更为深入的方面,要解开其中无数细小纷呈的两性差异还有待更多的探索。

所以,承认男女之间的差异是一种理性的科学的客观态度。

4.4 男性和女性在进化中的作用

就人类社会而言,尽管男人统治着世界,但最终还是摇纺车的手管理着世界。那么,在进化的过程中,是摇纺车的手贡献大,还是拿锤子的手的力量大呢?

生命的原动力在于基因,两性又由于性染色体上的基因差异而在行为和思维方面产生差异,显然不同的基因可能对两性共同进化的历史产生决定性的和重要的作用。但是,无论是事实还是理论都存在着这样的差异,基因适应环境而进化的过程中,两性的作用是不相当的,有差异的。不过,有人首先认为是女性的基因对人类进化的贡献大。

理由之一是,人类细胞质中的线粒体只能通过母系遗传,这是独一无二的遗传标志。凭借这种线粒体 DNA,不仅在今天可以确定血缘关系,而且在司法和商业作用中意义重大。比如,俄国末代沙皇尼古拉二世一家的遗骨就是凭借线粒体 DNA 确认的。

而且,在如今的经典克隆技术中,无论是克隆动物还是克隆人,都采用一个细胞(体细胞)的细胞核(DNA),而用另一个卵子的细胞质,细胞质中就包含线粒体 DNA。它的特点是线粒体 DNA 只来自母系,而与父系无关。母系的遗传物质可以在线粒体中获得"种瓜得瓜种豆得豆"的效应,父系的遗传物质则在线粒体中无法体现。线粒体DNA虽然不是正式的遗传物质细胞核DNA,但它在人的生命遗传中有重要的作用。所以有人认为现在的克隆并非真正意义上的克隆,因为还包含第二者的线粒体DNA。只是,这种独一无二的只通过女性才能遗传的线粒体DNA的作用,迄今人们知之甚少。

理由二之是,卵子的DNA比精子的DNA稳定,因而在进化中具有基础和核心的作用。

理由之三是,卵子比精子大,男性性细胞精子普遍比女性性细胞卵子小两倍,即使是美国男篮梦之队2米以上高大队员的精子,也要比身高仅1.3或1.4米的小人国俾格麦人女性的卵子要渺小得多。因此推论女性卵子中的基因可能会比男性精子中的基因多,在进化中起着重要作用。

基于这些理由可以使人相信,女性性染色体上的基因对人类进化的贡献更大。

但是,也有人认为男性在进化中的贡献更大,因为男性性染色体上的基因丢失和突变更多,因而对人类进化的贡献更大。人类进化的大量事实证明,基因丢失和突变是促进进化的主要推动力量。具体讲,这种推动作用是两方面的,一是促进进化,所以有人把基因突变看做是进化的原动力和原材料;二是导致疾病,主要是遗传病的发生,这主要由基因缺失和突变引起。

同时,根据发展的理论,哪一种力量变化因素多,它的发展就快。活跃的力量是变化最快的力量,也是引起生产力飞跃发展的力量,如电脑极其快速地更新换代便导致了信息技术的飞跃发展。基因突变或缺失较多,所能引起的进化就越大和越快。在这方面,男性性染色体上的基因突变和丢失较多,因而它们对人类的进化具有较大的推动作用。

人类原始的Y染色体(男性染色体)包含约1500个基因,但是,在漫长的约3亿年的进化过程中,Y染色体中约有50个基因失活或丢失。而且,由于后来的进化速度加快,Y染色体上的基因缺失或失活也加快,由此推动着人类进化速度加快。

同时,基因变化还包括基因的转移、借用、复制和丢失等,正是这些过程推动了人类的进化的步伐。基因专家把人类主要组织相容性复合物基因与文昌鱼的对等基因逐一比较,证实人类基因组中发现的4个区域是有颌脊椎动物祖先基因组两次整体复制的痕迹,即人类在进化过程中保留了无脊椎动物基因组的一小部分。而且,这种遗传物质复制是在大约7.66亿~5.28亿年前头索类动物与脊椎动物分化时一次完成的,时间远在有颌脊椎动物出现以前。这也间接说明,男性基因的部分丢失可能对人类进化的作用更大,因为丢失的这些基因可以借用其他的基因来弥补。

既然基因突变和丢失的作用一是促进进化,二是导致疾病,主要是遗传疾病的产生,那么男女两性在基因突变和丢失上的不同就会对疾病的产生有不同的责任,相对来说男性要对疾病更多地负责。在导致基因突变的过程中,男性(父亲)比女性(母亲),尤其是年纪较大的男性,更可能产生基因突变,并把突变基因遗传给下一代,从而导致疾病发生。

为什么男性要对疾病负主要责任呢?一般的解释是在DNA复制过程中容易出现错误,女性的生殖细胞比男性的生殖细胞较少出现DNA复制的错误。原因是,卵子中的基因复制的周期相对较短,在出生前,所有的基因复制都完成了。但是,精子却需要更多次的复制。

精原细胞在成为精子之前要经过好几次复制。但是,为了补充供给,这些复制过程的许多产物仍然要回到精原细胞的细胞库中。随着男人一生中精子的不断产生,这一细胞库中的DNA所经历的复制事件便逐渐随男性年龄的增加而增多。结果是,不仅父亲成为了大多数突变的源泉,而且做父亲的年龄越大,就越比年轻父亲造成的基因突变多。

男性的性细胞中的基因复制与女性性细胞基因复制出错的差别有多大呢?有的研究人员做了一个粗略的统计。总体上看,女性X染色体的进化应当比男性Y染色体的进化更缓慢。人类性染色体上男性与女性的基因突变比率约为5:1,啮齿动物雄性与雌性性染色体上基因突变之比为2:1,猫科动物为4:1,鸟类为4:1,果蝇为1:1。

软骨病是一种遗传病,患者普遍长得比较矮小。过去,对软骨病的基因突变研究得出的结论是,男性(父亲)应对这种基因突变所致的疾病负完全责任。而且,影响后代的最可能的致病原因是父亲的年龄。父亲的年龄越大,后代患这种病的可能性越大。因为,随着男性的年龄增加,其基因复制的比率也增大,就越容易出错,因而年龄越大的父亲其后代越容易患软骨病。当然,这只是一个假说。

不过也有研究提示,男性的年龄增长并非是单一的影响基因复制错误的原因。按一般推论,如果男性年龄越大,基因突变会越多,年龄与基因突变的关系会呈几何级数或指数增长。比如,如果男性 40 岁时的基因突变为 4,那么 45 岁时就可能是 16(4 的平方),到 50 岁时就可能是 256(16 的平方)。

然而,美国南加州大学的蒂曼·波吉(I. Tiemann-Boege)等人采用多聚酶链反应研究不同年龄男性精子突变情况时发现,精子中的基因的确随年龄增长而增加,但是并没有发现精子所含基因的突变频率随男性年龄增长呈指数般增加。直到 40 岁,所有男性的精子突变都保持相同的比率。即使到了 55 岁,男性精子基因突变的比率也没有较大变化。在 40～55 岁之间精子基因突变有一些增加,但是并没有因年龄而产生指数级的增加。

同样是对软骨病的调查发现,年轻男性与年老男性相比不存在绝对的基因突变比率增高。虽然 20 岁男性所生的孩子与 50 岁男性所生的孩子在软骨病的发生率方面有 10 倍的差异,但是在精子基因突变的频率上只有两倍的差异。而且,尽管软骨病的所有基因突变都产生于男性,但在 NF2 基因中的 23 处突变中只有 13 处是来自父亲。NF2 基因是导致 2 型多发性神经纤维瘤的原因。怎么解释这些现象呢?

老实说,对于上述问题现在并没有答案,但是蒂曼·波吉等人提出了几种假说。其一是,可能存在某种选择机制。如果携带了突变基因的精子更容易使卵子受精,或者说如果携带了突变基因的受精卵具有较高的发育成下一代个体的机会,那么,精子中较少的突变基因就可能在出生时以较高的比率转移到后代身上,使其受到影响。

当然男性的染色体基因易变和男性年龄的变化可以视为进化和遗传病的重要原因,但也许还要寻找其他原因来解释。比如,甲基变化也是影响基因突变的原因之一,因为在突变位点上的 DNA 是由增加一个甲基组来修饰的,这个甲基组的出现与否以及是否起作用也影响着基因突变过程。

尽管生物的两性染色体中基因突变的差距比较大,但在其他染色体,如常染色体和线粒体染色体上的基因突变之间,两性就可能没有这么大。但是这正是另一个研究目标,因为它有助于解答人类和生物的进化之谜。

4.5　男人大脑和女人大脑

谈论两性差异正如谈论种族的差异一样，会陷入瓜田李下的窘境，不说百分之百也八九不离十地会被戴上种族歧视和性别歧视的帽子并受到口诛笔伐。美国总统奥巴马于2009年7月16日批评逮捕知名黑人教授盖茨为愚蠢就深陷种族歧视的漩涡，事后不得不在白宫摆"啤酒峰会"以求黑白和解。

为了避免矛盾，就有很多人说，其实本来就没有性别差异的，同时也谈不上男女在大脑方面的性别差异。所以，男女除了在生殖系统上有差异外，在别的方面根本就没有差别，更谈不到大脑的差异。

更有人针对莎士比亚的名作《脆弱呵，你的名字就叫女人》而鸣不平，专门从各学科尤其是实证科学的角度来证明，女人比男人更优秀。比如，美国人类学家孟塔古（A. Montagu，1905—1999）专门写作出版了《女性的自然优势》，对女性的优势推崇备至，而且在其去世的那一年还第五次重版了该书。正是这样一位主张男女平等的人类学家也一贯主张人人平等，在《女性的自然优势》之前（1942年）还出版了《人种——人类最危险的神话》，到1997年第六次重印该书。所以1950年联合国教科文组织颁布的《人种（平等）宣言》当仁不让地请孟塔古主笔。

无论承认与否，性别差异也总是存在着，因为提倡人人平等和男女平等并不意味着男女没有差异。承认并研究这种差异的研究人员还把差异的原因集中到了大脑，因为只有大脑和基因深处的差异才可能是根本的差异，因为大脑决定着人的行为和行为方式。

那么，男女的大脑有哪些方面的差异呢？概括起来有三类。一是大脑的结构方面有差异，属于生物形态学的内容。二是在大脑的内容物方面有差异，既有分子生物学、生物化学的内容，也有形态学的内容。三是在使用大脑或大脑的功能方面有差异，既有心理和行为学的内容，也有形态学的内容。

无论这些方面的差异有多少，最为有趣的是，每当有一些或一种研究成果出来证明男女大脑有差异时，就总有另一些和一种研究结果出来反驳这样的差异，认为男女大脑原本就没有差异。或者说不同的人从不同的角度来解释大脑在男女两性方面的差异。所以，对这个问题的争论将永远伴随人类，无休无止。

早在1982年6月，美国得克萨斯大学卫生科学中心的尤塔姆森(C. Delacoste-Utamsing)和哥伦比亚大学神经生物学家拉夫·赫路威(R. L. Holloway)就在《科学》杂志上发表文章说，他们解剖了14个"正常的"大脑，其中5个是女性，9个为男性，并比较了脑部胼胝体的形态结构，通过拍摄照片，投射放大绘图，测量胼胝体的长度、各部分宽度和表面面积，发现胼胝体尾部或后部存在着男女差别。

女性胼胝体尾部呈球状，与体部相比，显著增宽。相反，男性胼胝体尾部大致呈圆柱形，其宽度和体部相差无几。所以，女性的胼胝体较男性的大。胼胝体是连接大脑左右半球的一大束神经纤维，它不是两侧大脑半球之间的唯一联系，但却是最重要的联系，起着沟通和协调两侧大脑半球的作用。

对这一发现，当然产生了两种截然相反的解释。一种认为，男女在脑部胼胝体形态上的差异，可能意味着男女智力特点和差别的根源存在于大脑之中。女性胼胝体尾部较大，可能意味着连接两侧大脑半球的神经纤维比男子多，进而可以假设由于女性两侧大脑半球连接较紧密，因而较少专门化。尤塔姆森和赫路威两人也推测他们的发现可能支持女性大脑比男性大脑较少两侧分化的假说。男女在大脑结构上有所不同才造成男女在智力上的差别。也就是说，男女在智力或大脑上的差异(智力是大脑的功能)早就被人们接受，并找到了形态学上的根据。

当然，有些人并不同意这样的结论。他们认为，结构上的一些差异未必能表明男女的智能有任何差异。大脑两侧较少分化并不一定会使任何一侧大脑半球能力降低。男女之间不可能存在着与生俱来的智能差异。而且，要证实男女大脑是否存在差别，仅凭对14个标本的研究是不充分的。

美国加利福尼亚大学的研究人员发现，女性决定智力的白质和灰质都有约85％集中在大脑前叶(额叶)；男性决定智力的脑组织分布更均匀，只有45％灰质在大脑前叶，白质则在大脑前叶中不存在。尽管男女性大脑中的灰质(皮质)和白质(髓质)不同，但总体上智力的差异不大，通过取长补短，智力趋于一致。男性大脑中决定智力的灰质总量是女性大脑的6.5倍，但女性大脑中决定智力的白质总量是男性的10

倍。一般来说，灰质好比是大脑中的一个个信息处理单元，而白质是联系这些信息处理单元的网络。

由于白质和灰质的数量不同，男女会有智力集中于不同范围的差异。例如，男性更容易在集中处理信息的领域（如数学等）取得成就，而女性更适合"分布式"处理信息的领域，比如语言能力等。但是，男女的智力在测试中也表现出一致的平均智力水平，这表明两性的智力是"殊途同归"，不同的大脑"设计思路"可以达到同样的智力水平。

生活中女性常常比男性更容易感到沮丧，这并不是因为女人受到的压力比男人大，也不是因为其他生活方式等因素起作用，而是男人的大脑和女人的大脑中分泌的内容物有所不同，而且大脑对这些物质的反应是不一样的。这便是男女大脑内容物的差异。

比如，女性大脑分泌的血清素（5-羟色胺）比男人少，但女人大脑对血清素含量变化的感应要比男人敏锐得多，血清素的含量变化是由雌激素进行调节的。而且，调节血清素系统的药品用在女人身上更为有效。男人在神情沮丧时服用降肾上腺激素类型的药物更为有效。之所以有这种用药差异，其依据就是，男女两性大脑中的化学递质的浓度不尽相同。

另外，男人的大脑里面有着更多的液体，可以起到缓冲的作用。还有，随着年龄的增长男性脑组织的流失也更快，特别是主管自制力的那部分脑组织，到了45岁时非常明显，这就可以解释为什么人到中年的男人比起同龄女人自控力要弱得多。

就男女大脑功能或使用大脑的不同来说，也要追踪到大脑功能侧化的理论，这是法国神经生理学家布罗卡（P. Broca，1824—1880）首先发现的。1865年，他以大量的病理解剖证据指出，人们以左脑（的皮质）说话，因为大多数人，主管说话的控制中枢位于左脑皮质额叶。到了20世纪末，一些研究提出了大脑有性别的区分，其基础就是大脑功能的侧化，由此产生了对男女大脑有差异的新的解释。

比如，神经心理学家发现，女性大脑皮质的功能组织似乎不像男性那么侧化，女性的语言中枢平均分布在左右半球的趋势较明显。在临床上，女性卒中病人出现失语症的比例较低。由于男性的大脑侧化较明显，所以一旦卒中发生在左脑，男性的失语症也较高。因此，两性的这种差异可以用"女性的左右半球可能都有语言中枢"来解释。还有许多研究表明，女性的大脑较少"两侧分化"，即大脑两侧半球功能的专门化程度不如男子,可以用来说明为什么女性在从事抽象思维、空间思维以及立体视觉活动时成绩不如男子。

由于有了胼胝体的差异和大脑侧化差异,男女性大脑功能或使用大脑的方式也就产生了差异。神经生理学家认为,女性哪怕只是做转动拇指这样的小动作,其神经活动在大脑中分布的区域也比男性要大。当男性运用大脑时,他所启用的是大脑中某个特定区域里的神经细胞。女性的脑细胞则全方位地兴奋起来,形成无数个兴奋亮点。这也许是因为女性大脑中联接两个脑半球的神经纤维组织"胼胝体"比男性的要厚,因而可以在负责直觉与情感的右半球和负责理性与感觉的左半球之间进行更为紧密的"对话"。也就是说,在女性的两个大脑半球之间存在着某种特殊的联系,而这种联系在男性大脑中可能是不存在的。有人把女性的这一特点称为"情感智力形式",也有人直接称之为"女人的直觉"。

不过,即使这样,也有相当一些人认为,男女大脑是没有差别的,男女两性的大脑功能相同,只是他们运用大脑的方式不同。美国威斯康星大学的研究人员以磁共振扫描成像(fMRI)做实验,以检测男女大脑是否有差异。他们在2000年发表研究指出,在语言测试中,磁共振扫描成像观察到的结果是,两性启动语言的模式都没有差异地偏向大脑左半球。所以,仅就大脑的语言功能来看,在两性大脑的神经组织上没有性别差异。同时他们也认为,关于大脑的性别差异,已有的研究结果还不足以形成共识。

从大脑的结构、内容物、功能或使用大脑的方式上,都存在着不同的研究结果和理解。那么,男女的大脑到底有没有差异?除了要根据已经发现的事实和研究结果来说话外,无论是从形而上还是形而下的角度来看问题,差异或差别是绝对的,相同或无差异是相对的。这好像也是一个常识问题,连同一民族同一性别的人之间都有个体差异,难道男女性没有差异,包括大脑,否则造物主就没有必要弄出男女两性来,让世界最为简单的作法是,只要一种性别,无论是男性还是女性,统一性别、统一意识、统一智慧和统一着装不更好?

世上并没有两片完全相同的绿叶,关键不在于承不承认有差异,而在于怎样解释差异。也许有几点值得考虑。第一,正是男女的差异,包括大脑的差异,才构成了参差多态的世界,并赋予了世界和人类生活的丰富多彩,我们不仅不能否认这种差异,而且要感激进化形成和产生的这些差异。比如,女性的妩媚和男性的刚强,男性的数理和空间想象力与女性的语言与直觉都是人类不可多得的差异财富。

第二,尺有所短,寸有所长。男女的差异不仅在大脑,而且在行为方式并贯穿于生活中的方方面面。所以两性的差异基本上是遵循交叉和弥补的原则进行的。尽管男女大脑的灰质和白质的数量不同,但男女在智商测试时的分值整体上不相上下。这就是大脑活动交叉弥补的结果。

问题的本质是,尽管男女的确存在包括大脑在内的种种差异,但在作为一个人的权利上,或从形而上的意义看问题,不仅人人是平等的,而且男女也是平等的。

4.6 女人之痛男人不知

每个人的一生都会因种种原因有不同程度不同部位的身体疼痛。从某种意义上来说,感知不到疼痛,也就没有了生命意义。因为,如同呼吸、脉搏、体温和血压是生命的指征一样,疼痛已成为人类第五大生命指征。

然而,即使是疼痛,男人和女人的感受也是不一样的,男人感受的疼痛少或不怕痛,但女人感受的疼痛多或比较痛。全球受到疼痛折磨的人一多半是女性,约占 60%~70%。所以,2007 年世界镇痛日的主题是"关注女性疼痛"。一般而言,女人的一生会比男人感到更多的疼痛,不仅如此,她们的疼痛在身体部位上也比男人多,疼痛的频率还高于男人,疼痛的周期也长于男人。难道这仅仅是因为"脆弱呵,你的名字就是女人"吗? 显然,男女疼痛的差异并非只是心理、性格,还有更为广泛的生理原因。

对于男性和女性在感受和体验疼痛方面的差异一直存在争议,但是英国巴斯大学疼痛应对中心的心理学家埃德蒙·基奥(E. Keogh)认为,差异的确存在。但是,两性之间的疼痛差异一般都没有纳入疼痛的研究和治疗中,在实际生活中要么忽略了这种差异,要么在统计时作了平均处理。所以,临床上应当研究疼痛的性别差异的科学原理,以便找到分别对待不同性别疼痛的方法。

对疼痛原理和两性疼痛差异的解释大都集中在生物学机理上,例如,遗传和激素差别。然而,现在越来越清楚,社会和心理原因也是造成男女疼痛差异的重要原因。例如,其中一个差异就是男性和女性对付疼痛的方法不同。女性容易集中于她们所经历的疼痛的情感方面,但男性则容易聚焦于疼痛的生理感受上,比如他们经受的具体的身体部位的疼痛。

基奥认为,男性采用的感受疼痛的聚焦方式有助于帮助他们提高疼痛阈值(能承受更大的痛苦,或不会轻易产生痛苦感觉),但是这种方法对女性却没有任何好处。女性则集中于疼痛的情感方面,这可能让她们经受更多痛苦,因为与疼痛相关的情绪可能是负面的。

基奥等人的一个简单试验可能说明问题。研究人员请志愿者把非优势胳膊(一般是左胳膊)浸入温水(37℃)水盆中2分钟,然后让他们把胳膊抬出来再浸入1~2℃的冰水中。这就能让研究人员观察到不同的人的疼痛阈值(人们最初感受疼痛那种刺激强度)以及疼痛的忍耐度(能忍痛多长时间)。

在这类研究中,人们能忍耐疼痛时间的最高上限是2分钟。在疼痛阈值和疼痛的忍耐度上,女性都要低于男人,因而她们感受的痛苦更多。也许性格和意志起了作用,也许女性的"娇气"是其疼痛阈值低和忍耐力差的原因之一。

然而,与男性相比,女性独特的生理和行为方式更是她们疼痛多于和剧烈于男性的根本原因。

女性的第一个独特性是月经,这会造成不少女性疼痛。全球统计发现,约80%的女性有不同程度的痛经,在中国这一数字约为75%,包括为原发性痛经和继发性痛经,前者的比例多于后者。但原发性痛经的一个特点是,结婚育子后女性的原发性痛经往往会消失。而继发性痛经则有多种原因,如子宫内膜异位症,这就需要对症治疗。

女性疼痛的第二个特殊原因是乳腺增生疼痛,以未婚未育的女性居多。年龄在37~40岁的女性为高发人群,包括已婚女性也有这样的疼痛,是女性不可避免的特有疼痛现象。

分娩之痛是女性第三个独特之痛。在今天,这种疼痛又有新的发展。过去的疼痛是因自然分娩而痛,是女性一生必经的阶段,也是人类赖以生生不息的一种必须付出的成本和代价。从这个意义上说,经历了这样的疼痛才是成熟的女性,其忍耐和耐力也是男性所不能比拟的。而在今天,由于相当多的女性不愿耐受自然分娩之痛,往往采用剖腹产。尽管这种方式能解除分娩时的一些痛苦,但反而带来产后的手术创口的疼痛。因此,这也成了今天女性躲不开和必经的痛苦体验。

女性的疼痛还在于随着年龄增长,由骨质疏松而产生的骨盆和全身性疼痛。虽然男性也有这样的疼痛,但比女性的痛苦小,这是由女性的生理特征所决定的。由于孕育孩子的付出和雌激素分泌的减少,女性在45岁后就开始了全身的退行性变化,50岁以后开始出现骨质疏松产生的疼痛,到了60～70岁则产生腰骶部的疼痛和全身性的疼痛。

中国北方地区的调查发现,女性50岁以上椎体骨折发病率为15%,80岁以上女性的患病率达到36.6%,这便是骨质疏松所引起。因为,60岁以后,女性体内缺乏维生素D,无法有效地帮助身体吸收钙质,储存于体内的钙质开始大量释放,造成全身骨骼的骨量降低。另一方面,女性绝经后雌激素水平降低,骨代谢会由年轻时的正平衡转为负平衡,即从骨(钙质)生成转为骨(钙质)释放,骨量减低,造成骨质疏松。再加上女性孕育孩子时全身在骨质和其他物质上的超量新陈代谢,也造成骨质疏松比男性严重,全身和骨盆疼痛也重于男性。

还有,无论发达国家还是发展中国家,在文化和社会生活中都要求女性吃苦耐劳和忍辱负重,女性一出现疼痛就以"扛"和"忍"来对待,时间一长,也使疼痛恶化,造成疼痛的增多和程度的增强。

其实,在疼痛的生物学原理上,男女基本上是一致的。越来越多的神经生物学研究表明,长期存在的疼痛刺激可直接损伤神经系统,形成慢性神经源性疼痛,是慢性疼痛性疾病的主要发病机制。神经源性疼痛的发病机制包括外周机制和中枢机制。

外周机制包括损伤的外周传入纤维异位放电、神经元的交互混传现象、交感神经对损伤的感觉神经元的兴奋作用以及神经损伤局部形成神经瘤。中枢机制包括钠离子通道上调,甲基门冬氨酸受体上调,钙离子大量进入细胞,激活一氧化氮合成,产生过氧化物,促进神经细胞凋亡,加重神经损伤。

此外,在痛觉的产生上面可能也不会有太多的男女差异,因为痛觉的感受器是游离神经末梢,任何形式的刺激只要达到一定的强度成为伤害性刺激时都会引起痛觉。比如,将钾离子、氢离子、组织氨、5-羟色胺、缓激肽等物质涂抹在暴露的神经末梢上都可以引起疼痛。但是,迄今还没有任何研究能解释清楚为什么任何刺激只要达到一定强度就可引起痛觉。

另一方面,一个新发现的疼痛原理也说明男女有同样的感受机理。一些持续性疼痛、莫名其妙的疼痛,如关节痛,是由未受损的、健全的神经纤维引起的,而并非受损伤的神经引起。这一结果引起了专业人员的关注,因为长期以来对慢性疼痛的研究都集中在受损伤的神经上面。这一发现则对研发新类型的止痛药提供了线索。

当然,最好的解释是,由于女性在皮肤上的感觉神经纤维多于男性,因而她们感受的疼痛可能多于男性。

美国南伊利诺伊斯大学整形外科研究所的布雷登·威廉米(B.J. Wilhelmi)等人发现,女人的皮肤,至少靠近脸颊的面部神经附近一小部分区域的神经纤维比男人皮肤的神经纤维多。

研究人员从捐赠于科学研究的尸体中选取了10位女性和10位男性的脸颊,从其脸颊上方取下小块皮肤样本进行研究。通过显微镜观察这些皮肤样本,计算出在1平方厘米面积上的神经纤维数。结果发现,女人的皮肤每平方厘米平均有34条神经纤维(个别样本可加减19条神经纤维),男人的皮肤平均每平方厘米有17条神经纤维(个别样本可加减8条纤维)。这意味着,平均起来,女性的皮肤的神经纤维比男性多一倍。

尽管这一研究结果并未说明在身体其他部位的皮肤上是否女性的感觉神经纤维也多于男性或这些神经纤维是否都是感觉神经纤维,但是,仅以面部的神经而言,这一结果也提示,男女对疼痛感觉的差异是有生理基础的。女性的疼痛感觉要多于男性,而且对疼痛的敏感度也要高于男人,她们的疼痛有很多时候并非是娇气,神经纤维多可能是一个原因。

所以,男女差异的确有坚实的生物和生理基础。

4.7 进化的珍品——乳房

从"丰乳肥臀"的习语就可以领悟到,乳房一直是人类社会对女性崇拜的一种体表标志,它既是女性性吸引力的体现,也是人类生存和繁衍的重要器官,所以在解剖学和生物学上把乳房称为第二性器官。正因为如此,女性的乳房成为很多民族的图腾。乳房之所以被崇拜,是因为乳房担当着生儿育女的重要功能。它用甘美的乳汁哺育着后代,让人类世世代代,生生不息。虽然乳房不像阴道一样被老子称为"玄而又玄,众妙之门",但它担当的生儿育女的哺乳功能和辅助生殖的功能是任何器官也替代不了的。

在进化之初女性乳房可能不会有今天如此多的承载。但是当这一器官天生地担负起孕育后代的任务时,就注定了乳房并不仅仅属于女性自身,而是属于所有人。不过,在进化的过程中,乳房又成为一种性吸引力的珍品。从乳房到女人的身体,有哪一个男人能抵御其迷人的诱惑呢?正如德斯蒙德·莫里斯(D. Morris,1928—)所说,每个女人都有一个美妙的身体,美妙,因为它是一百万年进化历程的辉煌终点。

从功能上讲,乳房的隆起也许是完全没有必要的,正如今天很多学者认为,生物尤其是人类的两性是完全没有必要的。像其他一些无性繁殖的生物一样,人类也可以单性繁衍。女性哺乳不一定非得让乳房隆起,其他一些哺乳动物乳房不隆起也照样能哺乳,而且乳房隆起和体积变大也不利于女性的活动,尤其是在进化之初需要人类具有足够快的速度和力量打猎和逃避猛兽与敌人的追杀。因此女性乳房隆起似乎与哺乳和其他生理功能无关。

不过,一种广为接受的说法是,女性乳房的隆起与人类进化成两性后的性吸引密切相关。人类进化到直立行走并进行面对面的性交后,女性便无法有效地向男性传达性信息。因为在人类还处于四肢爬行时,女性是通过臀部膨胀、充血和变大来向男性传递发情的信息。人类直立和面对面性交后,女性就必须寻找能代替臀部的吸引男性的性标志。这时,乳房便成为面对面性交时理想的传递性信息的部位或器官。正因为如此,乳房成为女性并不需要隐藏的器官,相反还必须尽可能全面而骄傲地向男性展示,乳房越大,其性能力和繁殖力越强大。

自然而然,在生活中,乳房显著和隆起的女性能获得男性更多的注意,并能获得较多的交配机会,自然生殖的机会也较多,孕育的子女增多,女性的地位也因之而得到提高和巩固。女性的乳房成为诱惑性行为的手段和标志后,通过遗传进化,乳房越来越大,越来越隆起。自然地,审美与性、生育就有机地结合在一起。到今天成为一种定势,乳房丰满的女人更能获得男性的青睐,乳房丰满是女性美貌、性感和性能力强的标志之一。

其实剥离了乳房的性吸引力外,乳房最为显著的功能是育儿。女性的乳房90%由脂肪组织组成,其余为分泌乳汁的乳腺组织。乳腺有15～25个,从血管而来的各种养分在此处合成营养丰富的乳汁,再经输乳管从乳头排出,供婴儿食用。

哺乳是不可能完全与性分离的,得出这个结论并非来自弗洛伊德(S. Freud,1856—1939)的泛性论,而是乳房本身的解剖结构造成了难以分割的生理功能。因为随着进化,乳房作为辅助性器官的功能也得到强化,许多感受性愉悦的神经纤维也深入到由脂肪包裹的平滑肌中,乳房便成为了女性的第二性感区。从这个意义上讲,鼓励女性对孩子哺乳的理由除了能为孩子提供富于营养的乳汁外,还能让女性获得性的满足,是满足性欲的一种辅助手段。这也正如无论是新婚的少妇还是初恋的少女,都愿意让男人(男朋友)抚摸其乳房一样,婴儿啜吸乳房也是对女人的性刺激并使其感受到愉悦。

哺乳的性满足只是次要的因素,真正重要的原因在于能给予后代足够的营养以及抗病能力,促使幼儿免疫力的迅速提高。母亲初乳中所含的免疫球蛋白A等物质是初生儿体内所缺乏的,必须由母体来供给。其次哺乳也把简单的快感和原始的性欲转化成了恩泽后代、延绵种族的神圣行为,从而充满了母性的光芒。

然而,当乳房之美与性吸引力结合得非常紧密之际,哺乳这一既承担神圣的哺育功能又能满足生理快感的行为却遭到了许多女性的遗弃,她们认为这样既不能保持身材的苗条,更不能保持乳房的挺拔与健美。直到今天也有为数不少的女性在生育后不愿用自己的乳汁哺育孩子,而是代之以各类乳制品和婴儿食品。这种遗风显然来自于中世纪的欧洲,比如法国、意大利、英国等,上等人家的女性生下孩子后或是雇奶妈,或是把孩子送到乡下奶妈家中抚养到一至两岁再接回家。

上流人家的女性这么做是需要保持对丈夫的性吸引力。但当时更有一种显然是荒诞的说法支撑了女性对自己乳房的"保护"行为。当时普遍认为女性的乳汁是从子宫产生再流到乳房。如果在哺乳期间有性生活会污染乳汁,或使乳汁凝结,严重者可能杀死婴儿。想想看,这种说法更可能是男人编出来的,因为他们骨子里不愿看到自己的女人那么美轮美奂的乳房用来哺喂婴儿,并且裸露给他人看见。更有一些心理学家的说法是,男人不愿意孩子,无论是自己的还是他人的，与自己争夺自己老婆的乳房，就像儿子的恋母情结会导致杀父娶母一样。

乳房对于男性的性吸引力是毋庸置疑的，但乳房越大对异性的吸引力就越大吗？显然并非如此，因为乳房的吸引力并非只是大，而且具有其他的因素。

究竟多大的乳房才对生殖适宜，多大的乳房才能吸引异性，这好像并没有什么一定之规，但无疑，乳房高耸挺拔肯定是一个重要的因素。中国医学科学院一个课题组曾对100多名青年女性进行乳房体积及其身体发育情况的测量，结果发现中国女性的乳房从完美和完整性到对称性，都有自身的特点。基本标准是：平均乳房体积为310～330 mL；标准乳房体积是250～350 mL。如果是超体重者，则每超重1千克，乳房体积增加20 mL，在此情况下仍为正常乳房体积。中国女性标准的乳房高度为3.5 cm，标准的胸围差为2.0 cm。

也许这些数据是乳房的基础，但并不一定会体现完美的乳房，因为它们只是数据，而且是平均值，并非适合于每一个活生生的人。对于具体的人也许还要结合三围、身高、乳房形状甚至乳晕等，才会谈得上乳房的吸引力。

比如，标准的三围（胸腰臀）之比为3∶2∶3，再加上挺拔的乳房，就有可能显得出类拔萃。1999年法国世界时装模特冠军是吉赛特，她能在美女如云的模特中脱颖而出，主要是因为她拥有一对优美的乳房，如同当年好莱坞明星梦露一样。著名时尚杂志制作人凯文·克里尔(K. Krier)评价说，年仅19岁的她除了有修长的双腿外，还有胸部。她的胸部是世界上最完美的胸部。所以，不仅仅是丰乳，而且要有一个完美的乳房，这才是美女的一个绝对标准。

但是，正是在这种以男性的审美为标准的社会，时尚和男人眼光决定了女性乳房的大小与美丽，这既可能是女性的不幸，又可能是她们幸福的来源。作为前者，她们要按男人和社会的标准去塑造自己的乳房，但是在每年成千上万的隆乳术中，不知多少女性的乳房受到毁坏，成为两性生活沉重的附加代价；作为后者，男人的欣赏体现了女人的价值，在相互愉悦中完成了两性的生理和情感弥补，不仅在原始的生物感官上而且从情绪与心理的多维空间上从两个半球升华为一个完整的圆球。

虽然进入到穿着打扮的文明时代,乳房的露与不露却透露了人们生活在情色与实用之间的摇摆不定。不过该不该暴露乳房似乎主要是文化所决定的。比如,中国传统文化是,人体的美尤其是女性的美要藏而不露,所谓"金屋藏娇",更何况体现女性美的标志之一——乳房?它更要藏而不露了。但是西方文化对于女性乳房的袒露则表现得较为开放,因为乳房的解放从属于文艺复兴时期的性解放,袒胸露乳一直像脸蛋一样,是显示女性美的标志。

西方对女性裸露的观念从文艺复兴时期就表现在绘画和文学作品中,从文艺复兴时期起,裸露的乳房成为艺术创作的主题之一,正如19世纪欧洲画家热衷于描绘女人的臀部一样。然而在欧洲女性的乳房并非都是美的象征,其中分为两大类。一类是作为上流社会女性的美乳,一类是作为下层社会女性的育儿工具的巨乳。前者一般是画家极力表现的内容,体现为圆润而坚挺,但并不庞大。这也体现了乳房并非庞大就吸引人。后者是下层社会女性作为奶妈哺育孩子的工具,一般被视为无美感可言,所以画家也并不去着力渲染。

最早西方绘画中妓女是裸露乳房的主角,后来这种裸露风又延伸到达官贵人的情妇或妻子。最为典型的是一幅称为《嘉伯莉与其妹》的画,画中是两名上流社会的贵妇全裸上身,展现其圆润而小巧的美乳,其中左边一女子还暧昧地捏住右边一女子的乳房。据解释,右边被捏乳头的女子是嘉伯莉,左边捏她乳头者是嘉伯莉的妹妹,后来又认为左边的女子是法国亨利四世的新情人安丽雅特。安丽雅特捏住嘉伯莉的乳头则意味着国王床上伴侣的更迭,因为乳头既是情欲的象征,又是权力的标记。

西方绘画中女人的丰乳更多表现的是情欲。但是要说中国文化中不裸露女人的乳房和表现男女的两性相吸也好像说不通,比如更早时候飞天中仙女的袒露和唐朝时期女性的丰胸与裸露。但是自宋代以来,中国画家笔下的女性乳房更多的表现的是母性的力量与光泽。比如,中国天津农民艺术家于庆成用泥土雕刻而成的"长江黄河"。这是一对孩子在吮吸母亲的乳汁。母亲憨态可掬,前面一个乳房(右乳)被一个站着的孩子吸吮,另一个乳房(左乳)却搭到了背后,让背在后背的孩子吮吸。母亲的乳房之大,一只堪称"长江",另一只堪称"黄河",由它们哺育了类似雕塑中在两只乳房前后吸乳的两个孩子的千千万万的孩子,即中华民族的所有后代。画面对丰乳和生殖的崇拜,对女性乳房美的表现,精彩夸张,淋漓尽致,粗中见美,但是,却较少引起人们情色的联想。当然这种丰乳的表现并非一种文化所独有。法国思想家蒙田(M. D. Montaigne,1533—1592)就说过,"墨西哥妇女推崇高耸的乳房,甚至渴望能够让孩子跨过她们的肩头吃奶"。

其实,这种情况已经反映了女性乳房进化的另一种原因,即婴儿或孩子的需求在某种意义上塑造了女性的乳房。女性的乳房高耸和挺拔固然是性吸引力的表现,但也是为了方便哺乳的需求。英国伦敦大学的吉连·本特尼(G. Bentley)提出,女性浑圆倾斜的乳房主要是为了方便自己的孩子吃奶而进化形成的。猴子有前突的嘴,则婴儿可以吮吸到猴子扁平的乳房,所以灵长类的乳房才不像人的乳房那么硕大。人类在进化中由于大脑不断变大,也就有了扁平的面部,这也在进化上产生了一种对乳房形状的压力,必须适应婴儿的哺乳,否则种族就难以繁衍和壮大。于是,乳房就进化为浑圆翘凸,易于让婴儿扁平的嘴吮吸。所以,女性乳房的翘凸与人的大脑变大相辅相成。

挺拔的乳房不全是性选择的结果还有另外的文化作为比较。例如,在非洲,女性的乳房是为孩子而备的,而不是为吸引男性所生长的,吸引男性的只是臀部而已。在中国封建时代,女性的小脚同样是一种情色的器官,日本的男人迷恋女人的背颈也具有性吸引的力量。按性吸引的理论却难以解释小脚和背颈为何不像乳房一样变大变翘。

看来,今天人类女性乳房的形状是多种复杂因素的结果,生育、性吸引和美感都可能是原因。

4.8 臀文化与生殖

臀部确实比乳房的性吸力更强,但所谓的肥臀其实是从高高翘起的臀部演化而来。对于女性如果脂肪多一些便变得圆润柔美,对于男性肌肉多一些便显得棱角分明。但无论是男性还是女性,高翘的臀部首先是生存的需要。曾获得亚运会女子百米冠军的中国台湾短跑运动员纪政便坦率地承认,她能获得如此好的成绩是因为她有比一般人高高翘起的臀部,这种解剖结构能使人的腿部更有爆发力。

纪政的说法是建立在无数运动医学和体质人类学研究成果上的,因而比较可信。又高又翘的臀部是跑得快跑得远的基础。往远古追溯,当人类从四肢行走进化到双腿直立行走时,高翘的臀是必不可少的,因为适者生存的法则要求人类必须跑得又快又远,既为追捕食物,又为躲避猛兽。所以直到今天很多运动项目挑选运动员的要求之一是,臀部不仅要浑圆,而且要翘起。运动场上所向披靡的黑人运动员让人羡慕,原因之一是因为他们有比较高翘的臀部。比如,古巴女排运动员人人都有一个高翘的浑圆臀部,这造就了她们弹跳力好、爆发力强的基础。当然,从另一角度看,高翘的臀也是美感的一种表现。不过,这只是问题的一面。

当这种适合生存的臀部成为人类的需求时,人类文化和时尚必然会着力表现它,从而呈现以高翘的臀为美的文化和习俗。1870—1890年间,几乎所有欧洲国家都流行起以装饰臀部为美的服饰,其代表作是巴瑟尔裙。巴瑟尔裙的流行流露出欧洲人对臀部美的标准和欣赏,以高翘的肥臀为美和时尚。

当时,流行的巴瑟尔裙是用裙撑改变裙的自然下垂的样式,以此让臀部高高翘起。同时,还用披巾或蝴蝶结等饰物置于臀上,以装饰臀部并吸引人的注意。生活是艺术的源泉,许多印象派画家依据生活的本来面目留下了巴瑟尔裙的画作,我们今天才得以了解当时的时尚和美。修拉(G. Seurat,1859—1891)的《大碗岛的星期天下午》就是这种以人物臀部高高翘起为美的经典。

如果把女性的身体视为人间的土地,那么巨硕的肥臀就成为人间土地是否肥沃的标志,几乎在所有的文化里都一致认为,巨硕的臀部预示着女性具有强大的生育力,从而浑身散发出母性的力量与光辉。因此,无论人类的何种文化,都会崇拜女性的肥臀,并从原始的性欲转化为对生殖和母性的尊重。

1979年中国考古学家在辽宁省喀左县东山嘴发现了规模巨大的红山文化(公元前3500年)祭祀遗址,其中的一个"女神庙"里发掘出了大量的泥塑彩绘女神像,像真人般大小。神像的脸蛋红润,神态安详,用玉片磨制镶嵌的两眼炯炯有神。最为吸引人的是女神像双乳丰硕,臀部巨大,明显地反映了先人的生殖崇拜和审美标准。与红山文化相似的3800年前的古墓沟文明同样表现了相同的审美观念,女人都是丰乳肥臀。

从生活和进化中寻找女性巨大臀部的起因和来源不得不借助生物医学和人类学的研究结果。女性的身材呈现梨形。这种上窄下宽的体形是孕育后代、繁衍种族的基础。由于要孕育和分娩,女性的骨盆较男性要大。以中国人为例,男性骨盆下口的耻骨角角度较小,约为70～75度,女性的耻骨角由于角度较大而在解剖学上称为耻骨弓,平均为87.5度。女性骨盆外形短而宽,盆腔形成盆状,倾斜度较大,约为60度。耻骨弓的角度不仅大,而且因个体的不同有较大的伸缩范围,可达80～100度。此外女性的骨盆下口横径较大,这些都是孕育和分娩后代的基础,也是肥硕的臀部存在的科学依据。

  实际上,除了体质和文化人类学及生物医学的解释,在生活中体现母性的光芒与力量的在今天可以找到一个个活生生的民族典型。他们不仅能解释进化的作用,还能阐明臀部的生理作用,更能说明人类的生殖和民俗文化的发展历程。

  在非洲南部生活着一个具有特殊体质的民族——科伊桑人,其中又分为布什曼人(平均身高为1.5米左右)和霍屯督人(平均身高在1.5～1.55米之间)。但是,无论是布什曼人还是霍屯督人,作为其特殊体质的标志是女性都有丰满而高翘的肥臀。科伊桑人女性的肥臀也许让人吃惊,高翘出来的臀部可以使儿童轻松地坐在上面或站在上面,女性带着孩子正如中国女性在背后背着孩子。所不同的是科伊桑女性的肥臀让孩子有了一个坐垫或站垫,孩子坐和站都十分稳当。而且比较肥胖的女性的臀围与身高相等,可见她们的肥臀是多么硕大!

  直到19世纪,欧洲人仍然对科伊桑女性的高翘的臀部迷惑不解。他们既赞叹其母性的力量,但又竭力贬低这种特殊的人类体质和体形。后来经过解剖观察,证明科伊桑女性的肥臀主要是由脂肪堆积而成,故又称为脂肪臀。之所以有这么巨硕的肥臀是因为她们适应沙漠化生活的结果。科伊桑女性的肥臀并非与生俱来,只是在青春期时形成,到绝经期后变小。脂肪臀不仅提供给女性正常的能量,而且供给胎儿发育和哺育婴儿的营养,并且有利于携带孩子。

  母性的力量与光辉在科伊桑女性这里得到比较完美的体现和升华。它让人的感觉与思维从简单的食、色转化到了"母仪天下",正如一位少妇用自己的丰乳当众哺喂婴儿而无丝毫羞涩,旁人亦不怀任何杂念。

  "非洲的维纳斯"(又称为科伊桑的维纳斯或霍屯督的维纳斯)又为我们理解女性翘臀提供了不同的视角。这位非洲维纳斯是一位很有名的霍屯督女性,叫萨拉·巴特曼(S. Baartman,1789—1816)。作为霍屯督人特殊体质的代表,萨拉的脂肪臀更为突出,其臀围比身高还长。正是她的这一显著特征被非洲人誉为自己民族的维纳斯。但是,这位非洲的维纳斯却由于她那充满母性力量的臀而在生前受尽屈辱。

萨拉于1789年出生于现在的南非开普敦的好望角。经过青春期的发育,她拥有了与自己民族所有女性一样的脂肪臀,所不同的是她的臀更为巨大。在20岁前她一直是一名叫做彼得·塞扎尔(B. Cezar)的荷兰殖民农场主的奴隶。1810年塞扎尔的哥哥亨德里克(H. Cezar)和英国外科医生邓洛普(W. Dunlop)从欧洲来到塞扎尔的农场游玩,见到了具有硕大臀部的萨拉,便产生了利用她的念头。

这两个人许以萨拉过上好日子、去掉奴隶身份的诱惑,把萨拉带到欧洲做巡回展出。萨拉被剥光了衣服装在一个笼子里供人观赏,并且可以让男性对她近距离地观察。不久,萨拉又被卖给一个法国的动物学家,在法国各地展出。由于频频地展出,萨拉的身心遭受巨大创伤,在25岁时去世。而亨德里克、邓洛普等人则靠萨拉的展出收入而成为百万富翁。

伴随萨拉的展出,英国和法国的报刊曾作了广泛的报道。在欧洲人眼里科伊桑女性母仪天下的肥臀成为人种畸形和与动物接近的证明。而且他们认为这样的肥臀一定与性欲旺盛、生殖力强联系在一起。正如南非学者黛安娜·费鲁斯(D. Ferrus,1953—)所说,在那个时代,欧洲人对非洲人的性能力感到好奇,而科学家们总是企图证明非洲人比白种人更接近于猿类。萨拉就成了这种想法的活证据。

事实也正是这样。当时法国著名的解剖学家乔治·居维叶(G. Cuvier,1769—1832)在萨拉去世后对她进行了解剖,一是想弄清她巨大的臀部是由什么构成的,二是想解剖其生殖器以证明与巨臀有什么必然联系。结果证明,科伊桑女性的巨臀是由脂肪组成。

今天萨拉的头盖骨、生殖器和一些骨骼已归还给南非,非洲人给予了她"非洲维纳斯"的美誉。这是对其脂肪臀所代表的母性的力量的肯定。正如欧洲人所赞誉的维纳斯,其乳房并非那么丰满,但丰臀足以撑起衣裙,全身焕发着母性的光泽。仅此就可以证明,肥臀是所有民族所赞誉和欣赏的人体特征。

也许正因为臀部,尤其是女人的臀,是人体中最为闪光和具有性吸引力的部位,使得画家总是不遗余力和倾尽所能来描画它。19世纪的欧洲画坛,女性的臀部成为了画家的主题。被认为是画女性美臀最为出色的画家有德加(E. Degas,1834—1917)、雷诺阿(P. Renoir,1841—1919)、德拉克罗瓦(E. Delacroix,1798—1863)、安格尔(J. Ingres,1780—1867)、鲁本斯(P. Rubens,1577—1640)、高更(P. Gauguin,1848—1903)、马奈(E. Manet,1832—1883)、莫奈(C. Monet,1840—1926)、赛尚(P. Cézanne,1839—1906)、库尔贝(G. Courbe,1819—1877),以及上文提及的修拉等人。在这些醉心于展现和描绘女性迷人臀部的画家中风格各有千秋,喜好不同,因而向人们所传达的意蕴、美感和愉悦也不同。

所有醉心于描摹女性臀部的画家都愿意让女人洗澡,或淋浴,或盆浴,或泉浴,或海浴,或日光浴,唯其如此,才能充分展现女性迷人和性感的臀部,以及满足世人在生活中无法窥及的人体神秘部位。所以,德加被认为是躲在各种角落里偷看女性洗浴并向世人转达他对女性美臀感受的画家,也因此得以满足世人内心的欲望——在生活中被伦理禁止的欲念可以在艺术中得到满足。

德加能从各个角度画出女性尤其是邻家的少女从容不迫洗浴的场景。她们没有受到丝毫打扰,神态安详,怡然自得,细心地搓背,梳理长长而湿润的秀发,用毛巾认真地擦背,挠脚趾,修剪指甲等。但是最为重要的还是一丝不苟地认认真真地洗浴着、展示着她们最诱人的臀部,丰腴、光洁、细腻、圆润,迷人眼目,撩人心旌。

雷诺阿画的女性的臀部虽然也是丰满的,但更好像属于天仙。她们在海边洗浴,然后擦净身子让全身尤其是臀部直接接受阳光的抚爱,金灿灿的阳光照耀在那些洗净的柔和甚至像丝绒缎子般滑嫩光洁的臀部,似乎是画中的人物在快乐地享受着青春和天使般无忧无虑的生活。

这些画家笔下的女性的臀缺少了母性的光芒与力量,却多了春天的妩媚、美感的宣泄、世俗的调情和稍稍有些性感的诱惑,而且直接与性别美和性能力联系在一起。画家好像不如此展现女人的美臀就辜负了上帝造人的用意和进化的成果。至少作为一个正常人,这么美艳的丰臀如果没有好好欣赏过,实在可惜。

不过,无论什么样的丰臀、美臀和快感的臀,虽然它们与美的欣赏、愉悦,与生殖和性有直接和间接的关系,但都像一个舒适而诱人的沙发,在投身其中之前,你得首先取得同意,而且必须与之相称。

4.9 迷人的曲线

除了丰乳和肥臀，男人被女人吸引还有另外的因素，例如女性的纤腰，以及由这些部位所形成的迷人曲线。风行全球近百年的芭比娃娃道出了其中的奥秘。

除了姣好的面容，男人最喜好的女人之色是丰乳、细腰和肥臀。女人的这种形体被称为沙漏体型（或称 S 形、梨型），芭比娃娃就是按这样的曲线来设计的，不仅男人爱，女人自己也十分欣赏。为什么男性都爱沙漏型的女人呢？

表面上看，女人凹凸有致的曲线所散发的性感在吸引着男人，但在骨子里却与孕育后代有关。因为，有研究称，丰乳、细腰和肥臀的女人比较聪明，她们生下的孩子也会更为聪明。提出这种说法的是美国匹兹堡和加利福尼亚大学的研究人员。他们发现，拥有 S 型身材的女性比那些苹果型或"竹竿"身材的女性更聪明。因为，丰乳肥臀的女性臀部脂肪中所含的多元不饱和脂肪酸对胎儿大脑的发育至关重要。

研究人员对比了 1.6 万名女性的"三围"数据，并对她们进行认知测试，从测试得分进行分析，以比较三围数据与认知得分的关系。研究人员发现，腰臀比（WHR，腰围和臀围的比值）越小的女性在认知测试中的得分越高，而她们所生的孩子的认知测试得分也同样高。相反，腰臀比较高的女性得分较低，其孩子的测试得分也低。

腰臀比低意味着腰细、肥臀，也即典型的丰乳细腰肥臀体型，她们的腰臀比一般都在 0.6～0.7 之间。相反，腰臀比高，则意味着腰粗臀瘦，也即苹果型或"竹竿"身材，她们的腰臀比都达到了 0.8 以上。

梨型的女性具有较丰满的臀部和大腿，这些部位的脂肪中含有更多的欧米伽 3（Omega3）多元不饱和脂肪酸，这种脂肪酸不仅有助于胎儿大脑中脑细胞的发育和生长，而且能促进大脑功能的成熟。欧米伽 3 多元不饱和脂肪酸除了促进胎儿大脑发育外，还对婴幼儿和儿童也同样有促进智力的作用，可以帮助孩子提高阅读、拼写的能力，还能改善孩子的行为协调能力，提高注意力，减少多动症。

正是由于少女母亲尚不具备丰乳肥臀的形体，其体内积聚的欧米伽 3 多元不饱和脂肪酸较少，因而她们的孩子在认知测试中的表现较差,因为她们的孩子较少受益于欧米伽 3 多元不饱和脂肪酸,其认知发育比较迟缓。同时,与那些较晚生育的女性相比,少女妈妈自身的智力发展也受到损害。这同样是缺少欧米伽 3 多元不饱和脂肪酸的原因。

不过,如果少女妈妈是梨型身材,她们所生的孩子在认知测试中的得分也较高,这似乎也说明丰乳肥臀的体形能为后代提供较多的欧米伽 3 多元不饱和脂肪酸,从而让孩子发育比较完善。

然而,也有人怀疑丰乳、细腰和肥臀的女人未必就是好身材,因为,欧米伽 3 多元不饱和脂肪酸的多少不只是与肥臀有关,而且,从性吸引来说,男性被女性吸引也并非只是考虑下一代的问题。

美国著名的电影明星马莉莲·梦露(M. Monroe,1926—1962)就被视为完美的沙漏型身材,其三围的数字是 89 厘米—56 厘米—89 厘米。但是,研究人员认为,正是与梦露不同的苹果型身材对于想要成功的女性才是重要的。

美国犹他大学的伊莉莎白·卡斯丹(E. Cashdan)认为,尽管社会观念认为沙漏型身材是女性的完美身材并由此而吸引男性,但并非所有的女人都是这样的身材。女性是否拥有沙漏型身材主要取决于她们的经济独立与否。如果是经济独立的女性,她们必须面对社会(工作)和家庭(生活)的双重压力,在这样的压力下,女性很难有这种看似完美的细腰身材,因为沙漏型身材并不利于今天的女性在职场上应对压力。

由于今天的女性也承担供养家庭的任务和面临巨大的社会压力,女性体内雄性激素(睾丸激素和其他同类激素)分泌水平会发生变化,使女性从臀部到腰部的脂肪重新被分配,因而女性的身体日趋健硕,成为苹果型。雄性激素能使她们精力更充沛、更具竞争力、更好地应对各种压力,所以当今的职业女性很难拥有完美的沙漏型身材。

较早的研究已经发现,在现代工业社会,由于生活方式的改变和生活节奏的加快,以及女性与男性一样成为职场中的生力军,因而世界各地的女性腰臀比例往往较大,甚至是水桶腰,而不是医学上认为的完美沙漏身材。卡斯丹对 33 个东方国家和 4 个欧洲国家女性腰臀比数据的对比分析发现,这些国家的女性平均腰臀比例大于 0.8,这显然有违于 0.6~0.7 的沙漏型身材,而是苹果型或水桶型身材。

卡斯丹对此感到惊讶,为什么大多数女性的腰臀比例高不是社会心理所承认的沙漏型身材,这意味着要么是丰乳、细腰和肥臀最吸引男人的社会心理是错的,要么是过去对女性的生育和性吸引力的科学解释有问题。

后来卡斯丹发现,女性的腰臀比数值高是由于其体内雄性激素分泌水平的变化。包括睾丸激素在内的雄性激素能增加女性腰部内脏脂肪,致使女性的腰臀比例增大。这种激素水平的变化却是女性应对压力的结果,因为女性的雄激素水平升高可以增加她们的体力、耐力和竞争力,有助于他们承受各种压力。因此,雄激素水平的重新分配导致腰臀比例增高,对生活在压力之下的女性是有益的,这是细腰女性所欠缺的优势。

男人到底是喜欢女性细腰肥臀还是苹果型的体型也许决定因素在于不同的社会环境,甚至女性的是否独立和扮演重要的经济角色也成为吸引男性的重要因素。

例如,秘鲁和坦桑尼亚的男性偏爱腰臀比达 0.9 的女性,这是一种典型的水桶型或苹果型身材。原因在于,这样的女性更有劳动能力,不仅能帮助男人养家糊口,还能抚养众多的孩子。所以,当地的男性对细腰肥臀的女性会产生本能的反感,也因此,当地的社会心理就表现为喜好苹果型身材的女性,反而讨厌沙漏型身材。

而在日本、希腊和葡萄牙,经济独立的女性很少,由于不需要女性在经济上帮助家庭,这些国家的男人就比较重视伴侣的细腰。但是,英国或者丹麦的男人并不如此,因为,在英国或丹麦性别平等观念较强,女人也要在职场打拼,所以她们应对的压力较大,体内雄激素和雌激素就会重新分配,使得她们拥有壮硕的身材,因此苹果型身材受到青睐。

当然,男人是否愿意选择腰臀比例大的女性作为自己的伴侣除了审美的问题外,主要取决于男人是否希望自己的配偶更结实、坚强,更能在经济上帮助家庭,甚至在职场和仕途上有所发展。所以,关于女性身材,男人并非只是喜欢其中一种,如沙漏型,而是也取决于女性社会角色的转变。

尽管过去认为细腰肥臀乃女性生育力强和性感的标志,男性对此身材十分喜好,但当时就有人称,没有明显的迹象表明男性对沙漏似的 0.7 腰臀比率有普遍偏好,因为现实生活中大多数女性不会是芭比娃娃那样的沙漏体型。

既然男性的择偶并非主要是受女性身材的的吸引,而且女性个人的能力和是否聪明也是吸引男性的因素,那么是否意味着可以完全否定丰乳、细腰和肥臀呢?也不见得,至少在腰臀比值上,较小的腰臀比还是一种健康的体现。

美国一个研究小组调查了 109 例绝经期前的乳腺癌患者,以及 8157 例非乳腺癌对照者,发现绝经期前女性的腰臀比越高(苹果形体形),发生乳腺癌的危险越大,而且如果女性超重或肥胖则发病危险更高。

原因在于,苹果形体形的人比沙漏型(梨形体型)的人有更大的健康危险。腰部的脂肪过多,相应的患心血管病和糖尿病的可能性就会比那些脂肪主要集中在臀部周围的人要大得多。但是,对腰臀比也不必过于担忧。对女性而言,理想的腰臀比例大约在 0.67~0.80 之间。如果是男性,这一比例大约在 0.85~0.95 之间。

如果没有理想的腰臀比,也不必担心。从多样性而言,女性的丰乳、细腰和肥臀只是吸引男性的一个要素,其他因素也同样重要。更何况,看重能力的男人更希望自己的伴侣是苹果型的,因为她们能挣更多的钱帮助家庭和抚育孩子。

4.10 男人为何命短?

无论是什么样的文化和国度,男人与女人的大体区别都在于,男人强壮女人脆弱,男主外女主内。然而,事实上,男人其实并不强壮,至少从寿命来看没有女人那么强盛和长命。

美国密歇根大学的研究人员发现,父亲并没有我们认为的那样强壮。由于来自各方面的压力,男性寿命正在缩短,男性健康正受到前所未有的威胁。

密歇根大学的研究没有给出男女性寿命的差异是多少,只是说男性青壮年的死亡几率比女性高 3 倍。按世界卫生组织(WHO)和联合国人口组织多年的调查统计表明,男性平均比女性寿命短 5~10 年,而且在一些国家,这种差别还在逐年上升。

比如,在中国,20 世纪 70 年代男性比女性寿命少 1 年,80 年代少 2 年,90 年代少了 4 年,进入 21 世纪则少 5 年。在美国一般统计是男性比女性短寿 7 年,在俄国男性比女性短寿 10 年。2009 年北京市人均预期寿命是 80.47 岁,而男人的平均预期寿命是 78.63 岁,女性为 82.37 岁,女性高于男性 3.74 岁。

为什么男性寿命比女性短？对此研究人员和相关人员都有一些总结。其顺口溜是："男人有泪不轻弹，男人有话不爱说，男人有病不去看，男人有家不愿回。"其实，这些总结是远远不够的，因为在造成男性寿命比女性短的因素中还包括男人其他的一些性格、生理特征和社会压力。比如，男性基础代谢高，爱逞强，生活方式不太良好，争强好胜，爱冒险，火气大，爱酗酒，爱争斗，驾车爱亡命，等等。一言以蔽之，爱打仗、争强斗狠的多是男人，死亡多的也就是男人。

两性天生就有一些生理上的差异，其中男性基础代谢要比女性高5%～7%，即能量消耗要比女性高。能量的摄取和消耗与寿命关系的学说中，有一种学说认为是呈反比关系。早在20世纪30年代，美国康奈尔大学的营养学家克莱德·麦卡（C. McCay，1890—1962）用小白鼠做了一个实验，对一组白鼠并不提供充足的食物，只限制它们保证其生存所必需的营养。对另一组白鼠则供应充足的食物，让它们自由摄食，能吃多少就吃多少。结果发现，自由摄食组的白鼠175天后骨骼就停止了生长，而限制摄食组的白鼠500天后骨骼仍在缓慢地生长。自由摄食小组的白鼠平均寿命仅2.5年，而限制摄食组的小鼠寿命则为3～4年。

研究人员认为，少摄食后产生的损害性自由基相应减少，对人的DNA和细胞破坏也减少，因此衰老也会减慢。这也许可以解释为什么吃得多的男性总是比吃得少的女性活得短。

与女性相比，男性的生活方式既不科学也不健康。比如，男人喜欢抽烟喝酒，而烟和酒已经是现代社会人类生命和健康最凶恶的杀手，而且对男性的损害远远大于女性。俄罗斯男性远比女性寿命低，伏特加起到了重要的作用。另外，男性的饮食习惯常常是狼吞虎咽或经常暴饮暴食，由此男人胃病的发病率比女人平均高出6.2倍。而且男人一般进食脂肪和蛋白质类食物比女人多，食用过多的脂肪和蛋白质是发生直肠癌的一个重要原因。同时，相当多的男人不注意防晒，不注意进行皮肤癌的检查。因此男人死于黑色素瘤的可能性是女人的两倍。

男人血液中的雄性激素是易怒好斗、争强好胜的重要原因。在战争年代，上战场的男人多，这自然好理解为什么男性短命的多，因为战争夺走了大量男性的生命。但是，在和平生活年代，男性争强好胜的性格同样是造成其死于非命的重要诱因，因而其寿命比女性要短。比如，由于争强好胜和酒后驾车，男性发生车祸和死亡的几率是女性的两倍。

与男人相比,女性爱哭;而对于男性,如果动辄流泪,则会被视为软弱,没有男人气,不刚强,因此男人有泪不敢流,由此对健康和寿命产生了巨大影响。流泪不仅能舒缓心头的压力并缓解情绪,而且在生理上有利于有毒物质从眼泪中排出。男儿有泪不敢流的结果影响其健康状况,日积月累也会对寿命产生负面影响。

女性特殊的生理现象也决定了女性的耐受力高,生存能力强。比如,女性一月一次的月经练就了女性的耐受能力,尤其是在灾难中的生存能力。在不吃不喝和失血同样多的条件下,男性可能先于女性死亡几天甚至更早,而女性更容易坚持到营救人员的到来,从而成功地从灾难中生存下来。

男人有家不愿回的最大原因是社会对男人的要求是顶天立地,为了成功,为了养家糊口,男性必须超负荷地工作和付出,而且无论在单位和家庭,男人都被要求要支撑门面,因此男人工作较女人更紧张,所要承受的压力比女人更大,因此男人患心肌梗塞而入院治疗的比例是女人的7~10倍。

最后,男性对自己健康和身体的态度影响了他们的寿命。美国的一个调查表明,82%的男性会定期为他们的爱车进行保养,但仅有50%的男性会定期做身体检查。如此,便造成了男人小病不察觉,中病熬着干,大病突然死。如果男性能够及时发现自己身体的异样,及时诊治,就可以大大降低患病率和病死率。

当然,对于男性的寿命短于女性,我们知道的其实很有限,还有很多我们并不知道或只是猜测,甚至连上面一些原因也都有猜测的成分。比如,我们并不知道为什么当男性与女性患上同样的严重疾病时,男性患者比女性患者的寿命要短很多,这些疾病包括心脏病、癌症、卒中等。同样,我们并不知道是否由于男性Y染色体的脆弱造成了男性先天的比女性短命的原因。这些都是需要今后认真研究才能找到真相的。

尽管男性寿命短于女性是一个不争的事实,但是只要今天的男性遵循健康生活的四大原则,就有可能延年益寿,甚至活得比女性长。这四个原则是,合理膳食、适量运动、戒烟限酒、心理平衡。按照专业人员的解释是,四个原则无论对于男性还是女性,都可以使高血压减少55%,脑卒中减少75%,糖尿病减少50%,肿瘤减少1/3,平均寿命延长10年以上。

尽管男性与女性在生理和心理以及社会责任的负担上有差异,因而造成寿命上也有差异,但终有一天,男性通过改变生活方式也会达到与女性同样长寿的目标。

4.11 男人都有恋母情结?

无论是自然法则(生物与进化)还是社会法则(心理、伦理和文化习俗)都对亲情以内的两性关系作了某种限制和规定,如果超越就可能受到惩罚,比如,解释不适宜的亲情以内的两性关系的经典是俄狄蒲斯情结(恋母情结)和伊勒克特拉情结(恋父情结)。不过,实际上,无论是真的恋母情结和恋父情结,还是泛恋母情结或泛恋父情结,现实生活中似乎是前者重于和大于后者,否则就不会有哈姆雷特的广泛流传,并用来解释所有的类似事件和关系。

如今,一个极其类似恋母情结的现象摆到了大家面前,几乎所有的男人在母体孕育之时便产生恋母情结了,而且在呱呱坠地之际表现更为突出,因为男婴比女婴更留恋母体。瑞典和美国研究人员合作,对在1987—1996年这10年中出生在瑞典的66万名婴儿进行调查,发现男婴分娩的时间普遍比女婴晚,平均起来男婴比女婴在母体中要多呆一天的时间才肯降临人世。

而且,26.5%的男婴孕期超过41周,但是只有22.5%的女婴孕周期超过41周,在这一点上男婴比女婴高4%。同时,男婴孕期超过43周的几率是女婴的1.5倍。对此,还没有深入的科学根据来解释为什么男婴比女婴更留恋母体。也因此,如果只用恋母情结来泛泛而论是不可能得出令人信服的结论的。

不过,对男性这种泛恋母情结也并非不能作出解释。在解释、分析和推论男婴是否普遍或更恋母时,有一个基本的概念要弄清,人类的孕育周期有一个适中的度,短了不好,也并非越长越好。

妊娠满28周至不满37周就产下的婴儿为早产儿,显然,由于孕育尚未成熟,这样的孩子即使存活也是先天不足,就如同早熟的水果,难以下咽。但是,如果妊娠超过42周,又称为过期妊娠,也并不意味着就对胎儿有利。因为,过期妊娠可造成供养胎儿的胎盘老化,可使胎儿供氧和营养不足而造成死亡;同时过期妊娠可让胎儿过分生长造成胎头过大,导致难产。所以,人的进化过程确定,39~42周对于一个生命的孕育来说是比较合适的时间长度。

也因此,从科学和有利于胎儿生长发育的角度来探讨,瑞典、美国研究人员的研究只能说男婴的"恋母"是在适宜的时间范围内(平均男婴比女婴在母体内多待一天),超过了42周的,恋母就不再是正常,反而可能是异常。

为什么男婴比女婴普遍更恋母?有两种解释。第一种是美化的说法,即男性普遍恋母是为了获得更多的养料,因而使大脑及全身发育更好,也为其将来"统治"(管理)世界打下基础。平均起来男性比女性在母亲的体内多待一天,男性在发育期吸收的营养就会更多,大脑发育也更好,智商也相应提高。而这种差距虽不能说有"洞中一日,世上百年"的效果,也类似于"差之厘毫,失之千里"的效应。

2003年武汉科技大学医学院附属医院的一项研究显示了这种差距的可信性。研究发现,在母体内待的时间越长,对婴儿的神经行为和发育越有利。所谓神经行为是新生儿对周围事物的感知和认知能力。即使是足月产的婴儿,怀孕周(时间)越长,就越有利于婴儿的神经发育,从而提高其神经行为的能力。当然,这种孕周期的长短是在39周至42周之间。

具体地讲,胎儿在母体内多呆一周,以后新生儿的神经行为发育的成熟度提高一个等级的可能性便增加了约12%。因为,胎儿的中枢神经系统是在怀孕第6个月时进入快速发育期的,到出生后2岁也处于大脑快速发育期。而妊娠晚期,即快分娩的一段时期是胎儿神经系统分化成熟的关键时期。此时,胎儿在母体内的时间越长,就越能得到母体直接而迅速的营养和氧气,也就能促使新生儿的神经行为更为成熟,甚至更优秀。

由于有这样的因果关系,男婴就更要珍惜这来之不易的母体环境,能多呆一天是一天,所以到出生后更显得智商高,也就为日后成为社会各行各业的支柱人物打下先天厚实的基础。也就是说,男婴的恋母是有相当重要的原因的。

对这个解释,一些女性肯定会不满,或不愿苟同,这也是可以理解的。因为从来也没有统计学上的意义证明男性的智商比女性高,同时成功学也从来把一个人的成功归结为"三分智商,七分情商",所以女性也就姑妄听之。更何况还有"摇纺车的手统治着世界"之说呢!

对男婴普遍恋母的第二种解释是负面的,即男性天生就比女性脆弱,因而需要赖在母亲体内寻求更长时间的保护,由此证明他们比女婴的生活和生存能力差。

男性的脆弱表现在,男性性细胞(精子)、成人男性、男童和男性胎儿都更容易受到烟雾、化学物质、杀虫剂和激素的损害,而精子和男性胎儿对有害物质的反应更加强烈。以往的研究已经证明,吸烟对精子造成的损害较大,可以导致不育。即使轻度吸烟也可能造成Y染色体的损害,从而造成意想不到的结果。

通常Y染色体受损的部分是其长臂。精子的弱点体现在两方面,一是它很容易像一个人一样,患有机能不全;二是它的染色体即所有基因,对外界环境较敏感,容易断裂。而且,男性无论是细胞中的线粒体染色体还是细胞核染色体,都具有这样的弱点。

即使一个精子能顺利地与卵子结合,在后来的生育过程,这种受精卵也可能由于精子的原因而出现损害。人类所有明显的突变,包括软骨发育不全、多发性内分泌瘤和尖头并指(趾)畸形(阿伯特综合征)等,似乎都产生于雄性的胚胎。另外,由于精子的敏感性,它对环境介质的作用十分敏感,因而无论在儿童、年轻人还是成年人的癌症发病中起到至关重要的作用。例如,吸烟多的父亲其后代的患癌率可能是不吸烟者的4倍。

到了怀孕后,男性胎儿同样脆弱。最近的几项研究证明,两个主要原因造成了男性胎儿的机能失常,一是男性的Y染色体的长臂上有基因缺损,因为Y染色体上的基因对环境因素特别敏感;二是氧化作用,容易使Y染色体受损害。相对于女性的XX性染色体,男性的XY染色体中的Y染色体非常脆弱,十分容易受到伤害。同时,一旦Y染色体上的遗传信息丢失,就不可能像女性XX染色体那样可以由另一个X染色体上的资源和信息来补充救驾。所以,Y染色体上的基因一旦缺损或丢失,它所携带的遗传信息就不可挽回或恢复。从这个意义上看,男性更为脆弱。

男性脆弱的另一个重要原因是,在过去的3亿年间,由于哺乳动物的Y染色体与X染色体配对,而非与Y染色体自己成双配对,因此Y染色体一直在变小,其所含基因也在减少。所以男性无论在生命进化和繁衍中的作用,还是在现实生活中承担的角色都在减弱,尽管这个世界表面上还是男性居于统治地位。也因此,顺理成章的推论是,男性胎儿最容易受到伤害。成年男性也同样由于在"命根"——性染色体上的脆弱,使得男人外强中干,因而更需要悉心关怀。

除了生物学上的原因,男人的恋母情结可能也来自于实际上比女人更脆弱的心理。比如,今天束缚男人的三大桎梏,一是孤独;二是被迫竞争;三是一辈子害怕流露感情。如果你问一个女人近来怎样,她会比较直率地把心中的烦恼吐露出来。但如果问到男人,他的回答通常很简单,"不错,还好"。其实,天知道他心里有多少烦事。

通常,有些男人不愿讲心里话是怕别人,既是别的男人,也是别的女人,更包括自己的妻子儿女,小看他,认为其没有力量,没有男子汉的精神和能耐。不过,他们也还有一个可以倾诉和诉苦的地方,就是在其母亲面前。因为母亲不会嘲笑儿子的诉苦、软弱、流泪和没出息,而是想尽各种方式和言语来安慰他、鼓励他,就像小时候一样给他力量和信心,并保护他作为男人的尊严。也因此,男人可以在母亲面前倾诉、示弱,但不能在其他人面前倾诉示弱,甚至在父亲面前也不可以,因为这样也可能遭到来自父亲这个男人的讥笑和看不起。这也是男人具有恋母情结的重要原因,男人只能也只可以向母亲诉苦和示弱。

为什么男人会有这样的心理?这也是男人主要是由母亲抚养所造成的,主要是行为方式、生理和心理方面的教养,父亲一般只管经济问题,较少顾及儿女的教育。回顾一下男人和女人的成长过程就可以发现男人产生恋母情结的必然原因。

从古至今,人类生活中男孩与父亲的接触交往实在太少,相反,与母亲交往最多。于是,男性身边缺少良师益友式的男人来帮助他成长为一个合格的男子汉。女孩子在家里与母亲的接触十分自然,幼儿园和小学的老师也多为女性,使女孩很容易与同性建立深厚友情和亲密关系。男孩的成长环境中缺少成年男子的角色示范,有时他们就只能根据影视媒体中的形象去虚构一个男人,并按照这种虚构的形象去行事,以证明自己也够称得上一个男人。但是,男性从儿童到青春发育和到成年,始终难以了解到男子汉真实的内心世界,所以他们在这种不真实的模仿过程中很难真正成长为男人。结果是很多男人虽然徒具五尺男儿的身躯和外表,但却包裹着一颗脆弱的童心,无论他们有多大,在遇到困难时还是只能寻求母亲的帮助,主要是心理上的,当然也有经济上的。这种必然现象就让人们看到了更多的恋母情结。

所以,"男人有事不言语"的伪装虽被世世代代誉为男性的"美德",却既害苦了男人也害了女人,更是男人恋母的重要原因。其灾难性的后果最终可能从他们的婚姻生活、父子关系、身心健康以及社会行为上反映出来。

另外,中国民间形成了一种看法或定论,男孩"命小",女孩"命大",男孩不好养大,女孩好养大。无论这里面的原因有多少,其中男孩的脆弱是不容否认的。也因此民间很多人家养了男孩要起一个女性的名字或动物名字,以求其命大,从而容易养大孩子。

与其说男婴普遍恋母的原因是因其深谙竞争和生存之道,要多吸收一些母体营养以提高智商,还不如说其实是男婴脆弱的表现,需要多得到一些母亲的照顾和关怀。所以,男性的普遍恋母从生命一开始就决定了。既如此,"摇纺车的手统治着世界"真是一点不假。

4.12 男人,中性一些更性感

心理学的调查证实,稍有一些柔性或女性化的男性更性感,也更有性魅力,并能吸引异性。这也是人们目前所提倡的除了男女两性之外的第三性或中性,如此一来可以减少两性的矛盾,更有利于社会和谐。情况真是这样吗?

这得从台湾大学社会学系教授孙中兴提出的双性厕所谈起。他认为,"男女如厕,机会均等",在性别平等的厕所里,没有男生专用的小便斗,只有男女共用的马桶。双性厕所有许多优点:首先,男生不使用小便斗后,男女同学排队上厕所的机会均等。其次,在双性厕所中,男女同学可学习互相尊重及厕所礼仪,男生也不会再把厕所搞得很脏。而且,男女共厕能抑制偷拍歪风。在双性厕所里,歹徒装设针孔摄影机拍摄到的还有男生,这样女生被拍摄的几率就可降低 50%。总之,男女同厕不仅有利于减少性侵害和性骚扰,而且有利于节约资源,创造男女平等的机会和相互尊重与理解。

中国大陆一些学者,如李银河也赞同这个建议,理由是,这种举动和行为方式是照顾到世界上还有男女两性之外的第三性,也就是一些中性人,或跨性别群体,他们大约占整个人群的 6%~10%。在性别认同上,他们既不认为自己是男性,也不认为自己是女性,而是中性。男女不分厕所,就既照顾了他们的心理和生理,也减少了他们的行为的不便。

看来,中性的确存在于我们的生活中,而且现在还有一种时髦化的趋势,女性男性化和男性女性化。直到今天,女性的中性化也还没有得到认同并且认为这是女性失去性魅力的一种副作用。男性的中性化却在今天得到了某种认同,但是也经历了一个过程。

男性稍稍有些中性化更受异性的青睐,这种情况已经得到很多研究和事实的验证。为什么会出现这种情况,笼统回答一句时代的变化和进步是远远不够的,应当从这些现状的背后去查找原因。如果男性在取名和言谈、相貌和行为举止上稍稍中性一些,恐怕受到的异性青睐会更多,不仅有助于他们的择偶和家庭生活,也是一个男人成功的重要标志之一。

名字只是一个人的符号,但也是书面语言的一种形式。如果男人的名字取得中性或柔性一些,也会被视为更有魅力,尽管这只是一种直觉或感觉。

美国麻省理工学院的语言学家阿米·佩福斯(A. Perfors)在"热辣或冷酷"(Hot or Not)网站做了一个实验。把一些男女的相片贴在网上请网民对这些相片的主人公的吸引力和性魅力打分。当她把同一照片配以不同的姓名提供给评判者时,发现人们的评分根据姓名的元音发音而升高或降低。

在其名字中有前元音的男人(如,发音时由口前部发"a"的音),如Matt(马特)就比名字中有后元音的男人(如,发音时由口后部发出的"au"音),如Paul(保罗)得分更高,被视为更性感和更有魅力。但是,对于女性的评判则恰恰相反,名字中有后元音的女性比名字中有前元音的女性更性感和有魅力。

为什么呢?这对于习惯了象形文字语言的人来说是难以理解的。在没有象形符号提示意义的情况下,为什么仅仅以发出的元音的差别就能让人们产生心理上的不同意义解读呢?一句话,这是人类社会长期以来根据男女生理和心理特点对男女所承担的性别角色的一种传统认同,并且在男女角色认同的基础上的一种改变。

在字母拼音语言中,前元音通常视为比后元音更小,这种发音就成为一种标志或符号,与社会生活中区别男女性的习俗和方式有共同之处。例如,男性用的自行车、手表都要比女性粗大威猛,女性用的车和手表通常精致小巧。所以,前元音就多多少少有柔性的意义成分在内,后元音就多多少少有刚性的成分在内。

男性使用有前元音的名字并非说他们有非常强的女性化的趋向,而是让人觉得作为强壮的男人有一点点柔性的表现反而证明了这样的男性有人情味,兼具两种性别的特点,因此更吸引人和更具魅力。但是,如果男性想要体现魅力而一味地或过多地采取女性化的行为,比如完全取一个女性的名字,反而会被视为没有性感,而且让人反感,因为这样的做法已经成为男不男、女不女的了。

在中国人的名字中,最为典型的是像李叔同(1880—1942)这样的中性名字。他的吸引异性和在女性中更具有魅力并非仅仅是他的琴棋书画,多才多艺,也在于人们由名字到人而产生的对这样稍具柔性的中性男人的认同。

爱上一个人需要多长时间?美国心理学家最近的一个调查表明,其实很短,只要 30 秒至两三分钟。这种情况虽然是对一见钟情的图解,但其后的原理却比较复杂,当然,其中相貌占了重要位置。

2009 年英国利物浦大学研究人员的一项心理学研究证明,像电影《泰坦尼克号》的男主角莱昂纳多(Leonardo,1974—)那样的略带中性化的男人更受女性喜欢,因为这样的男人好像更温柔一点儿,更女性化一些。

研究人员借助电脑合成技术将男性的面部特征变得稍稍女性化一些,比如,将同一个人的眼睛变大,嘴唇变得更丰满、眉目匀称、鼻峰挺拔等等,然后在英国各大学随机选择了女大学生和女职员共 100 名,让她们选择自认为喜欢的男性相片。把这些调查数据回收后,研究人员进行归纳分析。得出的结论是,那些被认为最具魅力的男人,基本上都拥有宽阔方正的脸颊和下巴,眉目匀称,鼻锋挺拔。

但是,细致和深入的调查表明,更多的女性喜欢温柔一点儿略带女性化脸孔的男士,例如类似莱昂纳多长相的男性。归结起来,这类男士的相貌特征是:眼睛大大的、圆圆的、水汪汪的,眼神飘忽,笑时呈弯月眼,有双眼皮,皮肤细腻、光洁。显然,这类相貌特征更具女性化,或来得更为柔性和中性。

为什么女性会喜欢相貌略带中性的男人呢?研究人员给出的答案是,这样的相貌除了后代可能会健康、富有魅力外,根本还在于略带女性化的男性通常比较会体贴女性,会主动为女性服务。这类男人通常是一生浪漫、左右逢源，却予人一生坚贞不移、永爱不渝的感觉。同时，女性化长相的男性容易给女性造成充满爱心、关怀与可靠的感觉，这也许是在人类进化选择过程中形成的必然结果。还有，外貌和性格柔和的男性显然要比孔武有力的男性更加不具有攻击性，也更容易接近。

所有这些都是中性化相貌的男性更吸引女性的原因。

研究人员给出的分析只是一种理论和答案，但不可能回答是否相貌柔性一些的男人在行为举止和性格气质上也必然温柔和体贴女性。也因此，一个更为本质的答案是，如果男性在行为举止和性格气质上稍稍温柔一些，而且知道体贴女性的男子，才可能最受女人喜欢。

然而，男性趋于女性化的中性似乎是没有多少人赞同的。比如，在国内，让一些大男人讥讽的是上海"小男人"。原因是，说话娘娘腔，家务争着干，心细有余，粗犷不足。讥讽者画出的一幅上海市民民俗画是，一家三口，母女在客厅织毛衣比编织手艺或看电视，男人扎着围裙从烟熏火燎的厨房里钻出来，端着一份刚刚炒好的菜向妻女献艺说：尝尝，味道可好？

时过境迁，当初讥讽小男人的笑料今天却成为好男人的标准，那就是男人有时应当婆婆妈妈，细心柔情体贴人，要爱家、顾家、会做家务事。男人的这些行为举止却正是有些女性化但又不全是女性化的中性化表现，上海男人在这方面就成为现代好男人的榜样。而且相当多的人认为，这样的男人才更性感，或更有魅力。懂得体贴女人的男人即使不浪漫，也会受到女性的青睐。

男性行为和气质的中性化被视为有魅力并得到认同几乎是一个全球化的趋势。在国外这种趋势比中国早二三十年。比如，1979年就获得第五十二届奥斯卡最佳影片的《克莱默夫妇》正是演绎和描写了一位要家、顾家、爱家和照料孩子的中性男人是如何赢得美国人以及许多国家公众的人心的。达司汀·霍夫曼（D. Hoffman, 1937— ）扮演的克莱默在妻子不愿总是为人妻为人母，要活出自我和独立，把孩子交给自己后，既当爹又当娘，不仅要工作，还要为孩子做饭、洗澡洗衣、系鞋带、喂饭、讲故事。这个小个的、会做家务、有耐心并且充满柔性的中性男人果然以自己的人情味赢得了观众好感，并被普遍认为是一个有魅力很性感的男人。

今天，就连名字和相貌中含有柔性或女性成分的男人都要被视为性感和有魅力，更何况克莱默这样的男人以及今天的上海男人，也难怪行为和气质稍稍有些中性的男人要被视为有魅力和性感。因为这样的男人在行为方式、思维方式、语言方式上更向女性化靠拢。男性的敏感、脆弱、谨慎、温柔在被女性广为接受的同时,也就催生了更多这类男人的产生。所以,温文尔雅、柔顺谨慎的男人不仅在银幕上大受欢迎,而且在生活中给人以更细心、更安全的感觉,当然要受到女性青睐。

另一方面,虽然中性化的男性在今天逐渐受到欢迎,但也不可否认有相当多的女性是喜欢那些在相貌上表现为典型的孔武有力的、在行为上粗野、在气质上粗犷的男人,比如下巴和眉骨长得非常突出,而且脸上的毛发和胡子比较浓密,不拘小节、不做家务的男人。这种男人通常雄心勃勃,且富有决断力,一般在事业方面颇有建树。

4.13　一夫一妻的秘密

人类社会一夫一妻制的形成与巩固自然有其必然的原因。过去,人们认为一夫一妻更多的是人类的文化所决定的,因为大部分地区和国家的伦理、风俗和法律都规定,人类的社会生活必须是一夫一妻制度。但是,如果从生物学的角度来看待人类的一夫一妻,以及比较人与动物的配偶制,也许会有新的诠释和独特的视觉。

为什么人类是一夫一妻的伴侣关系,这个问题相当复杂,只能说是在进化的过程中各种因素的结合造成了人类目前婚姻的一夫一妻制。在社会学上一个引用得比较多的观点是,两性间的激情只有四五年,如果不能以法律的强制形式保持一夫一妻制,那么人类的绝大多数家庭就会解体,这对于社会来说是不稳定的。

爱情的本质在于激情,在于两性间的吸引,因此是浪漫的。但是激情不会维持得太长。按美国新泽西州立罗格斯大学社会学家海伦·费希尔(H. Fisher, 1945—)的观点,一般是四年。在远古时期一对情侣共同生活的时间是抚育孩子度过幼年期,然后便各自去另寻新欢并周而复始重复这一过程。20 世纪 90 年代,费希尔对 62 种文化进行调查(涉及 62 个国家的 1947 年以来离婚情况的调查)也发现,现代人的婚姻相互吸引也只有四五年,离婚的高峰期都在结婚后第四年。

因此,人类的离婚并不是什么文化现象,而是人们从祖先那儿继承下来的交配行为的一个特性。但是如果养育一个孩子则会维系夫妻感情并让他们彼此厮守更长的时间。因为抚养孩子需要双方的合作、责任和自觉不自觉地对孩子的全身心投入。这种共同的投入不仅有助于双方长期共同生活而且有助于双方深入了解对方,使爱情更为成熟,夫妻也容易白头偕老。

波兰的瓦西列夫(O. Vasilev,1904—1977)在其《情爱论》中作过类似的解释。他认为,一对夫妻,尤其是那些容貌平平、失去了性爱的吸引力的夫妻,为了不致使夫妻关系解体,就会把几乎所有精力都转移到生育和抚养孩子身上。这样,他们的精力和时间有了地方消耗,也使得他们在共同抚养孩子的过程中培养家的感情和与孩子的感情。而且不离婚在伦理上也符合人类现代婚姻的要求,同时对他们也是一种合理的保护。因为即使离婚,如果没有出色的性吸引力,一般是难以再次找到配偶的。

在这样的基础上,一夫一妻制对女性的帮助尤为巨大。比如,在现实中,那些年龄较大但具有较高社会地位和较多财富的男性可以再次找到"豆蔻梢头二月春"的年轻女性,但反过来年龄大也有地位和财富的女性却难以寻觅到如意郎君。

在现代社会婚约只是一种强制性的手段,但是,如果一对夫妻真的彼此不满意,也可以解除这种关系。因而在生活中,让对方真正地迷恋自己一直是婚姻最本质的内容之一,否则世上就不会有那么多的"女人宝典"和"男人秘笈"。但是,在吸引异性上,女性有着天然的优势,这也许是进化的使然。

中西方都熟知的总结两性关系的一句话是:女人只是为了安全才与男人待在一起,男人则只是为了性才与女人待在一起。不过,这还不能完全说明人类和其他生物一夫一妻制的原因。实际上在一夫一妻制的后面有一种生物驱动力,雌性则是开启这种驱动力的主要力量。过去,对生物性行为的经典解释总是聚焦于雄性,但是现在实际上应当把这种行为较多地集中于雌性身上。生物的两性结合最原始的动力是完成繁衍后代,使种群进化,在生存竞争中延绵和扩大种族,当然也满足性的需求。

在生存竞争中,雌性为了长期地吸引雄性,会有许多非常聪明的举措,比如把自己装扮得非常美丽和具有吸引力。但是雌性为了长期吸引雄性的另一种更重要的举动是,在任何时候都可以满足雄性的性要求,以此来掩盖自己是否具有生育力,因为雄性一般愿意选择那种看起来有生育能力的雌性作为性伴侣,这样才能把自己的基因有效地传递下去,完成和扩大种群的延续。所以,巴黎科学研究中心的进化生物学家安德斯·莫勒(A. Moller)认为,性行为是由雌性驱动的,当排卵受到掩盖时,雄性就与雌性待的时间更长一些。

雌性的这种行为自然便把雄性牢牢地长期地拴在了自己身边,因为雄性至少要花较长时间才能检验雌性是否有生育力。长此以往就形成了一夫一妻的婚姻和生殖模式。所以有人认为在进化的的过程中,高级生物(包括人类)的雌性能在除了月经期的几天外都能与雄性进行性生活,这既是一夫一妻形成的基础,又是人类充分享受性的愉悦的优势。

这种解释也许是对高等生物而言,因为低等生物一年只有几天或几个月的发情期,除去发情期,一般雌性不理会雄性的性要求,更谈不上满足它们,这就使得雄性为满足自己的性要求而另寻性伙伴。因此这种性伙伴关系也都是短期的,一旦雄性的生殖目的和性欲得到满足,它们又会转向别的具有生殖能力的雌性。由此也造成了低等生物难以进化成一夫一妻制。

当然这也并非是说,高等生物雌性能随时向雄性提供性的满足就可能形成牢固的一夫一妻制,只是一个重要原因而已。因为即使这样,一些雄性也难免会违反一夫一妻的契约,在外面寻花问柳。当然雌性也会有在婚外寻求性满足的。

在绝大多数生物尤其是低等生物中,雌性只是在生育期才与雄性发生性行为。为什么会有这种情况呢?一种解释是,性行为消耗能量,而且会使雌性有染病的危险。但这也意味着雄性能轻易地识别哪只雌性具有生育力,因此它们不会浪费时间与那些不能怀孕的雌性谈恋爱和交配。雄性一般并不能在养育后代上给予雌性帮助。雄性的策略是,只要雌性有生育力,就待在它身边。这是最简单的使种群延续的有效方法。

但在某些动物,包括鸟、豪猪和人,雌性更为聪明。雌性一是切断雄性赖以判断雌性是否有生殖力的视觉和化学信号,二是在所有时间都能接受并与雄性进行性行为,这样一来它们就能阻止雄性识别它们是否能生育。在无法捕捉雌性能否生育的信息也因此不能判定雌性能否生育的情况下,雄性就只能观察雌性的行为了。同时一旦雄性对雌性的生育状况无从观察,它们就会感到不值得花费时间去追逐大量的性伴侣。因为,无论雄性与哪一只雌性呆在一起,与雄性厮守的这只雌性看起来也像其他任何雌性一样能生育。为了繁衍和性的需要,雄性需要花费一定的时间才能发现一只雌性是否能生育。这既是雄性追求雌性的代价,又成为一夫一妻制的重要原因。

尽管这一理论看起来比较容易理解，但是要真正得到论证，还需要很多证据。另一方面，动物学家发现，在一般情况下，追求雌性方面选择比较稳定的伴侣关系的雄性具有较少的后代，这就使他们处于一种进化的弱势地位。那么，这是否意味着一夫一妻制的形成还有另一些原因呢？回答是肯定的。最明显的一个原因是，让每个雄性都获得基本相同的性权利和生殖机会，同时也获得了种群的基因多样性。

为了证明这一点，生物学家对大量动物进行了许多调查。在一定条件下，一夫一妻制是一种优先的选择。在许多动物中，即使雄性拥有多个性伴侣已成为生物种群的一种习惯性行为，但如果雌性开始隐藏其生育能力，雄性也安心于与一只雌性保持长期的性伴侣关系。原因在于，动物这么做是为了让每个成员都有享受性的快乐的权利和生育后代的权利。因为这样的情况隐含着使一个物种种群的基因保持多样性的优势。

当然，雌性靠掩饰排卵来长期吸引雄性并非是一夫一妻制的唯一原因。雌性想与雄性保持稳固的一夫一妻关系也可能是为了让雄性帮助抚养后代。这种理论并不陌生，因为很多人已经提到过，而且在包括人在内的许多生物中得到证实。

只是，人和其他低等生物都会在一夫一妻制的时候找一些婚外情作弥补。即使那些看起来是一夫一妻制的动物，雌性和雄性也会互相欺骗，在婚姻之外寻求其他的"露水伴侣"。对动物这种行为的解释是，雌性在夫妻关系之外再与其他的不同雄性具有性关系，是为了保证它的后代有较好的基因质量，因而具有较强的生命力。雄性在一夫一妻制外寻求另外的性伴侣，则是为了想把自己的基因更多地扩散延续下去，并享受更多的"性趣"。

比如，鸟类生物学家检测鸟儿后代的DNA，结果发现，在一夫一妻制的鸟儿夫妻中，30%的后代与雄鸟没有血缘关系。这说明雌鸟与雄鸟都是互相欺骗，在婚外寻找"性福"和另外孕育子女。比较显著的是大山雀、大苇莺、双色树燕、鳞头树莺等，也许它们知道，也许不知道，有些子女并非是自己的血缘"婚生子女"，但一夫一妻制的鸟类总是把所有的子女当做自己的孩子来抚养。

虽然不能把动物的这种一夫一妻制形成的原因、表现形式和两性关系简单推论到人类身上，但至少人类的一夫一妻制、婚育形式和两性关系也可能从动物身上找到一些影子。所以，人类一夫一妻制是文化和生物等多种因素的结果。

Chapter 5

第 5 章

生命的历程

　　人的生命是一个过程。有的生命可以达一百多年,有的生命却可能只有几岁、几个月甚至几天或几小时。但是,无论生命的过程是长还是短,所有的生命都有其自身的意义。尽管每个个体的生命意义并不一样,但却有一些基本的共有要素。例如,活着时他/她爱过和被爱过,死后也被人怀念,因为他/她至少做过让人不能忘怀的事。

5.1 青春的开始和结束

一个家族如果富裕，则需要有人来继承；如果贫穷，则把摆脱贫困改变命运的希望寄托到下一代。一个国家也希望后代层出不穷，茁壮成长，获得民族的复兴和强盛。

但每个生命个体并非都渴望长大和成熟。例如，关于成长有两个针锋相对的说法。一是中国人说的"长大了我就成了你"。二是西谚所说，"长大是一件很可怕的事"。前者说明每个处于孩童和青春期阶段的人都渴望长大，成为自己所崇拜的偶像那样的人，后者表明的是，未成年人害怕长大，因为长大就得担负很多责任。

无论是盼望长大还是不希望长大，人的成长都身不由己，有自身生长发育的规律。于是，在成长的过程中就出现了不同于以往的一些新的生理和生物标记，它们提醒着人们，当这些标记出现时，意味着未成年人青春的开始与结束，在这种特殊意义的时刻，需要特别关注成长着的人的生理和心理状态。

男性女性进入青春期一直有一个最为古老也最为明显的标记，女性到了十二三岁会出现阴道流血，即月经初潮，而且会长出腋毛、阴毛，这就可以判断自己进入了青春期。男性则是在 14～16 岁出现首次遗精，出现第二性征，如阴毛、腋毛、胡须出现，长出喉结等，这也意味着男孩进入青春期。

但是，研究人员新近的研究结果表明，男性女性开始青春期还有一个同样甚至更重要的标记，在某一天有一种强烈的想亲吻自己所喜欢的异性的冲动。更为重要的是，渴望进行或获得初吻则是由基因决定的，这个基因就叫做"亲吻一号"，它决定着人的性激素的分泌。当这个基因激活并启动人的性激素分泌时，青春期也才算正式开始。

所谓的"亲吻一号"基因能编码产生一种叫做"亲吻促动素"(kisspeptin)的蛋白质。在人的青春期开始时，这种基因会在大脑的下丘脑部位激活并产生 kisspeptin，后者又会向人体的另一种基因 GPR54 发送信号，以启动人体分泌标志性成熟的激素，在男性就是雄激素，在女性就是雌激素。在身体内发生了如此巨大的化学作用的刺激下,就会有想亲吻异性的强烈冲动,而且这种化学变化是一个基因链的反应。

在人的生长发育过程中,童年时分这些基因处于"冬眠"状态,但到了青春期就会觉醒。"亲吻一号"基因就像一个定时开关,只要它激活了,就会启动人体性激素的分泌,从而进入性发育的青春期阶段。但是,"亲吻一号"基因只是青春期启动的基因之一,它要与其他基因共同起作用才能推动青春期发育,当然它起着重要的启动和先锋作用。

虽然"亲吻一号"基因启动后会产生亲吻异性的冲动,但这并非意味着就可以进行和献出初吻了。因为,决定每个人初吻的还有重要的认知和人际关系的准则,即何时初吻和给予何人将是非常重要的,这常常决定着一个人未来的情感生活是否幸福如意。一个基本的概念是,比较推后的、成熟的初吻效果会更好。"亲吻一号"基因启动了亲吻异性的冲动,但并不意味着应当开始去实践。因为这距离果子的成熟还有一段时间,只有成熟的果子味道才是最好的,营养是最丰富的,也是最有利于身体的。所以,亲吻也只有在成熟时才具有实际的意义和丰富而甜蜜的味道。

虽然有很多标志青春期开始的标记,但青春期何时结束却一直没有明显的标记,一般是以年龄来推断,即18岁以后就算青春期基本结束了。但是,这种推论一直被视为没有明确的科学界线,当然这也与青春期结束需要从生理、心理、人的成熟程度和社会责任感等方面来综合判断有关,因而有一定难度。不过,今天研究人员的一项新发现提供了判断青春期结束的重要标志——看人的睡眠状态。这种睡眠状态的变化也与过去通常判断青春期结束的年龄标记有相似之处,年龄相差不过两岁左右。

很多家长都有这样的感觉,上初中的孩子总是晚上不想入睡,但第二天早上又很难叫醒。这在歌手费翔的成长叙述中也非常典型。当他在台湾上初中时,每天早上都是家里的保姆阿姨来叫醒他,每叫一次费翔又倒下去再睡一次,然后又被保姆叫起来。就像打仗一样,每天早晨要经历这样无数次的胶着战,费翔才能勉勉强强起床洗漱、吃饭上学,甚至有时为了迷恋床上的几分钟,都来不及吃饭就要上学。

但是,当某一天孩子突然改变了这样的习惯,比如晚上突然睡得越来越早时,家长会不会感到另一种惊奇呢?惊奇是可以的,但没有必要担心,因为新的研究成果提示,遇到这种情况就说明孩子的青春期已经结束,应当恭贺孩子,他们已经长大成人。至于孩子是否真的成为成年人,在心理上不敢如此保证,但至少在生理上可以作如此判断。

德国慕尼黑大学的伦内贝格(R. Renneber)等研究人员调查了25000人的睡眠习惯,这些受调查者年龄在8~90岁。起初调查是为了了解睡眠与健康的关系,但是随着调查的深入,他们发现了睡眠与人的生长发育之间的一种关系。当人们进入青春期后(十二三岁之后),会随着年龄的增长而在晚上睡得越来越晚。但在20岁左右,人们的睡眠习惯又会发生巨大的变化,晚上入睡的时间变得越来越早。

如果孩子与父母同住时,这种情况常常会引起父母的惊奇。伦内贝格等人认为,这种变化可能与生物原因,比如基因控制有关,说明经历了青春期的晚睡阶段而进入成人期在晚上按时入睡的阶段。当然,这种睡眠上的变化的生物学原因还有待于深入探索,但孩子从青春期的晚睡而早上不起到晚上早睡并能在早上正常地起床,参加学习或工作,既是他们青春期结束的标志,又是他们能达到自我控制的成熟标记。

同样,睡眠模式的变化也反映了男女在发育上的差异,女性发育较早也完成得较早,男性发育较迟,进入成熟期较晚一些,这个差距约为1~2年。青春期女性入睡最晚时间在19.5岁,在此之后就开始提早入睡。青春期男性却是在20.9岁时达到最晚入睡时间,但此后就开始早早入睡。

知道了这种现象,无论是家长、老师还是自己本人都应当意识得到,这种睡眠变化意味着青少年已经结束青春期,并走向成人世界,也就要使他们的行为和心理担当起成人的责任,而不是惧怕长大。不过,睡眠在青春期前后的变化不仅指出了青春期结束与睡眠的关系,还隐含着疾病与睡眠的某种关系。例如,如果到了青春期结束后,有一些人还在晚上迟睡而早晨不起,就可能与精神分裂症和双极精神障碍(Bipolar disorder)——又称为躁狂性抑郁症(manic depression)——有关。

当然,一个个体的成熟并非仅仅是生理上的长大,而是要加上心理和社会责任的成熟,如此,才能称为长大。

5.2 老冉冉其将至兮,恐修名之不立

"出名要趁早"曾流传一时。借用这句话的核心意义,一个人应当做事要趁早,因为当你青春发育完成并长大成人之时,衰老也就来临。如果没有时不我待的紧迫感,人生就真如白驹过隙,当你还没有觉察时,衰老就来临了。难怪屈原要感叹,老冉冉其将至兮,恐修名之不立!用 1997 年诺贝尔物理学奖得主朱棣文的话来表述便是:"生命太短暂,所以不能空手走过。"

2008 年 7 月 15 日,英国《每日邮报》发表了一篇"人体器官功能退化从何时开始"的文章。文章称,研究人员安吉拉·爱波斯坦(A. Epstein)在医学研究人员的帮助下初步确定了人体各器官开始衰老的时间。让很多人意外的是,在步入老年之前,人的大部分器官早已开始衰老。尤其令人震惊的是,在所有的重要器官中,最先衰老的竟然是大脑和肺;衰老比较晚的是肝脏,在人们 70 岁时才开始进入衰老期。

无论对这些说法是否相信抑或认为是否有科学根据,我们都需要知道其中的主要内容,因为它提醒和催促我们,抓紧做事,珍惜生命和享受生活。

味觉和嗅觉的衰老最快,从 6 岁开始退化。人的一生中最初舌头上分布有大约 10000 个味蕾,老了之后这个数可能要减半。过了 6 岁,人的味觉和嗅觉逐渐衰退,部分是正常衰老过程的结果。它可能会因为诸如鼻息肉或窦洞之类的问题而加快速度,也可能是长年吸烟累积起来的结果。

大脑和肺脏的衰老是从 20 岁开始。随着年龄越来越大,大脑中神经细胞(神经元)的数量逐步减少。人类出生时神经细胞的数量达 1000 亿个左右,但从 20 岁起开始逐年下降。到了 40 岁,神经细胞的数量开始以每天 1 万个的速度递减,从而对记忆力、协调性及大脑功能造成影响。尽管神经细胞的作用至关重要,但大脑细胞之间的接触部位突触功能的退化对人体造成的冲击最大。突触的功能是保证神经信息在神经细胞和非神经细胞(肌细胞、腺细胞等)之间迅速和有效地传递。

肺活量从 20 岁起开始缓慢下降,到了 40 岁,一些人就出现气喘吁

呼的状况。部分原因是控制呼吸的肌肉和胸腔变得僵硬起来,使得肺的运转更困难,同时,还意味着呼气之后一些空气会残留在肺里,导致气喘吁吁。30 岁时,普通男性每次呼吸会吸入约 946 毫升的空气,而到了 70 岁,则降至约 473 毫升。

皮肤在 25 岁左右时开始老化　随着生成胶原蛋白的速度减缓,加上能够让皮肤迅速弹回去的弹性蛋白的弹性减小,甚至发生断裂,皮肤在 25 岁左右开始自然衰老。

肌肉和乳房都从 30 岁开始老化。30 岁以后,肌肉衰竭速度大于生长速度。过了 40 岁,人的肌肉开始以每年 0.5%～2% 的速度减少。不过,经常锻炼有助于预防肌肉老化。女人到了 35 岁,乳房的组织和脂肪开始丧失,大小和丰满度因此下降。从 40 岁起,女人乳房开始下垂,乳晕(乳头周围区域)急剧收缩。尽管随着年龄增长,乳腺癌发生的几率增大,但是这与乳房的物理变化毫无关联。儿童骨骼生长速度很快,只消 2 年就可完全再生。成年人的骨骼完全再生则需要 10 年。

头发也从 30 岁开始脱落。正常人的头发每天都可以掉几十根,这是一种正常生理现象。但男性通常到 30 多岁开始脱发。一根头发通常在一个毛囊里生长 3 年左右,然后脱落,再长出一根新的头发来。不过,由于从 32 岁左右睾丸激素水平的改变影响了这一周期,导致毛囊收缩。每根新头发都比先前的那根细。最后,剩下的全是小得多的毛囊和细细的短桩,没有从表皮长出来。

骨骼和生育力从 35 岁开始衰老。25 岁前,骨密度一直在增加。但是,35 岁骨质开始流失,进入自然老化过程。女性绝经后的骨质流失更快,可能会导致骨质疏松。骨骼大小和密度的缩减可能会导致身高降低。椎骨中间的骨骼会萎缩或者碎裂。80 岁时人的身高会降低约 5 厘米。由于卵巢中的卵子数量和质量开始下降,女性的生育能力到 35 岁以后开始衰退。子宫内膜可能会变薄,使得受精卵难以着床,也造成了一种抵抗精子的环境。男性的生育能力也在这个年龄开始下降。精子质量从 35 岁起开始逐步退化。男人到了 45 岁,其妻子怀孕后流产的几率高达 33%。

白发也从 35 岁开始生长,多数人到 35 岁会长出一些白头发。年轻的时候,人的头发被毛囊中的黑色素细胞产生的色素染黑。但随着年龄的增长,黑色素细胞活跃性逐渐降低,产生的色素也随之减少,头发颜色褪去,长出来的就是白头发。

眼睛、心脏和牙齿都是从 40 岁开始衰老。从 40 岁开始，眼部肌肉会变得越来越无力，眼睛的聚集能力开始下降。心脏也是从 40 岁开始老化。45 岁以上的男性和 55 岁以上的女性心脏病发作的概率较大。随着身体日益变老，心脏向全身输送血液的效率也开始降低，因为血管逐渐失去弹性，动脉也可能变硬或者变得阻塞。这是食用过多饱和脂肪造成脂肪在冠状动脉堆积而致。40 岁以上的人开始牙齿退化，表现为唾液的分泌量减少。唾液可冲走细菌，如果唾液减少，牙齿和牙龈就更易腐烂。牙周的牙龈组织流失后，牙龈会萎缩，这是常见的状况。

肾脏和前列腺从 50 岁开始老化。肾脏的过滤量从 50 岁开始减少，肾过滤可将血流中的废物过滤掉，肾过滤量减少的后果是，人失去了夜间憋尿功能，需要多次跑卫生间。75 岁老人的肾过滤量是 30 岁时的一半。良性前列腺增生困扰着 50 岁以上的半数男子，40 岁以下男子很少患前列腺增生。前列腺吸收大量睾丸激素会加快前列腺细胞的生长，引起前列腺增生。正常的前列腺大小有如一粒胡桃，但是，增生的前列腺有一个橘子那么大。

肠道从 55 岁开始衰老。健康的肠道可以在恶菌和益菌之间起到良好的平衡作用。肠道内的益菌数量在人们步入 55 岁开始大幅度减少。结果，人体消化功能下降，肠道疾病风险增大。随着年龄增大，胃、肝、胰腺、小肠的消化液流动开始下降，发生便秘的几率增加。

听力从 60 岁时开始老化。60 多岁半数以上的人会因为老化导致听力受损。这叫老人性耳聋，是由毛细胞缺失所致，内耳的毛细胞可接受声音振动，并将声振动传给大脑。

膀胱和声音是较晚衰老的，从 65 岁才开始。65 岁时，人们有可能丧失对膀胱的控制。此时，膀胱会忽然间收缩，即使尿液尚未充满膀胱。女人更易遭受膀胱问题，步入更年期，雌激素水平下降使得尿道组织变得更薄、更无力，膀胱的支撑功能因此下降。如果说 30 岁时膀胱能容纳两杯尿液，那么 70 岁时只能容纳一杯。这会导致上厕所的次数更为频繁，尤其是肌肉的伸缩性下降，使得膀胱中的尿液不能彻底排空，反过来导致尿道感染。声音也是与年龄衰老较为同步的器官。年龄增长后，人们的声音会变得轻声细气，且越来越沙哑。这是因为喉咙里的软组织弱化，影响声音的音质、响亮程度和质量。人的声音从 65

岁开始走下坡路。这时,女人的声音变得越来越沙哑,音质越来越低,而男人的声音越来越弱,音质越来越高。

肝脏是最能挑战老化进程的器官,如果捐赠者不饮酒不吸毒,或者没有患过传染病,那么一个70岁老人的肝也可以移植给20岁的年轻人。

不过,我们需要关注的是大脑认知能力的衰老,尽管我们的心智能力退化也许是在青春期结束之后,但大脑的许多认知功能并非是越老越差,而是表现为"姜还是老的辣",因为大脑的认知能力如同人的知识和生活经验一样,是一种积累的结果,例如语言、推理、分析和常识等能力是越老越"辣"。这方面最新的研究结果来自美国的弗吉尼亚大学。

该大学的蒂莫西·萨尔斯(T. A. Salthouse)等人对2000名18~60岁的男人和女人进行了7年研究,得出的结论是,人的心智能力在22岁达到顶峰,从27岁开始就逐渐衰退。这一结论与上述大脑20岁时开始衰老有差异,但是也表明,人在风华正茂时大脑的一些功能就开始衰退了。

萨尔斯等人研究的受试人群大都身体健康,受教育程度高。在研究中要求志愿者必须解决的问题包括视觉难题、回忆单词和故事情节、文字和符号中的点图模式,类似经常用来分析包括痴呆在内的智力缺陷和下降的测试。在12项测试中有9项显示,心智能力最高得分的平均年龄为22岁。而在推理、思维速度和空间可视化3项测试中,首次出现,受试者27岁时的表现比22岁高峰时的水平有降低。在37岁时他们的记忆力开始降低。但也有其他的研究显示记忆能力从42岁开始衰退。

衰老比我们原来所想象的还早,而且衰老像一个贼,总是悄悄地偷走我们的时间,也总是让你在不知不觉的时候才感到,老了,不中用了!所以,朱棣文的话值得回味:"当你开始生活的新阶段时,请跟随你的爱好。如果你没有爱好,就去找,找不到就不罢休。你必须对某样东西倾注你的深情。"

如果做事不趁早,做事不努力,不对某样东西倾注深情,衰老就会在暗处偷偷地乐,它攫取的是你最宝贵的财富——岁月,你将会落得"少壮不努力,老大徒伤悲"的叹息。

5.3 从花开到结果的季节

人生苦短,做事要趁早。但是,做事并不是生活的唯一,寻找自己的那一半是与做事同等重要的事。恋爱和孕育后代是有季节的,正如植物的开花结果,作物的春种秋收,总是遵循固有的自然规律。在适当的时间找到了适当的人,才会不误花期。所以,恋爱和婚姻要适时。

只要青春期结束后就是最佳恋爱季节,也许是 18 岁,也许是 20 岁。但是恋爱并不等于结果,还需要多年的培育和等待,才能瓜熟蒂落。这些对很多人并不难。但现在难的是,不少人为了事业,即使成家后也要推迟生儿育女的时间,违背农时,结果是,孕育不良后果或颗粒无收。什么时候是孕育的最佳时间?现有的研究结果给出的答案是,女性 23～29 岁、男性 25～35 岁。

但是,也有人为延迟生育叫好。美国休斯顿大学女性研究课题组主任伊丽莎白·格雷高利(E. Gregory)在其著作《为何女性热衷于延后做母亲?》中提出,女性延迟生育对事业和家庭都有利。这使得女性极为开心,因为这成为鼓励女性(包括男性)先立业,后成家,缓育子的有力根据。

格雷高利等人的主要观点是,高龄母亲不仅比较早生育的母亲们更长寿,而且生育的孩子也比较聪明。美国"高龄母亲研究"协会的创始人约翰·迈若斯基(J. Mirowsky,1949—)也认为,从母亲的平均健康水平和寿命来看,最佳生育时间应为 34～40 岁之间。新英格兰百岁老人研究计划负责人托马斯·派尔斯(T. Perls,1960—)认为,40 岁以后生育孩子的女性活到 100 岁以上的几率是一般女性的 4 倍。

格雷高利等人提出这些观点的主要证据是基于以前发表在《流行病学与社区健康期刊》上的研究结果,其中一项是针对 4300 名高龄母亲的比较大型的研究。该研究发现,那些较晚生育的母亲更容易生下健康聪明的宝宝。

格雷高利认为可从两方面分析其原因。从生物学的角度说,许多高龄母亲被证实在怀孕期间营养状况更好,从社会学角度来看,她们可能拥有一个更适宜婴儿学习的稳定家庭环境。因为,年纪较大的女性通常已经在社会上实现了一定的个人目标,她们更容易将精力集中在家庭上。同时,她们拥有相对丰厚的财力,具备了一定的事业基础。她们通常更加自信,拥有更多的工作经验,而她们的管理技巧常常可以直接用于管理家庭和抚育孩子。

作为个案,格雷高利列举了很多明星高龄母亲,如38岁的珍妮弗·洛佩茨(J. Lopez)与41岁的哈丽·贝瑞(H. Berry)参加了高龄母亲名人俱乐部,还有44岁的玛西娅·克罗斯(M. Cross)生了一对双胞胎,41岁的萨尔玛·海耶克(S. Hayek)也在2007年3月做了母亲。作为群体,也有例证。英国女性的平均生育年龄稳定在29岁,但是选择在30~40岁之间结婚的女性数量正急剧增加。2006年,英国有22000名40岁以上的女性生育,其中5500名是头胎。2005年,在35~39岁之间生育第一个孩子的英国女性有102228名,是1975年的10倍。

因此,格雷高利得出结论,做一个高龄母亲对于大多数女性而言是明智的选择。

格雷高利的结论是否正确,是否具有普遍性?她既是美国得克萨斯州的休斯顿大学研究女性课题的学者,也是该大学的英语副教授。她推荐女性延迟生育是援引临床和基础医学的专业研究成果。对此,也有必要看看医学专业对这个问题的其他一些大规模研究的结果。这方面的研究不计其数,只需看看其中典型的几个就比较清楚。

先看母亲生育年龄与健康和死亡的关系。

辛西娅·伯格(C. J. Berg)博士等人对美国疾病控制与预防中心(CDC)、美国国立慢性病预防和健康促进中心生殖健康分部等的统计资料分析后发现,在美国,与孕育相关的死亡率从1991年的10.3/10万上升到1997年的12.9/10万。这种增加出现于黑人妇女、高龄孕妇以及缺少产前保健的女性中,直接的主要诱因是,血管栓塞、出血和其他医疗情况。尽管这篇文章最引人注目的是黑人女性与孕育相关的死亡率约为其他人群的4倍,但是,也把高龄孕育当做女性死亡的一个重要原因。

威廉姆·卡拉汉(W. M. Callaghan)等人对美国1991—1997年35岁及以上女性与孕育相关的死亡率的分析(资料来源也是美国疾病控制与预防中心等单位)也明确指出,延迟生育或高龄母亲是造成女性死亡的重要原因。35岁以后生育的妇女,其生育时的死亡率约是25~29岁妇女生育时死亡率的3倍。

美国1991—1997年间,女性生育时总死亡率为11.5/10万,但35

岁以上女性生育时的死亡率为 25/10 万，25～29 岁女性生育时的死亡率仅为 9/10 万。这个差距是相当明显的，35 岁以上者比 25～29 岁者死亡率高约 3 倍。导致女性孕育时死亡的主要诱因有出血、感染、血管栓塞、孕期高血压、心肌病、脑血管意外以及其他医疗情况。

根据这些原因，卡拉汉等人用危险比率来比较年龄与孕期死亡风险，年龄越大，死亡的风险越高。在白人女性中，35～39 岁的死亡危险比率是 1.8～2.7，而 40 岁或以上的女性这个数字是 2.5～7.9。在黑人女性中，35～39 岁的死亡危险比率是从 2.0～4.1，40 岁或以上是 4.3～7.6。这表明，年龄越大，生育孩子的死亡危险越高。鉴于此，卡拉汉等人认为，应当把高龄生育的巨大风险广泛告知女性及其家庭。

S. 伦敦(S. London)从美国疾病控制与预防中心孕育死亡率监测系统获取近几年的资料进行分析，得出结论认为，35 岁及以上女性与孕育相关的危险急剧升高。25～29 岁组的女性孕育时死亡率最低，其次是 35～39 岁组，最高是 40 岁及以上组。25～29 岁群体的女性孕育死亡率是 9/10 万，35～39 岁群体是 21/10 万，40 岁及以上群体是 46/10万。35～39 岁女性生育死亡的危险比率是 25～29 岁女性的 2 倍，40 岁及以上女性生育时的死亡危险比率是 25～29 岁女性的 5 倍。

伦敦的研究结果再次印证卡拉汉等人的研究结果，高龄(35 岁以上)生育比年轻时生育的危险性大得多，也是导致女性生育死亡的重要原因。如果把这些死因和人数放到女性的寿命统计中去，就足以否定女性延后生育有益于她们健康和长寿的论点。

格雷高利鼓励女性延后生育的另一个重要理由是，高龄生育的孩子更为健康和聪明。这种说法即使有统计学或其他研究的事实，也需要有其他更多的研究加以证实。但相反的事实和研究结果同样对这一观点提出了反驳。

位于欧登塞的南丹麦大学的卡米拉·比尔(C. Bille)等人以"双亲年龄与唇腭裂危险"作为课题研究，发现 40 岁做母亲比 30 岁做母亲，其孩子的唇裂或腭裂的危险增加 20％。父亲的生育年龄同样影响孩子的出生缺陷，比如，在 20～50 岁，男性每增长 10 岁做父亲，其孩子患唇裂的危险就增加 12％。

特别具有说服力的是，比尔等人的这项研究规模巨大。他们对丹麦 1973 年至 1996 年出生的近 150 万(1489014)人进行调查，发现有 1920 人出生时是"非综合征唇裂"。伴有或不伴有腭裂，意味着这些孩子除唇腭裂外,没有其他主要出生缺陷。另外有956名孩子是"非综合征腭裂"。

唇裂和腭裂是严重影响容貌的一种出生缺陷,尽管这种缺陷的产生有多种因素,比如遗传、基因突变(已发现几种基因与唇腭裂有关)、环境污染、母亲吸烟、饮食不科学(如孕早期摄入叶酸少)等,但已经有一些研究证明这类缺陷与父母的生育年龄大有关系,比尔等人的150万人的研究规模就证明,做母亲,包括做父亲太晚,对后代的健康是相当不利的,至少父母年龄偏大生育是造成唇腭裂的重要原因之一。

再说高龄生育与孩子智商问题。其实只要从生育年龄与后代患唐氏综合征(先天愚型)就可以说明延后生育是否可以让孩子更聪明。大量的统计学数据已经出现在学术论文、教科书和许多科普书籍中,而且成为一般常识。

统计之一:孕妇年龄与先天愚型的发生率有下列关系:20岁、25岁、30岁、35岁、38岁、40岁、42岁和45岁生育,后代先天愚型的风险分别是1/1400、1/1100、1/1000、1/350、1/175、1/100、1/65和1/25。

统计之二,高龄初产妇与唐氏综合征的关系:20~24岁之间生育,后代患病率为1/1490;40岁时生育,后代患病率为1/106;49岁时生育,后代患病率为1/11。

统计之三,2005年美国纽约州立大学的大卫·纽伯格(D. S. Newberger)在《美国家庭医生》杂志发表文章所引用的数据是:女性25岁、35岁和45岁时孕育孩子,后代患唐氏综合征的几率分别为1/1300、1/365和1/30。

尽管限于各种因素,这些统计有出入,但其所指的结果是一致的,女性孕育时年龄越大,其后代出现先天愚型的几率越高。根本的原因在于,随着女性年龄的增加,卵子在形成过程中染色体不分离现象也会增加。

至于高龄生产带来的其他危险因素,早有无数研究予以论证。归纳起来,高龄孕育的负面结果有:流产、早产、胎儿异常、发育不良、周产期死亡等几率均偏高;母体方面也可能并发妊娠高血压或糖尿病等疾病。国内研究总结高龄孕育有四大问题。第一,胎儿致畸率高。女性体内的卵子会不断受到环境污染的影响,分娩时间越迟,卵子受环境污染的影响就会越多,也越容易发生卵子染色体异常。第二是难产大出血,这是孕妇死亡率最高的原因。第三是妊娠并发症较易出现,如糖尿病、高血压等，不仅影响胎儿正常发育，更会给孕妇带来生命危险。第四是易患妇科癌症，流行病学调查资料表明，35 岁以上初次生育的女性，乳腺癌的发生率比 30 岁以前首次生育者大大增加。首次生育年龄越大，乳腺癌的发生率就越高。

国内的研究也具有同样的结果。谈月娣等人对 1990 年 1 月至 2002 年 12 月间收治的 511 例高龄初产妇（高龄组）与同期 511 例年轻初产妇（对照组）的临床资料进行回顾性对照分析，发现高龄组妊娠期合并症、并发症、剖宫产率及分娩期并发症发生率均明显高于对照组。由此得出结论，高龄初产妇妊娠合并症和并发症发生率明显高于年轻初产妇，因此应加强对高龄初产妇的围产期监护，以取得良好的分娩结果。

上述种种研究结果都说明，延迟生育不利于母亲和孩子。理想的孕育时间是，女性 23～29 岁、男性 25～35 岁。

孕育孩子的问题用不着那么复杂，只要遵循自然规律就行。正如农民种庄稼，除了其他必要的条件，只要不违农时和自然规律就可以获得好收成。不违农时就是要"春种、夏锄（夏保）、秋收和冬贮"，而不能反其道而行之。例如，如果夏天播种，即使有收获，也注定是收成不佳。冬天播种，则很可能颗粒无收。后代的孕育同样不能违背时节规律。现代工业化和医疗条件提高，使我国的人均预期寿命达到 73 岁，如果依此计算，什么时候是人们生育的春种秋收时节，则应当一目了然。

当然，那些为了事业不得不延迟生育的人也不必担心，在现有的医疗条件下，只要做好围产期保健，加上成熟女性在事业、经济和工作经验方面的积累和优势，生育健康聪明的孩子也非难事。即便这样，也应当做到事业和生育（家庭）的两不误。唯其如此，才有比较美满的人生。

5.4 成长和成才的多样性

生命的过程并非只是走向成熟，而是要成才，这也是社会、家庭对生命个体的要求。然而，关于成才却有不同的标准和答案，成长和成才犹如生物多样性一样，有多种解读。

成才实际涉及两个主体，一是上一代，二是下一代，两者的有效互动才有可能造就后代的成长和成才。直到今天我们还从几千年的教育家孔子那里汲取教育精华和营养,比如有教无类和因材施教。前者说的是所有人都应该受到教育,后者说的是在教育上要量体裁衣,要按每个人的特点,包括个性、智力、气质、禀赋、反应和思维特点来进行教育。正如今天要按个人的基因特点来吃饭、保健、治病一样。

国内的父母大多抱有望子成龙、望女成凤的愿望,国外的父母则首先希望孩子成为合格的公民。这两种不同的观念都来自于人们所生活的现实环境,无所谓对错、优劣。如果说望子成龙,那要看什么是"龙",家长和教育者用什么方法去培养孩子成龙。

所谓"龙"的标准就是在各行各业都能成为胜任者、拔尖者或状元,干一行,精一行,这就是"才"和"龙"。把孩子培养成才,最重要的是就是因材施教。教育者(父母、教师和其他教育者)首先得认识到受教育者是一块什么料,是一种什么材。在这一点上,斯诺克台球冠军丁俊晖的成功是一个范例。有人说,丁俊晖的成功重新证明了"读书无用"。实际上,如果用人才的广泛标准看,是其父母因材施教的成果。

18岁零2天,丁俊晖就获得了2005年斯诺克中国公开赛的冠军,赢得他首个职业赛事桂冠。看看丁俊晖的成长就知道其父丁文钧的良苦用心与培养之道。开着杂货部并安上几个台球桌的丁文钧让丁俊晖从小爱上了台球,然后是为丁俊晖争取到了半天读书半天打球的机会。再然后带丁俊晖到上海发展,又全家变卖家产到台球之乡广东东莞苦练,再拜国际高手为师,等等。这里有相当重要的几个因素。一是父亲比较了解丁俊晖,从其兴趣着手培养丁俊晖。二是不惜一切代价为其奠定和铺就成长之路。三是敢于放弃正统的或主流的教育方法,不认为只有读书才能成才。因此读完初一后,丁俊晖就彻底放弃了学业专心打球,进行刻苦的科学训练,每天训练不会低于8个小时。

今天,人们很难否认丁俊晖不成功,也很难否认丁俊晖不是人才。但是也有人惋惜丁俊晖读书少了,与传统意义上的拿博士找个好职业才算成才相悖。可是,与其让丁俊晖按部就班地从小学读到大学,也许社会只不过多了一名一般的职员或白领,却少了一名斯诺克冠军。尽管丁俊晖父母选择的是赌一把,但如果用世俗的名与利来衡量成功的话,丁俊晖当然是一种成才或成"龙"。万般皆下品,唯有读书高只不过是一种成才观。当成长者的兴趣和天赋适合于干什么时,没有必要用只有先读书才能成才这样的框框来限制他们。

正如台湾漫画家蔡志忠,从小不愿读书而喜欢画画,其父也极力支持。这样在世界文化界才多了一名杰出的漫画家,少了一名平庸的职员。即使是万般皆下品唯有读书高也得尊重个人兴趣,并把兴趣当成最好的教师和动力。最符合传统成才成"龙"观的是两次获得诺贝尔奖的英国科学家桑格(F. Sanger,1918—)。他承坦言,兴趣是他走进科学殿堂并获得成才的最重要的原因,当他在实验室心无旁骛地捣鼓他的瓶瓶罐罐做实验时,就是他最感兴趣和最高兴的时候。丁俊晖的打台球和蔡自忠的画漫画同样会产生这种深刻而愉悦的内心体验。

如果能以不拘一格算人才的话,因材施教培养人才的另一个方法是实施个性化和快乐的教育。童话作家郑渊洁对于儿女的培养也是一个典型。

郑渊洁对于儿女成龙成凤的理解与当今中国人的主流观点大相径庭,与国外的观念比较接近。只要孩子成为一个合格的公民,能自食其力,能高兴的自由的没有压抑地生活就是成才。郑渊洁的儿子对学校生活不适应,在学校学习不高兴。郑渊洁经过考察认识到,当今的学校教育并不是鼓励孩子的独创性和个性,而是压抑个性。人最珍贵的东西就是与别人有差异,而且应该扩大这个差异。而郑渊洁的儿子郑亚旗在学校处处感到是千篇一律的一致性,并且不允许有差异。有了差异还要留级,所以孩子很不快活。

这让郑渊洁意识到,学校里压抑个性和取消差异是一件十恶不赦的事。爱迪生、牛顿、爱因斯坦都是被劝退的孩子,但他们是真正有个性和特点的人,是真正逆向思维的天才。郑渊洁本来是想让儿子上大学的,但当意识到大学并不能带给孩子快乐和真正的有用知识,而且孩子在学校不适应时,郑渊洁征得郑亚旗同意,让其缀学,自己编教材教育孩子。

毫无疑问,丁俊晖、蔡自忠、郑亚旗等人的成功之道都是特殊的个案,一般人较难做到。因为,其一,由于与主流观念和行为的差异,使得父母和孩子同样成为赌注的一部分。成功当然会获得生存的一切,但失败,也许就只有在贫困线上挣扎。其二,教育者,主要是父母应当具备识才和因材施教的能力。而这一点又是教育者最大的挑战,因为具备这种识材辨材而又具有因材施教能力的父母并非太多。

比如,郑渊洁可以认识到,真正好的教育,就是发现孩子的长处并鼓励他;差的教育,就是发现孩子的缺点,然后告诉他"你不行"。何况大人认为的缺点,也许就是优点,如走神、注意力不集中。恰恰相反,爱走神是孩子天大的优点,是注意力高度集中的另一种表现。不仅在识材和教育观念上有充分的认识和准备,同时郑渊洁还有因材施教的另一种能力,自编教材教育孩子。这并不是每一位家长都具备的。

但是,每一位不得不经历现有教育模式的家长要让孩子成才也可以运用因材施教的观念和方法。哪怕是在现有的教育体系下,运用一点点因材施教的观念和方法也是让孩子成功的一点动力和希望。比如,孩子内向,没有必要批评他内向不好,更不能拿外向的优点来比较他内向的弱点,而是告诉他世界是千差万别的,高有高的好处,矮有矮的长处,把自己的优势发挥出来并发挥到极致就可能成功。这个原理同样适用于那些偏科的孩子以及那些有特长和所谓的天才神童的孩子。如果父母有能力则可以助他们一臂之力,如果没有能力可以请家教。既没有经济能力又无教育资本和资源的父母,也很简单,尊重孩子的兴趣和个性,让他们自由发展。从这个意义上来讲,就是广泛的因材施教。

即使为主流的成才和成功标准所不容,比如高考落榜,也不能断定孩子就是不成才,也许他们的成才又打开了另一扇门。甚至连平庸也需要认可,或者说是另一种意义上的成长和成才。台湾作家龙应台和其儿子安德烈为社会提供了另一个范本和解读。

在一个平静的夜晚,安德烈不经意地对龙应台说:"妈,你要清楚地接受一个事实,就是,你有一个极其平庸的儿子。"安德烈认为,"我觉得我将来的事业一定比不上你,也比不上爸爸——你们俩都有博士学位。我可能会变成一个很普通的人,有很普通的学历,很普通的职业,不太有钱,也没有名。一个最最平庸的人。"

龙应台在沉默了一阵后对儿子表示,她能接受平庸。但是,"最重要的不是你是否有成就,而是你是否快乐。而在现代生活框架里,什么工作比较可能给你快乐?第一,它给你意义,第二,它给你时间。假定说,横在你眼前的选择,是到华尔街做银行经理,或者是到动物园做照顾狮子、河马的管理员,而你是一个喜欢动物研究的人,我就完全不认为银行经理比较有成就,或者狮子、河马的管理员'平庸'。每天为钱的数字欺负而紧张斗争,很可能不如每天给大象洗澡,给河马刷牙。"

"我要求你读书用功,不是因为我要你跟别人比成就,而是因为,我希望你将来会拥有选择的权利,选择有意义、有尊严的工作,而不是被迫谋生。"

成长和成才其实也有多种标准,如果只用一种标准衡量,则难以反映真实的多彩人生。

5.5 成功的数字化标准

只要功夫深,铁杵磨成针。今天,相似的解释是:成功需要坚持1万个小时。这是马尔科姆·格拉德威尔(M. Gladwell,1963—)在其新著《出类拔萃的人:成功的故事》中提出的理念。对这个理念进行典型解释的是计算机行业的奇才比尔·盖茨(B. Gates,1955—)和微软首席软件设计师雷·奥兹(R. Ozzie,1955—)。他们都是经过1万小时的学习才成为计算机专家。

在人人都渴求成功和发财的今天,1万小时的药方是否适合于所有人呢?从心理学的认知意义上和励志效果来看,确实有普适性。

先从心理学的认知意义来看,成功确实就是对某种简单的甚至是枯燥的事情的不断重复,例如运动员对某一个动作的简单重复,著名乒乓球国手王皓的正反手拉球,一个动作每次就要练习上万次,而且其专业训练时间也绝不止1万小时。当然,最有意义的是体育界的"贝克汉姆现象",实际上他超出了1万个小时。

贝克汉姆(D. Beckham,1975—)参加了第16届(1998年)、第17届(2002年)和第18届(2006年)世界杯,他的显著特点已为人所熟知。可以说他是迄今为止世界足坛上的任意球大王,而且每届世界杯都能进球。2006年6月26日凭借贝克汉姆一个漂亮的任意球,英格兰队最终以1比0战胜厄瓜多尔队,晋身世界杯八强。凑巧的是,1998年6月26日,英格兰队在法国世界杯小组赛中2∶0击败哥伦比亚队,贝克汉姆在第29分钟主罚,也是任意球破门建功,那也是贝克汉姆为英格兰国家队打进的第一球。

由此人们细数了贝克汉姆从1995年成名以来的15个直接任意球得分,个个都堪称经典。为什么贝克汉姆能成为任意球之王,而其他人不能?除了运动天赋,贝克汉的成功再次诠释了业精于勤荒于嬉的原则。足球算不算一门事业也许有人会质疑,但足球作为一种技艺是不会有人反对的。而任何技艺都会应验"只要功夫深,铁杵磨成针"的原理。这里头包含了神经生理和神经行为的原理。其一是,任何习得,包括理论的和实践的,都需要重复,正所谓重复是记忆之母,重复也是掌握技艺的基础。

重复的重要作用在于,让某种知识和行为特征牢固地镌刻在神经细胞的记忆和神经网络中。在掌握了这项技术后,无论在何种环境,只要大脑指挥做出这个动作,就会自动地调整速度、距离、力量和脚背的接触面,踢出漂亮的任意球,或直接进门,或为队友创造绝佳的进攻机会。而这种任意球的成功在于贝克汉姆千万次地练习。同时这种在一般人看来是机械枯燥的练习却被贝克汉姆当做是一种乐趣。所以才会在不断的练习中体会、领悟、揣摩并获得有效的动作要领,形成固定的同时又灵活的动作,而不会像机器人那样生硬和机械。

也许有人可能比贝克汉练得还多,但是缺少悟性;也许有人比贝克汉姆领悟足球更深,但缺少把练球当成欢乐的态度;也许有人与贝克汉姆练得一样多,但却没有他敬业。所以,成功的是贝克汉姆,而非他人。

1万个小时是416天零16小时,按一天工作8个小时算是1250天,1250天约为3.4年(没有节假日)。这种人生也许有人能做到,但有的人做不到。因为,1万小时还可以换成另一个概念,每天对某一项动作或某一件事操练3小时,需要10年的时间;操练2小时,需要20年,操练1时,需要30年。如果没有恒心,有些人就会退却,这也便是盖茨、奥兹、贝克汉姆与其他人的区别。

换作其他职业也会如此。例如,披头士乐队在一鸣惊人前,演出了12000小时。没有1万小时的数量的积累,就不会有后来成名成家的变化。不过,更有普遍意义的是另一个研究结果。过去,人们认为,天才加上努力就等于成功。不过,心理学的研究越多,就越发现所谓天才或天赋所起的作用越小,而个人努力起到的作用越大。

20世纪90年代早期,德国心理学家K.埃里森(K. A. Ericssion)和两名同事在柏林精英音乐学院进行了一项研究。他们将学校的小提琴手们分成三组。第一组属于"天才"型,都是有潜力成为世界级演奏家的学生。第二组的学生的个人资质仅仅是"好"。第三组学生资质更逊色一些,不会成为职业演奏家,更有可能是在公立学校系统中做音乐教师。所有的小提琴演奏者都被问到一个问题:"从你第一次拿起提琴开始,在你的整个生涯中,你一共练习了多少小时?"

三组学生中的每个人几乎都同样在5岁时开始拉琴。最初几年,每个人练习时间大致相同,都是每周两到三小时。但是当他们到8岁时,区别开始出现。那些如今显示出最有前途的学生,开始练习得比其他人更多:9岁前每周6小时;12岁前每周8小时;14岁前每周16个小时;不断累加,到了20岁时每周练习30个小时以上,这时他们满脑子想的都是拉琴,自然琴拉得更好。

事实上,到20岁时,出色的演奏者都已经练习了至少1万个小时。与之形成对比,仅仅称得上"好"的学生,累计练习了8000个小时;未来会成为音乐老师的孩子,累计练习了4000个小时。

埃里森及其同事们也比较了业余钢琴家和职业钢琴家的差异何在,结论是相似的,也在于是否练了1万个小时。童年时期,业余钢琴家每周弹琴从未超过3小时,到20岁时他们的累计练习时间是2000小时。相反,职业钢琴家稳步地提升每年的练琴时间,到了20岁时,和小提琴演奏者们一样,他们累计练习已经超过1万个小时。

所以,神经心理学家认为,无论你从事什么,无论你是作曲家、篮球运动员、作家、滑冰运动员,还是钢琴家、小提琴家、外科医生、围棋选手或犯罪高手,如果不达到一定的时间累积,是不可能成为高手的。迄今为止,还没有人发现任何世界级专家能够用更少的练习时间取得人们公认的成就。大脑似乎必须用这么长的时间(1万小时),才能学会达到真正精通所需的一切知识。

享誉全球的莫扎特同样经历了这样的成功,在他开始作曲超过20年后,才写出了自己最伟大的作品。尽管莫扎特从6岁就开始谱曲,但是,心理学家迈克尔·豪(M. Howe,1940—2002)在他的《解释天才》一书中写道:"以成熟作曲家的标准来衡量,莫扎特的早期作品并不杰出。最早的一些篇章可能全由他父亲写下,也可能后来在不断改善。莫扎特童年时代的很多作曲,比如他的钢琴与管弦乐协奏曲的前7节,很大程度上是其他作曲家作品的编排。这些协奏曲中属于莫扎特原创的,最早被公认为大师级的作品(No.9, K.271),是莫扎特21岁时写就的。那时莫扎特已经谱了10年曲。"这也意味着莫扎特已经操练了1万小时以上。

世界一流的刑事鉴识科学家、神探李昌钰以自己的经历作了类似的总结:"每种工作,脚踏实地地干个几十年就会成功,也会梦想成真。当然,运气是有,但却是自己通过巨大的努力和勤劳换来的。"

当初李昌钰(1938—)到美国时为一家实验室涮瓶子,那些资历很深的老员工告诉李昌钰,不要拼命赶着涮瓶子,因为瓶子是涮不完的,每天只在下班前涮涮就可以了,其他时间可以休息、看电视、喝酒和玩牌等等。但是,李昌钰并没有听他们的话,而是一上班就拼命涮瓶子。结果一位后来获得诺贝尔生理学或医学奖的教授发现了李昌钰涮的瓶子又多又干净。他欣赏这样踏实肯干的青年,运气便向李昌钰走来了。通过教授的帮助,李昌钰上了学,并走向了今天成功的专业道路。

不过,李昌钰也提醒,成功是需要认识自己,而非凭运气。当初李昌钰也梦想过成为美国 NBA 明星,一举成名和致富。但是成为 NBA 明星需要各方面的条件,而且其淘汰率之高也是一般人所无法承受的。在明白了自己的身高和各种条件不可能成为 NBA 明星后,李昌钰才转向上大学,学习某一专业,并成为今天的刑侦鉴识专家。

看来,成功既简单,又绝不简单。这种简单与不简单也取决于一个条件,要达到某种事业的成功,首先要解决生存问题。这已经为无数成功者所验证。著名的时装大师皮尔·卡丹(P. Cardin,1922—)刚开始的时候并不喜欢当裁缝,甚至感到裁缝的职业是在耗费自己的生命。他的理想是当一名舞蹈家,但因为贫穷,家里无法交出到舞蹈学校学习的昂贵学费。在苦闷中皮尔·卡丹给一名舞蹈家写了一封信,希望对方收他当学生,以圆他的舞蹈家之梦。

舞蹈家的回信是,人首先要选择生存,只有先让自己生存下来,才会有机会去实现自己的理想,不能生存的人是没有资格谈论理想的。正是这封回信让皮尔·卡丹清醒了,首先要解决自己的生存。于是,他在裁缝店里勤奋学习各种缝纫和裁剪技术,并因为专注于自己的职业超过 1 万个小时而创造了世界闻名的时装品牌,皮尔·卡丹也成为世界富翁。

1 万个小时的坚持是成功的基础,这与中国古代对成功诠释有相似之处。宋代文学家欧阳修的《卖油翁》讲了一个小故事。有一位善射的将军,名为陈尧咨,在自家园里练习射箭,百步穿杨,十中八九,洋洋自得。偶有一卖油翁在园外观看,只是微微地点点头赞许。将军随即问道:"你看我的箭法如何?"卖油翁却毫不在意地说."这没什么,不过熟练罢了!"陈尧咨听了很不高兴,愤愤地说:"你怎么敢轻视我射箭的武艺!"老翁说:"凭着我倒油的经验就可懂得这个道理。"老翁取过一个葫芦立放在地上,用铜钱盖在它的口上,慢慢地用勺子把油倒进葫芦,油从铜钱的孔中注进去,却不沾湿铜钱。老人说:"我这点手艺也没有什么别的奥秘,只是手熟罢了。"陈尧咨见此,无言以对。

射箭、倒油是如此,庖丁解牛也是如此,各行各业亦然。只要苦练和坚持一定的时间就可以成功,成为出类拔萃的人。尽管成功似乎简单,但是,这也只是一种"手熟"的活儿,尤其是在竞技体育、技巧训练的工作上更是如此。但是,如果只有苦练和个人努力,则有可能进入另一种途径,只知道练而不习惯思考和感知。苦练当然会有非常出色和熟练的技能,一些运动员和从业者却只能成为一名工匠,就如同卖油翁和庖丁。但是,盖茨等人的成功并非只是苦练,而是在苦练中有思考和创新,微软不断推出的新软件就是一种证明。

创新的案例非常之多,同样是在IT行业,发明汉字激光照排系统的王选(1937—2006)就是中国具有世界先进水平的创新典型。王选认为,我国科研成果转化成商品的比例明显低于发达国家,其中一个重要原因是缺乏创新意识。有些科研成果是仿制国外市场上大量销售的产品,当费了很大力气做出样品时,国外新一代产品已经问世。尽管这些产品能达到某某年代国际水平或填补国内空白,但已经无法与国外新产品在市场上抗衡。

因此,对于汉字信息处理系统工程分三个子项目:汉字通信、汉字情报检索和汉字精密照排,王选选择了精密照排系统,因为它的价值、难度和创新吸引了他。1975年,王选开始研制精密照排系统这个项目是有根据的。当时一般的科技人员不大习惯查阅外国科技文献,而王选则大胆地查阅外国文献,确定了他对数字化技术的选择。

1976年夏,王选做出重大决定,选择技术上的跨越,跳过第二、三代照排机,直接研制尚无商品的第四代激光照排系统。王选深知,这一创新成可以让中国不经过二代机、三代机、也不经过照排机输出毛条、人工剪贴成页的阶段,直接从铅排跳到最先进的第四代激光照排。用高新技术创造性地改造传统行业的汉字激光照排系统于1985年进入市场,1990年取得国内市场的垄断地位,1990年开始进入港澳台中文出版业市场,1995年取得海外华文报业(包括东南亚和北美)70%的市场占有率。

后来,王选的方正集团又选择了以日本为海外的产品销售创新突破口,日本的彩色印刷业十分发达,不亚于美国,领先于中国5～10年,市场的规模也比中国大10倍,但其印刷出版系统的软件并不先进。王选认为,发达的日本市场会带来很多国内碰不到的最前沿需求。在这种创新思维下，方正集团旗下的日本方正完全以自主知识产权的创新技术在日本市场上立足扎根，现在已经有300多种日文报刊采用中国技术的日文激光照排系统。中国的创新产品终于能在国际高科技产业中争得市场和地位。

所以，1万个小时的坚持还应当加上对自己所从事工作的思考、创新才有可能获得更大的成功，成为更出类拔萃的人，正如被誉为当代毕昇的王选，促成我国出版印刷业"告别铅与火、迎来电与光"的技术革命。

5.6　上帝从不抛弃任何人

自然绝不会摒弃任何一个人，只要这个人是大自然安排和产生的作品。套用叔本华(A. Schopenhauer, 1788—1860)的话是要说明一个现象，任何人都可以成功，只要他是精子和卵子结合的产物，而不论其性格气质如何，是男性还是女性。

每一个个体成熟独立之时，除了生存，追求事业的丰收和成才是一件自然而然的事。从马斯洛(A. H. Maslow, 1908—1970)的人类心理的驱动力可能获得解释。马斯洛在1943年的美国《心理学评论》上发表了《人类动机论》，又称需要层次论。该理论认为，人类动机的发展和需要的满足有密切的关系，需要的层次有高低的不同，低层次的需要是生理需要，向上依次是安全、爱与归属、尊重和自我实现的需要。概括起来便是5个层次，即生理、安全、社会、尊重和自我实现。

自我实现指创造潜能的充分发挥，追求自我实现是人的最高动机，它的特征是对某一事业的忘我献身。高层次的自我实现具有超越自我的特征，具有很高的社会价值。实际上也就是通俗意义上的成功或每个个体的成才。每个个体，无论是什么样的性格和层次，都可能有自我实现的机会。

心理学根据不同人的个性的特点，对人的个性作了不同的分类，如外向、内向，并据此认为不同人的不同性格适合于从事不同的职业（事业），才容易获得成功。尽管现在世界上有2500种对性格（气质、人格）等的分类，但迈尔斯-布里格斯性格分类法(Myers-Briggs Type Indicator, MBTI)是现在最常见的一种，很多世界500强企业在招聘员工时都在使用这样的心理分类。

迈尔斯-布里格斯性格分类的理论源于瑞士心理学家荣格于1921年所出版的著作《心理类型》(*Psychological Types*)。美国心理学家布里格斯(K. C. Briggs, 1857—1968)和其女儿迈尔斯(I. B. Myers, 1897—1980)经过长期观察和研究而开发了这套性格分类法。尽管这种分类受到种种批评,但经过几十年的发展,现已成为全球著名的性格测试之一。

根据荣格所提出的人类具有思想、情感、感觉、直觉四个心理学特质,再结合内外向性格,有了如下的问题:

从心理能力的走向看,你是"外向"(Extrovert)(E)还是"内向"(Introvert)(I)

认识外在世界的方法:你是"感觉"(Sensing)(S)还是"直觉"(Intuition)(N)

倚赖什么方式做决定:你是"理性"(Thinking)(T)还是"情感"(Feeling)(F)

生活方式和处事态度:你是"判断"(Judging)(J)还是"理解"(Perceiving)(P)

根据对这些问题的不同答案,两两组合,可将人的性格分为16个种类,分别是:

① ESTJ 大男人型　② ESTP 挑战型　③ ESFJ 主人型
④ ESFP 表演型　　⑤ ENTJ 将军型　⑥ ENTP 发明家
⑦ ENFJ 教育家　　⑧ ENFP 记者型　⑨ ISTJ 公务型
⑩ ISTP 冒险家　　⑪ ISFJ 照顾型　⑫ ISFP 艺术家
⑬ INTJ 专家型　　⑭ INTP 学者型　⑮ INFJ 作家型
⑯ INFP 哲学家

这些分类的理论基础是,性格直接间接地决定了人类个体的行为,因而与成功和成才密切相关。更有甚者,长期以来流传着一种心理学理论,认为外向型要比内向型更容易成功,原因在于外向型更容易与人相处和沟通,内向型处于自我封闭和孤立的状态,不善于表达和与人沟通,因而凭单打独斗难以成功和成才。

卡耐基(D. Carnegie, 1888—1955)在《美好的人生 快乐的人生》一书中充分表达了这样的观念。他认为,一个人事业上的成功,只有15%是由于其专业知识(技术),另外的85%要靠人际关系、处世技巧。

也就是说人必须善于与人沟通、要合群、要顺从、要善于表达等等，他（她）才会成功。

对这位享誉全球的教育家的话，许许多多的人不得不信。因为他除了用大量的个案加以证明外，还给出了统计学意义上的证据。他统计过在他班上接受成人教育的一些工程技术人员的状况，发现收入最丰厚的，不是对工程学懂得最多的人，而是一个拥有专门知识，加上能够表达他的意念，并善于做人处世、领导和鼓舞他人的人。由此就可以这么认为，外向型的、善于人际交往和为人处世者，即使专业知识不怎样，也能挣大钱和成功。

其实，卡耐基的成功说只是其教育经验的一种总结，能否有普遍价值，值得怀疑。即使从性格分类来看，也可以看出，人的成功是多种多样的，无论什么样的性格，都有成功的基础和可能。

从生物多样性的原则来看，人的性格的多样性也是显而易见的。这种多样性不仅体现在不同的人有不同的性格，也体现在同一个人也有不同的性格特征，例如，有时内向和外向是结合在一起的，没有绝对的外向，也没有绝对的内向。这种性格多样性也从迈尔斯-布里格斯性格分类中体现出来。所谓的16种性格或成功，就是不同个体有不同的性格，也具备了在不同领域成功的基础。

而且，即使同一个职业，也需要不同的性格特征来完成。例如记者型，在外出采访，约见各种当事人、专家、学者和各类受访者时，他/她需要发挥其外向型的性格特征，以便与不同的人打交道，以便完成采访任务。在采访任务完成后需要过滤采访的素材，提炼精华，去粗取精，去伪存真，并通过全盘构思和细节处理，用妙笔生花写出扣人心弦感人肺腑的文章，这时就需要内向型的性格，由此才能潜下心来，深思熟虑和反复锤炼，才能完成任务。

另一方面，就是同一个个体也可以在不同的领域中获得成功。例如，他/她既可以成为发明家，也可以成为冒险家；既可以成为将军，也可以成为工程师；既可以当设计师，又可以做学者。因此，成功是向每一个人开放的，没有所谓的外向与内向的优劣之分。

对外向型优于内向型做出尖锐批评的是英国精神科医师、作家安东尼·斯托尔（A. Storr）。他在其著作《孤独》中为内向和孤独作了完美的辩驳。他认为，人的一生的许多时间都注定要独处，并非所有孤独的人都不幸福。而且，很多孤独的人获得了很大的成功，一点不亚于外向型的、情商高的人。最令人难过的是,现代社会由于误导和自身的异化,过分强调人际关系的重要性,从而忽视甚至误解了孤独、内向所负载的"正面功能",这对人的精神和心灵可谓一种不负责任的无辜的伤害。

从很多著名人物可以看出,孤独和内向对于成功是多么重要。阿图尔·叔本华一生大部分时间是在孤寂中度过的。1788年2月22日叔本华出生在但泽(现在的波兰格旦斯克)一个显赫的富商家庭。1809年,叔本华被哥廷根大学录取,在这里学习了物理学、矿物学、自然历史、植物学、哲学,认真研究了柏拉图、康德的著作;他还旁听了生理学、天文学、气象学、人种学和法学等课程。生性内向孤独的叔本华由于有父亲留给他一笔资产而使他得以全身心沉溺于孤独的精神探索之中。后来他到柏林大学就读,掌握了拉丁语、希腊语、法语、英语、德语、西班牙语、意大利语等7种语言,并且将探索的领域扩展到了化学、电磁学、电学、鸟类学、鱼类学以及北欧诗歌。25岁叔本华完成著名的哲学著作《论充足根据律的四重根》(1813年出版),29岁完成了《作为意志与表象的世界》。

对于孤独和内向,叔本华的密友格温(Gwen)在叔本华的葬礼上说,"这个墓穴里躺着一个非同一般的人。他在人世间活了一辈子却无人所知。他孤独地死去,正如他孤独地活着……"更为精彩的是叔本华本人对于孤独和内向的一些论述:

青年人首先学习的一课,就是承受孤独,因为孤独是幸福、安乐的源泉。

孤独为一个精神禀赋优异的人带来双重的好处。第一他可以与自己为伴,第二他用不着和别人在一起。第二点弥足珍贵,尤其我们还记得社会交往所意味着的束缚、烦扰甚至危险。

虽然在这个世界上不乏许许多多的糟糕东西,但最糟糕的莫过于聚会人群。

由于客观或主观的条件、一个人越不需要与人们打交道,那么,他的处境也就越好。孤独的坏处就算不是一下子就被我们感觉得到,也可让人一目了然。相比之下,社交生活的坏处却深藏不露。消遣、闲聊和其他与人交往的乐趣掩藏着巨大的、通常是难以弥补的祸害。

从尺有所短、寸有所长的观点来看,孤独或孤僻也是相当好的一种品质和个性。因为一是并非所有人都耐得住孤寂,二是相当多的孤僻的人取得了非凡的成功并极大地贡献于社会和人类的文明。再以罗素(B. Russell, 1872—1970)为例,其母亲在罗素幼年时就深知,爱子生性孤僻内向,既没有一呼万应和能言善辩的政治家的才能,又没有冲锋陷阵做将军的体能和体魄,但母亲并没有对儿子失望(大概那时她还读不到卡耐基和情商理论)。她便鼓励儿子走上读书和研究学问的道路。也幸亏罗素的孤僻做学问,才给我们留下了《西方哲学史》、《数学原理》等一大批传世之作,也给人类文明增添了无价瑰宝。

另一个感人的例子是居里夫人(M. S. Curie, 1867—1934),如果不是她的内向性格使得她孤独做学问和搞研究,她不会两次获得诺贝尔奖。她的做人也是孤僻的,有时甚至是冷漠的、难于接近的。只有与她较长期地接触后才会感受到她一颗平凡、善良的心,才会感叹道原来她竟是一位非常质朴的人,赤诚的人。

也许上述人物都是比较极端的例子,因为这些人本身就是天才,无论孤独或合群都不会湮没他们的光芒。既然如此,那就来说说平凡的例子。除了在政治、商业、经营、管理等领域(即使这些领域也需要人们在某些时候保持孤独或以孤独的方式工作和生活),在其他一些领域如科研、美术、写作、音乐、考古、设计、绘图、实验等,人们工作方式和生活方式都以孤独或孤僻为主。

即使是凡夫俗子也一样能在园艺、钓鱼、集邮等内向独处的领域中找到快乐,使人生变得有意义。这样的领域还有很多,无论是工作还是生活,如读书、收藏、剪纸、篆刻以及上面提到的许多工作领域。

孤独和内向并非就是某个人不与别人交流和交往,只是他(她)与别人的交流和交往换了一种方式,是间接而已。比如,一个人在读书时,他(她)是在与作者交流;在写作时,是在与读者交流而且是更高一级的交流——神交;在做实验时,是在与前人和不同的实验方法交流;在考古时,是在与古人交流,如此等等。甚至今天电脑即时通讯,如QQ、ICQ、MSN上的"手谈"也是一种独特的而且是孤独的交流。再从强调人际交流的积极作用这方面来看,孤独对其也是有益的。德·昆西(T. Quincey, 1785—1859)说,一个人的生活如果没有孤独交错着,他的智力范围永远无法拓展。

赞赏孤独内向并非是要否定合群、交往、学会为人处世和改善人际关系,而是要说孤独内向像其他个性和行为方式一样,都是尺有所短,寸有所长,而且孤僻有时是一种非常优秀的个性,比如在科研和创造性工作中。既然我们相当多的人都是内向的孤独的孤僻的，为什么要贬抑这种个性而与自己过不去呢？

无论是什么性格，都可能成功。不必视某种性格为优，某种性格为劣，甚至把成功过多地与某种性格挂钩。因为，每个人都是大自然的杰作，只要不违背自己的个性甚至充分发挥自己的个性，成功就不是一件奢侈的事。

5.7 终结生命与修正目标

人生当然是有目标的，例如，各种各样的成功就是一种目标。但是，一个残酷的现实是，人生不如意者十之八九。所以，一些自认为没有达到目标的人觉得受到重挫，除了失去继续前行的勇气外，还有可能自己终结自己的生命。

中外古今，自杀的人很多。尽管没有确切统计数据，但如果比较一下，那些学有专长，或者是有较高学历、掌握了较多知识，有技术和才能，权威专家或有社会地位的人，可能比普通人的自杀率更高，例如，科学家、工程技术人员、作家、艺术家和年轻学子。当然，这些人的自杀会更令人遗憾，因为他们比一般人掌握了更多知识和技术，有更多的才能，本应该为社会多做一些奉献。

纵观自杀者，他们比较敏感、内心世界丰富多彩，有独特的知识背景和看待世界的眼光与角度，因而对人生、社会、幸福和悲哀也有独特的看法或深刻的理解，心灵往往背负重轭或沉重的十字架，尤其当遭遇不幸、经历挫折和失败之时，责己愈深，失望愈大。为了寻求心灵的解脱，自杀似乎成为一种顺理成章的选择。正如日本作家、诺贝尔奖获得者川端康成(K. Yasunari, 1899—1972)的解释："有思想的人谁不想到自杀呢？"他本人也正是用自己的行动，于1972年在他73岁时以自杀来诠释了他的这句名言。

诚然，科学家、作家、艺术家和年轻学子等的自杀原因是多种多样的，例如疾病缠身而无法解脱，如美国作家海明威(E. Hemingway, 1899—1961)等；精神的失常与失控，如荷兰画家凡·高(V. W. van Gogh, 1853—1890)等；创作源泉干涸而无法再写出作品，如哥伦比亚诗人何塞·西尔瓦(J. A. Silva, 1865—1896)等；以及自己的成果、学说被否定而痛感精神家园的坍塌和失落,如奥地利物理学家玻尔兹曼(L. E. Boltzman,1844—1906)等;还有刚走进社会一时无法站稳脚跟,甚至难以生存的年轻学子。不过在分析这些各式各样的自杀者和自杀原因时,都会让人想到一个共同的因素,那就是他们都没有迈过一道看不见的内心鸿沟,走不出心灵的误区。更遗憾的是,这些鸿沟或误区大部分都是自我设置的。

他们受到自己环境所铸造的围墙的封闭,一叶障目,不见泰山。由于一条胡同走到底,便失去了修正目标和变通的机会。没有了重新选择的机会,也就失去了可以走向光明和成功的其他道路。这种情况不仅在人类,而且在自然界中比比皆是。

每年严冬的大雪都会造成了不少树木死亡。大雪先是慢慢压弯了它们,最后当大雪越积越多时,不堪重负的树木只得低头趴下,纷纷折腰断枝。但是,仔细观察,大雪中也有另外一种风景。同样是遭遇大雪,有些树不会折断死亡,有一些树则很容易死亡。例如,有一些树是杂树,而另一些树是银槐树。那些杂树因为不堪大雪而被压断了很多树枝,就像断肢受伤的人,断枝残叶,满目凋零,形状凄惨。但是银槐树在大雪中却依旧枝叶苍劲挺拔,生机盎然。

为什么同样是树,遭遇大雪后的结局却迥然相异?原因在于,它们的生存哲学和行为方式不一样。

银槐的枝叶比较柔韧,当它身上的雪花堆积到一定量时,其树枝就会自然弯曲下来,这个举动自然而巧妙地把身上的积雪卸了下来。雪不断地下,银槐也不断地卸下身上的重负,它们的身上却不会积下大量的雪花,也就没有不能承受之重,枝叶便完好无损。但是杂树却不像银槐那么柔软,雪花在其身上越积越多,它们也从不弯曲一下自己的身躯。结果树枝上的雪花越积越多,等到雪花堆积到它们不能承受的极限时,就只能枝断树亡。

银槐知道在不同的环境下低头或昂头,它们善于修正方向,在不同的环境下改变自己的人生态度。那些杂树却不善于在不同的环境中改变生存方式,不懂得修正方向,一条胡同走到底,最后便是自我毁灭。

如果把树也分类,银槐其实是自我实现者,而断枝的杂树则不是。自我实现者不同于他人的地方是,像马斯洛所说的在人生的最高精神层面能自我实现的人,具有健全的人格,了解并认识现实,有比较实际的人生观,悦纳自己、别人和周围的世界,对世俗合而不同。更重要的是能根据自身和生活环境的改变，不断地改变自己，修正自己的人生目标。当然，这种修正不仅仅只是一种愿望，而且是一种切实的能力，能修正自己以适应环境。

当遇到困境，找不到工作或自己的工作不如意时，自我实现者会稍稍调整或修正一下自己期望和追求的目标，无论是工作的还是生活的。然而，有一些人却难以做到，原因于他们的执著和习惯于自己已获得的一切和熟悉的氛围，尤其是思维定势。

及时修正自己生活和工作目标的理论也很简单，一个小小的心理测验或游戏可以说明问题。在一定的距离之外，让人扔竹圈套东西（用篮球投篮得分也一样），结果会出现几种情形。其一，如果设计的距离太近，投手（参加者）不费吹灰之力就能套中东西（或投篮命中），刚开始投手还有兴趣，可过了一会儿就会觉得这太简单太容易而兴趣大减，最后认为没意思而离开。其二，如果设计的距离太远，投手屡投不中，也会兴趣大减，最后会因绝望感到没意思而离去。其三，如果设计的距离不远不近，投手经过一定努力（如修正方向、改变手姿等）便能投中目标，在这种情况下，投手的兴趣持续不减，参与者也会越来越多。这就是经过努力而能达到目标，因为目标不太难也不大容易（距离不太远也不大近）。

生活和事业中的自我实现者，大多属于游戏中的第三类。只不过游戏中的距离与目标（在生活和工作中可视为前进的步子大小的、攀登台阶的高低）是他人设计并经过不断修正而达到理想值的，而生活中目标和距离则需要自己设计，这会很难。姑且不论客观环境、自我能力、机遇、人际关系这些复杂的因素，仅仅是自我判断和决策就常常会有偏差或力有不逮。所以，工作和生活中遇到困境时，需要人们的另一种能力——修正距离和目标，使自己在当时各种因素的综合制约下能达到实际目标。经过不断的努力能达到目标，既肯定了自己的价值、能力，又使自己的心灵获得愉悦、满足，并较长时间地保持自信，一步一步地攀登生活和事业的高峰。

尽管自杀者原因诸多，但相当多的人都类似于上述心理游戏中的第二类，由于距离太远，实现目标很困难。游戏者在很长时间内达不到目标会绝望离去，生活中的极端绝望者便以结束自己的生命来寻求彻底的解脱。尽管许多人在生活中已经达到了一定的目标，获得了相当的成就，但生活中的某一阶段他们没有达到自我预期或社会认同的恰当的目标,便会感到苦闷。思维的定势又使他们不便和不愿修正目标与距离,或降低目标,或走迂回之路,最后一叶遮目,死胡同走到底。

生活目标的自我设计恰当而且完美固然十分重要,但随后实践过程的不断修正和调整也必不可少。正如选择射击目标,射手必须选择并调整自己所射击的目标的最佳距离、角度甚至射姿。例如,在生活中求职,如果做不上白领先做蓝领,甚至去餐馆打工刷盘子、帮人看孩子也未尝不可;或转移目标迂回而进,改做别的工作。在修正自己目标的过程中再不断寻求机会,设计新的目标并最终达到真正的目标。因为某一时期一步或一个台阶无法达到的目标可以将其分成两步、三步来实现,这样步子就会有力、稳健,心情也会轻松、愉快,力不能及就会变成力所能及。

更重要的是修正目标能使我们保持信心,获得自信和不走绝路。不要忘记,川端康成也曾这样说过:"无论怎样厌世,自杀不是开悟的办法,不管德行多高,自杀的人想要达到圣境也是遥远的。"

既然现实的圣境都那么难以达到,天国中的圣境就那么容易达到吗?自我实现者既有面对挫折不轻易退缩和趴下的坚强,但同时还有随时修正目标的灵活和柔韧。

5.8 睡个好觉是福

在人生的过程中,每个人有 1/3～1/5 的时间是在睡眠中度过的。睡觉是对生命能量的充电,也是让大脑司令部休息的最好方式。每天能睡一个好觉是快乐的人生不可缺少的组成部分。没有睡眠、睡眠不足和睡眠质量不好的害处显而易见。首先是削弱人的免疫系统,其次发胖,再其次是患各种疾病,如各种精神疾病,因为大脑受到损伤。

小鼠完全被剥夺睡眠 17～20 天就会死亡。一开始,它们的毛发慢慢脱落,新陈代谢过度,即使站立不动也会燃烧大量的热能。因为它们要靠燃烧体内的能量来维持不能睡觉的生理平衡。这也意味着睡眠就是节能和储能,睡眠不足就是额外耗能。

对于人也有相关的研究。只不过,睡眠不足所产生的后果比我们想象的还要严重。

美国哈佛大学的研究人员发现,在晚间工作的女性患乳癌的机会增加了 50%。女性上夜班机会越多,患乳癌风险越大。在超过 10000 名接受调查的女性中,从事晚间工作的人比白天工作的人患乳癌的机会高 1.5 倍。原因在于,晚间工作者常常暴露于人工照明下,人工照明可减少女性内分泌系统制造褪黑素,并增加雌激素的生成,容易造成乳房肿瘤形成。

女性上夜班会使人类的日落而息、日出而作的生理节律被颠倒,导致褪黑素的分泌减少和雌激素的分泌增多,因而诱发癌症。不仅如此,夜间工作的人也更容易患上心脏病、抑郁及其他种类型的癌症,上夜班比每日抽 20 根香烟更危险。轮班工作的人士稍好一些,患乳癌的机会比正常作息者增加 48%。

上夜班的男性也好不到哪里去,他们的睡眠不足同样面临患癌几率高的危险。日本 2005 年的一项调查说,昼夜倒班的男性患前列腺癌的几率是长期上白班的男性的 3.5 倍。从 1988 年到 1997 年,研究人员对日本全国 45 个市町村的约 1.6 万名男性进行调查,以探讨上班时间段和前列腺癌发病之间的关系。所有被调查男性中长期上白班的有 12756 人,长期上夜班的有 1184 人,另外 1966 人从事的工作需要昼夜倒班。

有 55 人最终被确诊为前列腺癌,其中上白班的有 38 人,上夜班的 6 人,昼夜倒班的 11 人。在综合了患者的家族前列腺癌病史、年龄和地域等的差异后,昼夜倒班的男性患前列腺癌的几率是长期上白班的男性的 3.5 倍;长期上夜班的男性和上白班的男性之间,患病几率几乎没有差别。昼夜倒班造成人体生物钟紊乱,使褪黑素分泌量下降。褪黑激素有抑制前列腺癌细胞增殖的作用。这可能是昼夜倒班男性更易患前列腺癌的原因。

在睡眠时间上,过去普遍认可的行为方式是,一般成年人应睡 8 小时,儿童和青少年的时间应当更长一些。如果成人的睡眠少于 8 小时,对健康就可能造成不利影响。然而生活中不少情况证明,8 小时睡眠并非一般成年人所必需的睡眠时间,相当多的人对睡眠的时间要求可能更短,一般人可能只睡个 7 小时就足够了,而且 7 小时睡眠更有利于健康。

得出这个结论源于三项大规模的调查。

第一项调查是对日本人一个为期 10 年的睡眠调查,参与者有 104010 位成年人。参与者在问卷表上回答一些问题,其中包括睡眠情况、健康状况、精神状态和生活习惯等。这些情况都可能影响人的寿命。在考虑了上述种种因素后，那些平均每晚睡 7 个小时的成年人的死亡率最低。更令人惊奇的是，睡得最少的人并非最短寿的人。比如，一晚只睡 4 小时的男人死亡率并没有明显增加，只不过如果男性睡的时间少于一晚 4 小时，他们的寿命低于只睡同样时间的女性。

但是，睡眠一晚超过 7 小时的人，特别是女性，在 10 年的时间内更有可能死亡。此后，另两项大规模的研究和 10 多项较小规模的研究得出了与上述研究结果相似的结论。对此，美国加利福尼亚圣迭戈医学院的精神病学家丹尼尔·克里普克（D. Kripke）认为，为了长寿，传统的每天必须睡八小时的概念应当改正，医生在今后不应当要求人们至少睡足 8 小时，而只能是略为少于 8 小时。

这里面的科学原理何在呢？主要原因在于，由黑暗引发的激素变化和长时间睡眠引发的尚未知晓的生物效应可能影响到人的生存时间。但是，睡眠时间较短也会遭遇其他不利影响。宾夕法尼亚大学医学院的戴卫·迪杰（D. Dinges）所做的一项测试也表明，睡得多与睡得少同样不利于健康。比如，睡眠只有 4~5 小时的人在智力、清晰思考和注意力方面的测试上得分较低。而且这种情况会随时间的增加（长期只睡 4 至 5 小时）而更加恶化。在测试中只有睡够约 7 小时的成年人各项得分最高、表现最好。

此外，还有一些研究表明，睡眠少于 6 小时的成年人可能患糖尿病和肥胖的危险性较大。当然，睡眠不足造成的车祸也增多。

那么，一个人到底睡多长时间为好。回答是要看个体的需求和感觉。并非减少睡眠可以延长寿命，而是要因人而异。因为，睡眠需求部分取决于遗传，也部分取决于影响寿命的其他原因。所以，7~8 小时也许是一般人的最佳睡眠长度。

现代科技的发展让一些人睡个好觉变成了奢侈。尽管对付失眠和如何睡个好觉的方式有多种多样，如锻炼、食品疗法和心理疗法等，但睡眠的科学机制仍然得不到深入的理解。只有深入理解睡眠的机理，才能从根本上消除失眠和睡个好觉。这得从研究动物和人自身的睡眠做起。

过去研究人员认为，鸟、哺乳动物和人有一个好睡眠是非常重要的，昆虫恐怕是不需要睡眠的生物。如果能找到其中的奥秘对人的睡眠会有帮助。但是，早在 1982 年就有研究人员从蟑螂的研究结果得出昆虫也有睡眠的结论。如今这一结论被美国研究人员的研究结果证实。2000年美国宾夕法尼亚大学的研究人员发现，果蝇会像人一样睡眠和打盹。对于果蝇这样的小生物来说，它是否有长时间的睡眠是难以确定的，但它们确实有小睡或打盹的情况。

从一般情况来看，生物睡眠有外在和内在的标准，例如人睡眠的外在标准就是对外界无知觉、全身放松、闭眼、躺下长时间或短时间地休息。内在标准是能监测到睡眠时的脑电波。但是果蝇的头部太小，根本无法测到它的脑电波。于是研究人员用录相带录下果蝇休息时的情况，以调查果蝇的睡眠。在晚上，果蝇匍匐在休息的地方并以睡眠的姿势休息，这种姿势是面朝下。每天晚上果蝇会这样静静地呆上7个小时，除了有时抽动一下腿和鼻子。当黑夜慢慢过去时，果蝇的动作就越来越多，越来越复杂，并最后醒来。

有时候，研究人员只要看到果蝇静静地待下来，就用磁带吵醒它们。这样被剥夺了睡眠的果蝇就会在随后的几天多睡一些时间的觉来弥补，这种情况与人完全一样。

果蝇的睡眠当然也受体内尤其是大脑中化学物质如腺苷的影响。腺苷是目前公认的大脑中与睡眠密切相关的物质。研究人员对果蝇注射咔啡因，咔啡因可以扰乱哺乳动物大脑中腺苷的作用。在注射了咔啡因后，果蝇睡眠减少了。但另一方面，果蝇在吃进了一种类似腺苷的化合物后睡眠则增加了。这说明腺苷对果蝇的睡眠也是起促进作用的。这意味着，将来可以研制出类似腺苷的药物来治疗失眠和加强睡眠，另一个方向就是基因调控。

当然研究基因与睡眠的关系不仅仅是在果蝇身上可以进行，而且在更复杂的动物如老鼠身上也可进行，但是由于果蝇的全部基因已被测序，可以从对果蝇的研究入手找到更多的与睡眠有关的基因，同时揭示睡眠和生物时钟之间的基因联系。果蝇的基因构成与人类相似，一直被当作研究人体的生物模型，例如人和果蝇都有与睡眠相关的沙克尔基因。果蝇的睡眠特征，如睡眠不足导致反应迟钝等都与人类相似。

因此，人类的失眠和睡眠不足问题有望在将来通过基因调控加以解决。如此可能通过睡眠把人的健康和寿命调整到最佳水平。

5.9 给生命以时间,给时间以生命

长寿从来都是人生的理想追求之一,因为长寿首先体现为生命个体的优质,正如庄子所言,"朝菌不知晦朔,蟪蛄不知春秋。夏虫不可以语于冰者,笃于时也"。另一方面,一个群体的寿命却折射出一个社会经济、文明和制度的优劣。

世界卫生组织的《2007 年世界卫生报告》,统计显示,在人均预期寿命方面,男性平均预期寿命最长的是圣马力诺男性,平均可活到 80 岁;澳洲、冰岛、日本、瑞典及瑞士男性的平均寿命亦达 79 岁;加拿大、摩纳哥及新加坡等地男性寿命为 78 岁;英、法、德男性可达 77 岁;美国及古巴等男士寿命则为 75 岁。女性则以日本人最长命,平均预期寿命为 86 岁;摩纳哥妇女紧随其后,平均可活到 85 岁;西班牙、澳洲、法国、意大利及瑞士等地的女性平均活至 84 岁;英国及美国妇女一般寿命分别为 81 岁及 80 岁。同时,中国卫生部于 2008 年 7 月发表的《2003—2007 年中国卫生发展情况简报》,指出中国公民预期寿命由 2000 年的 71.4 岁提高到 2005 年的 73 岁。

世界卫生组织的报告强调了当今衡量一个国家或地区、一个民族或族群的最重要指标,健康和长寿才是最重要的实力。因为,国家的强大和富有并不是一个空洞的概念,而是要体现到某一国家的所有人在生活上所能获得的福祉。最能体现某一国度公民幸福和快乐的莫过于人人健康和尽可能高的寿命。

今天,人类男性最长的预期寿命是 80 岁,女性最长的预期寿命是 86 岁。同时,如果以绝对长寿而言,世界上也有一些地方的少数人可以活到 120 岁左右,更有号称活到 132 岁的,成为人类长寿的顶点。对此,人类满足吗?显然,在追求生命的长度上,人类还是不满足的,至少有人打赌人类可以活到 150 岁。

美国爱达荷大学动物学教授奥斯塔得(S. Austad)和该校俄裔科学家奥尼尚斯坦(S. J. Olshansky,1954—)在 2001 年 1 月人类基因组正版图谱宣告完成后不久就公开为人能活多长时间而打赌。奥斯塔得所赌的人类寿命最高年限将达到 150 岁,因为分子生物学和基因工程的进展将使人们不仅能修复衰老破损的器官,而且能进行基因的修

补和替换，这为人类长寿奠定了内在基础。同时，由于人的生活方式和健康概念的完善与改进，如不吸烟、注意饮食和锻炼等，将可能保证在外因方面推进人的长寿，因此人活 150 岁不成问题。甚至用不了 150 年就有很多人会活到 150 岁。

但是奥尼尚斯坦认为尽管人类的寿命可能因基因工程的发展而延长，但也不是能无限制地延长，顶多能达到 130 岁就不错了，并认为这就是人类寿命的极限。他们各自出了 150 美元设立了一个信托基金。到 2150 年 1 月 1 日时，委托国际著名的科学组织如世界卫生组织挑选 3 名德高望重的科学家对他们的打赌作出评判。到时这笔基金将累积到 5 亿美元。打赌的赢家的后代将获得这一巨额资金。如果赢家没有后代，这笔钱将归爱达荷大学所有。

对于这两位科学家的打赌，很多人认为不过是一场学术游戏而已，但是也有很多人当真。有人认为奥斯塔得能获胜，也有人认为奥尼尚斯坦能获胜。

无论最终谁获胜，都预示着人类通过科技手段可能获得尽可能长的寿命，而且也有一些研究人员在用科学研究的结果为此作依据。首先是研究人员对果蝇的研究发现，如果改变果蝇的一个基因，它们的寿命会成倍增加，而改变了基因的雌果蝇可以终生生殖，在其一生中可下 2000 个卵，但正常的雌果蝇则只能下 1300 个卵。果蝇一般能活 40 天，如果改变基因使寿命翻番，则可能活 80 天，甚至可能长生不老，就像中国神话中的彭祖和西方神话中的玛土撒拉（Methuselah）。如果人类也通过改变基因或服药使寿命倍增的话，以今天的平均预期寿命计算，人类可以活到 150 岁，这实际上就是对奥斯塔得的支持。

还有研究人员对线虫和小鼠做研究，也得出了类似的结论。普通线虫的寿命一般为 20 天，但是，如果改变其体内的某些基因，特别是让线虫的 daf—2，clk—1 和 isp—1 基因突变，线虫可能活到 50 天。如果让小鼠的 SIR2 和 IGF—1 基因改变，也能让小鼠寿命增长 80%，远远高于正常小鼠的寿命。顺理成章的结论是，改变人类的类似基因，也有可能让人的寿命成倍增长，活到 150 岁或更长也并非不可能。

问题是，即使有人愿意活这么长，动物研究的结果是否能应用到人身上，改变人的基因是否可能，因为这涉及伦理问题。以线虫为例，线虫改变基因有其改变基因的基础，即它的特殊的生物特性使其寿命具有自然的伸缩性，而且对衰老有巨大的潜藏的耐受力。例如，当食物稀少时，它会自动进入特殊的冬眠期。在此期间它们停止进食、发育和运动，并且长出一个厚厚的保护性外壳。这样，它们的衰老也就极大地延迟，能够生存70天。这种自然的耐受艰苦环境的潜能使它们比起一般只生存20天的寿命来，超出了3—3.5倍。那么，人是否具备这样的生物特殊性呢？目前似乎还看不到。

另一方面，改变基因或基因突变后，还会有多种副作用。例如，基因突变后的线虫存在着严重的生命质量问题。它们在发育、呼吸、游动、进食、排便等方面都比一般线虫更为缓慢，而且它们几乎总是在昏睡，很少有繁殖能力。线虫改变基因固然换来了长寿，但这是一种生长缓慢，没有意识不能生育的低劣生存状态。果蝇同样如此。改变了基因确实让果蝇比一般果蝇活的时间长一些，但是这些长寿果蝇的生命毫无质量，因为它们长期处于昏睡之中。

这就提出了一个问题，如果人类改变基因获得长寿的代价也像果蝇和线虫一样，人们还愿意这样长久地生存下去吗？例如，改变我们的某种长寿基因，使我们能活到150岁，但却像线虫那样过着一种没有生命质量的生活，更享受不了生活的乐趣，到40岁才有青春期的发育、对异性没有爱的欲望和需求、不能运动、不能娱乐，我们还需要这样的长寿吗？也许多数人对此的答案是否定的。

这便涉及人的寿命与生命质量问题，即生命的两个维度。生命需要时间，需要长度；同时，时间也需要生命，即生命应有较高的质量。所以，从现代生命伦理的意义上讲，长寿只是一种片面的标准，或者说，在追求长寿的时候，也需要较好的生命质量或生活质量。一个人活着不能只是能吃能睡，也不能疾病缠身，而且应当健康、有工作能力和创造能力，心情愉快，即使在年老时也能生活自理，这才是长寿的应有的质量。所以，长寿与生命质量是一个硬币的两个方面。

从生命的长度和质量两个维度来看，奥斯塔得认为人能活150岁也许可能达到，但很可能是没有生命质量的长寿。人活到150岁时并不是说活着就行了，还要求到了150岁时必须头脑清楚，对周围环境能做出反应，有自主意识，也能站立行走，具有生命的质量。这样才算是活着。所以，如果改变基因或靠服药，人的长寿也很有可能像果蝇、线虫的长寿一样是没有意义，因此奥斯塔得打赌人能活150岁恐怕难操胜券。

此外，人的长寿也并非只是让一些基因发生改变就能做到的，因为衰老是一种多基因的复合调控过程,表现为,染色体的端粒长度的改变、DNA损伤(包括单链和双链的断裂)、DNA的甲基化和细胞的氧化损害等。这些因素都包含长寿的基因或短寿的基因,它们的制约与平衡才形成了人类现在的寿命。

例如,无论是对国内新疆长寿老人还是对芬兰长寿老人的研究,都发现脂蛋白E—3(apoE—3)、E—2(apoE—2)是促使人们长寿的基因,但脂蛋白E—4基因(apoE—4)则与长寿无缘。长寿是一正一反基因的相互制约,而且是多种基因的相互制约。在小鼠身上发现,1q基因、6q基因、P21基因、WP53基因、P16基因和RB蛋白等是衰老基因,它们是在同一代谢途径上抑制和调控细胞的增殖。相反,Werners基因和bcl2基因是抗衰老基因。所以,人和生物衰老的分子生物学原因是多基因、多层面和多途径的复合作用。

此外,基因也仅仅是长寿的一部分原因,甚至连一半的决定作用都不到,另一半或大半因素在于环境。环境和生活习惯在长寿上所起的作用可能达到60%或更多。长寿固然应当成为人类的追求,但也应当看到,生命的意义是适应,适应生活、适应环境、适应社会。只有适应环境的生命才可能变成真正意义上的长寿。

无论基因如何决定着人们的长寿,但健康与长寿的钥匙仍然掌握在每个人自己的手上。过去提出的人类健康长寿的四大基石是合理膳食,适量运动,戒烟戒酒,心理平衡。但是,如果加上人类今后可以操控基因,也许还要加上基因调控这一方式,因此健康长寿是五大基石。但无论怎样,生命时间上的长寿只有与生命质量上的长寿结合起来,才是真正的长寿。

5.10 换个角度看长寿

长寿不仅是每个个体的期许,也是每一个群体,包括其他生物群体的追求。因为,长寿所体现的是生命力的强大和高质量的生活,以及内心较高的幸福感,也是一个国家和群体软硬实力的表现。因此,长寿一直被视为人类伦理的正面价值取向。不过,追求长寿也会带来许多问题,因而逼迫我们不得不重新审视长寿。

为了解长寿的奥秘,人类做了大量的研究。今天,长寿研究的重心已经转移到了基因和分子生物学的层面,当然,也有行为方式的研究。现在,一项新的研究再次证实,基因确实决定着人和生物的长寿。如果敲除哺乳动物的某种基因,则可以延长寿命。

英国伦敦大学学院的科林·塞尔曼(C. Selman)等人在 2009 年 10 月 2 日出版的美国《科学》杂志上以"核糖体蛋白 S6 激酶 1 信号调节哺乳动物寿命"为题发表研究文章称,如果敲除小鼠体内负责为核糖体蛋白 S6 激酶 1 编码的基因,可以起到"热量限制"的效果,不仅可以让雌性小鼠的寿命延长约 1/5,而且可以减少小鼠患与衰老有关的疾病,如不患糖尿病等。

研究人员把基因敲除小鼠与普通小鼠进行比较,发现雌性基因敲除小鼠平均存活了约 950 天,比普通小鼠多活约 160 天,寿命延长 20%。雄性基因敲除小鼠健康状况也好于普通小鼠,不过其寿命与普通小鼠并无太大差别。

此外,研究人员在敲除 S6 激酶 1 基因小鼠出生 600 天时与普通小鼠进行健康状况比较,这时的小鼠相当于人类的中年。结果发现,雌性基因敲除小鼠更"精瘦",骨骼更强壮。尽管基因敲除小鼠食物摄取量增加,但身体脂肪含量却减少。它们并未出现中年阶段常见的胰岛素敏感度下降现象,因此不会患 II 型糖尿病。在运动实验中,它们的表现也好于普通小鼠,体现为基因敲除小鼠在平衡、力量及协调性方面优于普通小鼠。此外,基因敲除小鼠体内的 T 细胞也显得"更年轻",说明其免疫水平高于同龄普通小鼠。

基因敲除小鼠不仅长寿而且健康的原因在于,S6 激酶 1 负责调节蛋白质的基因编码及细胞能量的代谢,如果抑制该基因的表达就可以起到限制热量的作用。这一研究再次证明,减少热量摄取对健康有益。

从公共卫生、营养和社会文化的角度,另一项研究却表明,长寿对于人类而言,除了幸福之外,还极有可能是挑战和负担。南丹麦大学的丹麦衰老研究中心的卡雷·克里斯滕森(K. Christensen)等人在英国 2009 年 10 月 3 日出版的《柳叶刀》上发表综述文章指出,老龄人口是摆在人类面前的严重挑战,尤其是发达国家。

克里斯滕森等人回顾了 2004 年至 2005 年发表的大量关于衰老的文章,发现大多数国家人的寿命正在稳定地上升。20 世纪末与 20 世纪初相比,发达国家人口平均寿命大约增加了 30 岁。而且,如果发达国家平均寿命在 21 世纪保持增加趋势,那么,多数在 2000 年以后出生的法国人、德国人、意大利人、英国人、美国人、加拿大人和日本人有望庆祝百岁生日。

例如,半数以上 2000 年出生的日本人可望活到 104 岁;半数以上 2003 年出生的美国人可望活到 103 岁;半数以上 2007 年出生的意大利人可望活到 104 岁。

克里斯滕森等人的研究结果其实是则对人类的长寿提出了一种警告,即社会将要担负起更多更重的经济负担,而且需要有更多的人力和物质资源来负担越来越多的老年人。克里斯滕森的研究认为,未来老年人生活自理能力会提高,而且患各种与衰老相关的疾病的时间也会延迟或减少。在 21 世纪,老龄人口无力照顾自己、需要依赖别人的年龄将比以往推迟。即便是年龄在 85 岁以上并罹患糖尿病、哮喘等慢性疾病的老人,失去自我照顾能力的时间也有所推迟。因为,现代医学可以更早诊断病症并对病人实施更佳治疗。所以,85 岁以上老人可以活得更长,他们具备自我照顾能力的时间也会更长。

尽管如此,克里斯滕森的研究报告也承认,伴随人口预期寿命增加,老龄化带来的社会、经济和医疗压力将令发达国家头疼。当然,如果经济上还未达到发达程度的国家,如果长寿和老龄化提前,则会承受更大的压力。由于这种压力的增加,使得目前一些人对长寿产生了相反的看法,也就是不敢长寿。

例如,中国目前就面临未富先老的巨大压力,使得相当多的人不敢长寿。因为,按现有养老保险标准,一位月入 4000 元的年轻白领 60 岁退休时,其生活水准只能维持年轻时 1/4 的水平,而且这种"举家食粥"的水平只够维持退休以后的 10 年生活。如果活得再长,则面临断炊的地步。

当然,如果有经济保障,则长寿固然是一件幸福的事。但是,长寿也面临心理和行为方式的难题。这种难题既来自老人自身,也来自照顾老人的人,很多人会因为不堪心理重负而产生心理疾病,并且自杀和他杀。

尽管上面英国和丹麦的研究显示人老后生活自理能力也会保持相当长时间,而且较少患病,但更多的研究结果和普遍的事实是,人难以抗御衰老的规律。当然,克里斯滕森等人建议,应对长寿的方法之一是,不应长期辛劳工作然后完全退休,而应在不同年龄阶段都兼顾工作、学习、休闲和养儿育女。但是,这并不能解决人衰老之后的根本问题。从生理规律来看,人的种种器官其实在二三十岁就开始衰老了,而且以现有的生活水平和医疗条件,在 70 岁后种种行动不便和疾病也纠缠着老人,因此老人必须要有人照顾。同时,老人的各种疾病也明显多于年青人,因此除了照顾老人,还有更多的对老年人的医疗服务。

日本就是当今面对长寿而产生最多最大心理和行为难题的国家。日本是世界上最长寿的国家,平均每 10 万日本人中,百岁老人就超过 15 人,在全国 1.27 亿人中约有 21% 是 65 岁以上的老人。然而,人人羡慕的长寿在日本却并非一件幸事,相反倒是一件令人恐惧的事情。

日本厚生劳动省 2008 年公布的日本 2007 年的自杀情况表明,当年有 3.3 万人自杀,每天就有约 100 人自杀,其中 60 岁以上的老人占了近一半。世界卫生组织的报告则认为,老年问题是导致日本人自杀的主要原因。日本的自杀率是 51/10 万,男性自杀是女性的 2 倍,这比美国的 22/10 万的自杀率高了两倍多,是英国的三倍多(15/10 万),但是比东欧一些国家的自杀率低,如立陶宛(92/10 万)和乌克兰(62/10 万)。

尽管造成日本人自杀的原因有多种多样,如债务和疾病以及自杀文化,但年老后的心理疾病和心理障碍造成的自杀是最主要的。如果仅从年龄来看,日本老人的自杀人数约占自杀总数的一半,这表明年龄因素至关重要。如果不计年龄,则在自杀因素中,抑郁是造成日本人自杀的主要原因,占其中的 20%,其后才是疾病和债务等原因。

厚生劳动省研究小组的调查报告显示,在家看护人员 4 人中就有 1 人患有轻度忧郁症。当看护人员年龄在 50 岁左右时,这种情况的比例大概是 20%;而 65 岁以上老人照顾其他高龄老人的,甚至有近 30% 的人到了宁愿自杀的程度。另一方面,由于日本文化中有一种不给他人添麻烦,自己应照看好自己的做人原则,因而老人为了不给子女添麻烦而选择自杀的案例也逐年增多。这种因照顾老人而引起的心理疾病和自杀、杀人情况被称为"照顾疲劳",由此引发的自杀、杀人或强迫双双自杀的事件越来越多。

例如,2006 年 12 月底日本一名 73 岁的老人因长期照料患帕金森氏病的妻子而精疲力竭,在东京附近的住家上吊自杀。就在年初也有一名 54 岁男子把 86 岁母亲用毛巾勒死。在被捕后,这名男子说,他又要工作,又要照顾罹患失忆症的母亲,又缴不起房租,于是决定杀死母亲再自杀。他强调,他不是不爱他的母亲,只是压力太大,如果有来生,他下辈子还要做他母亲的儿子。

其实,这只是经过报道的一些情况。实际上,未经媒体透露的因年老而自杀和他杀的情况最近几年在日本已经司空见惯。日本的一项调查发现,41%的日本人不愿意看到自己年老,因为他们对于年老体衰、疾病缠身、终日接受护理的"黄金岁月"感到沮丧。同时,日本全国老年人和老年医学中心一名研究人员主持的研究发现,83%的人对于年事渐高感到焦虑。当被问及是否愿意长寿时,41%的人表示"不是很想"或者"一点都不愿意"。日本人最为关注的老年问题是卧床不起、年纪渐长、退休后失去正常收入以及患上致命癌症。

日本政府也已意识到长寿对社会带来的心理和行为的严重挑战,并于2008年启动了一项计划,投资2.2亿美元,计划到2016年大幅降低自杀率。其中,包括老年人护理服务,招募40岁以上的人参加。但是,如果伴随长寿而生的疾病、行动不便、经济问题等无法解决,年老者和护理者所受到的心理冲击就不会减少,反而会持续和加重下去。如此,心理负担和行为异常,包括自杀、他杀等情况恐怕也难以抑制。

对此,一般人认为政府还需要做更多的工作,包括协助老年人的家属克服心力交瘁、沮丧,避免陷入照顾亲人的孤立状态,由此避免很多老人因消沉、抑郁而自杀或杀人。但是,如果真的把这一切推到政府身上,也许政府也不堪负重。

由此看来,长寿是幸福还是不幸真的要让人类重新考虑了。

5.11 烈士暮年 价值倍增

"廉颇老矣,尚能饭否?"后来,曹操的经典回答是:"老骥伏枥,志在千里;烈士暮年,壮心不已。"然而,现代社会的情况是,烈士暮年,价值倍增。

人终会变老,但老年并不可怕。老有老的优势。老年与青年优势的比较正如古罗马的思想家、哲学家马库斯·西塞罗(M. T. Cicero,前106—前43)所言,大事业的成就不是靠筋肉、速度、或身体的灵巧,而是靠思想、人格、或判断,在这几点上,老年人不但不比别人差,而且比别人好。同样,古希腊哲学家赫拉克利特(Heraclitus,前530—前470)也表示,身体的有力和美是青春的好处,至于智慧的美则是老年特有的财产。

年轻和年老的区别当然并非是一两句话就能解释得清楚的。还是来看看人力资源的一种比较吧。25～35岁,不过青苹果一个,无论价值和味道都比成熟的苹果差得远。从企业或用人单位的利益与经济效益来看,实际上使用45岁以上的人才能真正给企业来带来财富。

但是,国内和国外对中老年的看法却大相径庭。

国内的广告是：大专以上,三年以上工作经验,35岁以下,能值夜班,文笔佳,熟悉各种软件,女身高160 cm以上,有机动车驾照,美丽大方,英日法语说写流利,硕士或以上学历……

德国法里昂工程公司的招聘广告却是：45岁太老了？55岁就多余了？我们连65岁的人都雇用！

说实话,德国的年龄歧视并不逊色于中国,尽管他们不敢明目张胆地说"限35岁以下",但德国的企业60%已经没有50岁以上的员工了。为什么法里昂工程公司愿意反其道而行之,雇用45岁以上的人？一言以蔽之,年纪大的人比年纪轻的人所创造的价值大得多,使得企业的投入产出比大大提高,尤其是在知识经济和技术经济领域。

法里昂工程公司的老板奥特马尔·法里昂(O. Fahrion)算过一笔账,一名45岁以上富有经验的老员工的价值比25岁的年轻小伙子多3倍。这个结果是怎样算出来的？

其一,年长者已经有丰富的经验和技术,而且理解力非常强,也就是说,过去其他公司和单位已经培训了他们,现在的公司或用人单位不必对他们培训或为他们的培训买单了。其二,年长者可能会带来自己的发明创造,是现在公司可以利用的财富。三是年长者很少会把现在的公司当做跳槽的跳板,他们的人生已经基本固定,会在选定的公司长期干下去,如果不发生什么大的意外的话。四是在薪水上年龄大的人不会提过高的要求,因为他们懂得在他们这样的年龄有工作就已经是在向世界向亲朋好友证明自己的能力,即使比过去的薪水少1/3甚至1/2,他们也认为这是小事。五是,正因为是老年人,他们对自己的身体格外关注,一般很少患病。事实上,在六七十岁还积极要求工作并能胜任工作,这足以证明这样的老年人身体壮得像头牛,否则早就躺在家里了。

当然,雇用老年人也有不利之处,比如,他们的体力显然不如年经人,但是,这得看你怎样使用老年雇员,或是干什么工作。如果不是让他们干体力活而是技术活,如果让他们与青年职员搭配干活,其效率反而是出奇的好。

根据这些事实,法里昂工程公司认为雇用老年人所创造的价值比青年人多3倍,也因此他们敢于在广告中说:"我们连65岁的人都雇用!"

理论上的说法也许比较抽象,那就来看看个案。法里昂公司雇用了一名失业的大学机械制造学的讲师,叫莱曼(Lehm),年龄已63岁。招聘莱曼本身就是一个有趣的故事。莱曼原来在德国耶拿大学讲授汽车制造,后来他所在的院系调整后关闭,莱曼失业了。然而,年龄已过60的莱曼却感到自己有使不完的劲,用不完的精力,便四处求职。可以想象到,在暗中充满了年龄歧视的劳动力市场,莱曼的求职结果只能是一波三折,屡屡失败。尽管莱曼有丰富的理论知识和实际操作技能,而且自己拥有32项专利,但用人单位无一例外地婉辞了他。

有一次,在与一个公司谈好各种条件,而且对方也很欣赏他后,公司招聘者最后好像是无意间提了一个问题:"你的出生日期?"莱曼不紧不慢地回答:"1940年!"对方听说后,只说了两句话:"哦,天啦!请等我们的通知吧!"这一等就是黄鹤一去无音讯。最后,看了法里昂公司的招聘广告,莱曼再次前来应聘。结果,法里昂公司让他第二天就上班。老板法里昂说,莱曼是他们公司的财富,尤其是他个人还有那么多的专利,每一项都值得开发成产品。即使这些专利不开发,莱曼本身的价值也比一般年经人高得多,因为他不仅有技术和理论,还能实际操作,更重要的是他非常珍惜这份工作,不会轻易跳槽了。

法里昂公司为什么会认为老年人更管用呢?当然还是生活现实和市场需求。

几年前,法里昂的竞争对手从法里昂那里挖走了6名30多岁的技术骨干,每个人至少带走了25万欧元的价值。法里昂公司不得不重打锣鼓另开张,再招聘年经人。年轻人倒是有朝气,可是却无法胜任工作。法里昂最需要的是有经验的工程师和技术专家。从市场和劳动部门反馈回来的信息是,年轻的工程师没有,失业的老工程师倒有好几千人。面对现实情况,法里昂公司意识到,他们应当转变用人观念了,试一试那些老年人,尤其是知识技术型人才,也许会产生意想不到的效益。

法里昂公司打出了招聘中老年人的广告,后来公司共收到528份求职申请。公司详细分析这些求职者的情况后,大喜过望。在这 528 中老年人,有 180 名是非常适合于法里昂公司,另有 100 名比较适合于公司,其余是不太适合法里昂公司的。最后,法里昂公司几乎是百里挑一地雇用了 19 人来替代被竞争对手挖走的 6 个人。后来的结果证明,除了有两人工作情况一般外,其他 17 人都充分发挥了作用,为公司创造了比预期还高的利润和价值。

联合国一个通用的概念是,一个国家 65 岁以上的老年人在总人口中所占比例超过 7%,或 60 岁以上的人口超过 10%,便被称为"老年型"国家。当前,在全世界 190 多个国家和地区中,有 60 多个已进入"老年型"。目前中国 60 岁以上的老年人已达 1.32 亿,也已进入"老年型"国家的行列。

当然,中国目前的老龄化也许还不能与欧美同日而语,比如,目前全球人口老龄化最严重的国家是意大利,占总人口 25%。2000 年底,欧盟国家 73% 的劳动力养活 27% 的退休者,到 2050 年,将由 47% 的劳力养活 53% 的 65 岁以上的退休老人。所以,国外的劳动力市场不用老年人也办不到。

话虽这么说,中国转眼之间情况就跟欧美国家的老龄化差不多了。按中国目前人口增长的预测,到 2030 年中国的老龄人口将达 3.57 亿,2050 年将达 4.39 亿,届时老龄人口约占总人口的 25%。跟现在的意大利差不多。到时不仅 65 岁以上的教授、官员、管理者、技术人员比比皆是,就连 65 岁以上的农民、工人也到处可见。他们可以坐在开着空调的拖拉机、机床上生产,完全像年轻人一样。

至于烈士暮年壮心不已的个案更是举不胜举。例如,虽然肯德基的创始人哈兰·山德士(H. D. Sanders,1890—1980)是在 1930 年 40 岁时在家乡美国肯德基州开了一家餐厅而开始餐饮事业的,但他创造肯德基快餐名牌时已经是一名 66 岁,月领 105 美元社会保险的退休老人,但在今天肯德基已成为全球最大的炸鸡连锁店。美国的《60 分钟时事》节目的主持人兼记者的平均年龄已经达到 70 岁,其主持人之一,迈克·华莱士(M. Walace,1918—   )1986 年采访邓小平时,也已 70 岁。

此后年逾八旬的华莱士先生还一直坚持担当主持人。《60 分钟时事》另一位主持人丹·拉瑟(D. Rather,1931—   )递交辞呈时引起轰动,因为他也已经是一位 73 岁的老人了,他在《60 分钟时事》干了 24

年。就是这帮老人担当的《60分钟时事》,却是美国收视率最高的电视新闻节目。仅仅在客观效果上,年长的主持人就特别给观众一种信赖感,难怪老年人更容易成功。

从经验、技术、智力与人交往的能力以及总体的脑力劳动来看,年老不仅不是缺点,反而是优势。

5.12 与疾病相处

无论一个人的生命是长还是短,都必然会经历并深刻体验到疾病,因为我们每个人都会患病,而且有的人终生都在与疾病打交道,因此我们需要面对疾病。这种面对,一是需要勇气,二是需要智慧,比如与疾病和平共处,三是需要平常心。

尽管疾病在一个人的一生所占的时光只是少数,但这种状况却是不可或缺的。从某种意义上来讲,疾病既伴随一个人的一生,又永远与人类形影相吊。因此,佛教的学说才会认为,人天生就带有"404种病"。无数科学研究的结果也表明,很多人确实是在带病生存。"亚健康"概念的提出和广为人们接受就是一种有力的证明。

面对疾病,我们当然首先要寻求科学的医疗手段予以诊治,保护健康,延长寿命。不可否认的是,疾病当然是人类健康和正常生存的敌人,只有消灭它们,我们才有正常的生命活动,才能正常生活和工作,才能创既创造物质财富,也创造精神财富。

但是,在患病之时,尽管这是一种特殊的短暂时期(但对一些人却是伴随终生),我们也需要体验疾病,甚至要感谢它带给我们的痛苦。因为,没有疾病的痛苦,我们不会感受到健康的幸福和快乐,同时不会让我们的人生得以丰富和圆满。仅仅是,当一种疾病让我们痛不欲生时,也会让我们倍感珍惜和理解,健康的生活是多么美好!

经历过疾病的折磨,才会让你刻骨铭心地记住疾病带给你的痛苦,并因此全面地认识生命和疾病,并深深地感谢和珍惜自己所拥有的健康。

从疾病当中获得人生全面和深刻体验的有史铁生(1951—2010),他把体验转化为《病隙碎笔》一书。他的最大体验是,一步步地懂得满足,生活从来就布满了凶险,不因为谁的虔敬就给谁特别的优惠。

即使是患者的亲人和家属,也可以从疾病这样的"坏事"当中获得有益的体验。周国平为他的患了多发性视网膜母细胞瘤而只活了一岁半的妞妞写了一本书:《妞妞——一个父亲的札记》。妞妞短暂的命运引发了作者的许多感悟,认为妞妞"来这世上匆匆一行",也许"只是为了认一认爸爸,为那永恒的相聚未雨绸缪"。妞妞甚至不知道她的疼痛是由肿瘤引起的。但这离去对于父母来说却无疑是致命的。作为一个父亲,面对一个生命流逝当然会无比痛心和无奈,但是,短暂的生命,终究还是留下了足以温暖父亲一生的光亮,因为这生命曾给过作者希望,也让作者从另一个角领悟生命。当然,妞妞的生命和病痛还在拷问医家,如果不是那位医学博士在作者的妻子怀孕已5个月的时候还对其拍片,甚至连铅罩也不给孕妇戴,就可能不会有妞妞出生后患癌症这事了。

正是对生命、对痛苦、对医学伦理和人文关怀的拷问,使得这本书被美国得克萨斯大学医学院和明尼苏达大学医学院列为医学生的参考书目之一。

面对疾病我们还需要有另一种态度,有些疾病是人类现在无法治疗的,有时不治疗反而比治疗更可行,因此,人类必须永远面对一些疾病,并与疾病共存。

英国《独立报》2004年4月6日发表一篇文章称,由英国医学杂志(BMJ)指导修正的一项治病指南认为,人类的一些疾病最好的治疗就是不治疗。人类最常见的一些疾病(有60种)没有必要采用什么方法去治疗,因为大量的临床和基础医学研究表明,没有确凿的证据证明有什么方法可以对它们有效。因此,对待这些疾病或更多的类似的疾病,最好的方法就是不去治疗。这些疾病包括:焦虑症、厌食症、心力衰竭、乳腺癌、扁桃腺切除术、增殖腺切除术、智齿拔除术,等等。有些病当然可以治疗,比如手术,但是治疗的结果甚至比不治疗的结果更糟糕,比如手术切除前列腺癌。

这种观念尽管未必是正确的,但确实指出了我们应对疾病的另一种态度。有些疾病可能是一种事物的自然常态,尽管它相对于健康和常态来说是一种异常,并且在数量上是少数,甚至因为它让患者痛苦以致生不如死、亲者伤心并花费巨大甚而让人倾家荡产也不可能治好,从而引起人们的痛恨,但它确实是一种自然状态,更是人类生活参差多态的表现形式之一。

尽管目前人类对待一些疾病还无能为力,但许多疾病不能治疗并非是说永远不能治疗,随着医学科学发展,终有一天会获得救治,例如对于癌症之类的疾病。只是,我们应当辩证地来看待现在不能治疗但将来可以治疗的疾病。从今天来看,人对一些疾病的最好治疗是不治疗既意味着人类现在对这样的疾病还没有很有效的方法,也意味着人类对事物的认识是渐进的,人类的无知永远大于有知。

这既是对真理是相对的一种解释,也承认人对自然和事物的认识是有局限的,因此需要我们永不停息地探索下去。即使是"子子孙孙无穷匮也"的探索也只能让我们无限地接近于绝对真理,而不是找到了或掌握了绝对真理,因为未知的世界永远大于我们有知的世界。所以,我们应当承认人类对疾病的局限,有些疾病在现阶段人类只有面对,或只能与疾病共存。

另一方面,承认现阶段有一些疾病是不可治疗的是尊重事实和客观情况,但并不意味着人类会停止探索。只要人类探索的脚步不停止,就会逐步认识和理解各种疾病,并在未来预防和治愈更多的疾病。

对待疾病我们还应当看到,即使今天我们已经认识和正在认识的一些现象也有可能是不完全的,有时我们错把一些人体的正常防御机能误认为疾病,这无论是在身体的还是心理的方面都存在。

在身体产生的现象方面,我们可以看到,发热和咳嗽其实是一种防御机制,例如孕妇和一些人的呕吐,以及人们患病时的发烧。呕吐是为了把有毒物质从体内排出,而发烧是机体杀死病原微生物的一种特别有效的机制。所以,没有必要对呕吐止吐,也没有必要对疾病刚开始时的发烧用药物或物理手段如冷敷来加以抑制。这些原理在今天我们已经知道得比较多了。可是,对于人的精神上的防御机制现在我们还知道得甚少,以致把一些心理现象当成疾病来对待。

例如,抑郁、焦虑等,有很多情况其实不是病态,而是一种心理防御机制。以焦虑而言,这种不愉快的情绪与疼痛和呕吐一样,是一种防御。这与感受疼痛的能力一样是为了让我们避免眼前的和将来的伤害。焦虑就是这样,其作用是为了我们避免将来的危险和其他打击。采黑莓果的人如果不担心和躲避黑熊、渔夫如果在冬天的风暴中出海、学生在考试迫近时不抓紧温习功课,都会有很大的危险。于是,处于这些情况下的人就会有焦虑,它影响我们的思维、行为和生理,但同时使人处于比较有利的状态,正如感受疲劳的能力是为了让我们避免过度疲劳。所以,对于这类精神障碍是否需要药物治疗是值得反思的。当然,对于严重的心理疾病是应当用药物和其他方法治疗的,主要是与遗传因素相关的焦虑性障碍、抑郁和精神病等。

人类的疾病还有一种可能是人类进化中的生存哲学的体现。这表现为,一种疾病的存在可能是与另一些更大的利益相连,或者说,一种疾病的存在之所以没有在人类的进化中被删除,是因为与其他人类可能获得的益处来比较,体现了"两害相权取其轻,两利相衡取其大"。

例如,精神分裂症在世界各地的发病都基本相似,为1‰。而且,人类对抗精神病基因的自然选择的力量是十分强大的,因此精神病易感基因应当是远比现在我们所看到的要少。人群中相对一致的精神分裂症患病率也提示,这一疾病至少已经伴随人类成千上万年。精神分裂症基因的保留一定是有原因的,那就是,精神分裂症基因可能对人类有某些益处,这才能与它严重的代价产生平衡。

最大的可能是,某些疾病的基因在与某些基因合作中有益处。例如,尽管两个镰状贫血基因可以引起镰状细胞贫血,但在某种环境下单个镰状贫血基因却有抗疟疾的作用。精神分裂症的易感基因也可能有这样的益处。在多数具有这种基因的人中,有一些人会患病,但对另一些人却有多种好处。例如,可以增强他们的创造力和对事物理解的直觉,当然或许这些基因也可以免除人们患其他的疾病。现有的许多研究已经证明,许多精神分裂症患者本人和其亲属都有极高成就。

这些人物不胜枚举。例如,安徒生(H. C. Andersen, 1805—1875)、海明威、惠特曼(W. Whitman, 1819—1892)、马克·吐温(M. Twain, 1835—1910)、托尔斯泰(L. Tolstoy, 1828—1910)、莱蒙托夫(M. Lermontov, 1814—1841)、普希金(A. S. Pushkin, 1799—1837)、果戈里(N. V. Gogol, 1809—1852)、布莱克(W. Blake, 1757—1827)、拜伦(G. G. Byron, 1788—1824)、丁尼生(A. Tennyson, 1809—1892)、歌德(J. W. von Goethe, 1749—1832)、川端康成、福楼拜、奥尼尔(E. O'Neill, 1888—1953)、卡洛尔(L. Carrol, 1832—1898)、德·昆西、维特根斯坦(L. Wittgenstein, 1889—1951)、西尔维亚(P. Sylvia, 1932—1963)、凡·高以及中国的米芾(1051—1107)。

每个个体的一生都躲不开疾病,因此我们需要面对疾病,甚至要从疾病中学习和获取生存的智慧。

5.13 回归

《圣经》里说,你本是尘土,仍要归于尘土。因此,死亡就是生命的终点,也是生命的回归。

死亡是自然为所有生命设计的最为神来之笔,也是生命设计的最为成功的部分。可以简单地考虑,如果所有生命都不死亡,地球就不堪重负而毁灭;如果所有人都不死亡,就不会有人类的历史和今天的文明;如果生命都不死亡,那就如同癌细胞一样,不仅自己毁灭也毁灭他人。

正如叶落归根是因为树叶的自然生命走到了尽头一样,人和生物的最基本组成元素——细胞到了一定时期也会像树叶那样自然死亡,但是这种死亡是细胞的一种生理性、主动性的"自觉自杀行为",而非病理性死亡,所以又叫细胞的凋亡或"程序性细胞死亡"。这也证明,人的自然死亡或寿终正寝是从细胞开始的。

但是,死亡并非只是自然衰老后的寿终正寝,而是贯穿于人和生物的一生,因此,死亡,尤其是细胞死亡是一种正常现象。人的身体由数百种类型的细胞组成,它们都来自受精卵。在胚胎期,人或其他生物的细胞数量急剧增加,这个时候是细胞分化和特异化的时期。在胚胎发育期间细胞必须以一种正确的方式和在恰当的时间分化,以便产生正确的细胞类型。细胞分化和特异化后便形成多种多样的组织与器官,比如肌肉、血液、心脏和神经系统。人体内的数百种细胞都有各自的特异性,这些特异性细胞之间的有机合作才使得机体成为一个密不可分的整体。

无论在发育期还是在成人体内,既有大量的新细胞产生,也有大量的旧细胞死亡,这是生物体的一种自然现象。为了维持机体组织中适宜的细胞数量,在细胞分裂和细胞死亡之间需要一种精确的动态平衡,就像一个水库的蓄水与放水。由于生成与死亡的有序流程,在胚胎和成人期便维持着人体组织的适宜细胞数量。这种精密地控制细胞的消亡过程就是程序性细胞死亡。

正常的生命需要细胞分裂以产生新细胞,并且也要有细胞的死亡,由此人体和生物的器官才得以维持平衡。比如,成年人每天有超过

10000亿个细胞产生,与此同时相同数量的细胞也通过一种受到控制的"自杀程序"而死亡。细胞死亡首先有助于胚胎发育。蝌蚪变形成为青蛙就是如此,因为蝌蚪必须让其尾巴死亡才能蜕变为青蛙。人则是在漫长的进化过程中去掉了尾巴,这也是细胞凋亡的结果,只不过人类去掉尾巴的细胞凋亡有着更为长远的历史周期,青蛙的去掉尾巴的细胞凋亡则还只是浓缩到每个个体的发育周期中。

同样,在人类胚胎,手指与脚趾的形成也需要一部分细胞程序性死亡,如此才可能生成指和趾,正如树木的枝桠。如果没有程序性细胞死亡,指、趾之间就会连接在一起,像鸭子的蹼一样。同样,在大脑发育的最初阶段程序性细胞死亡也决定着大量神经细胞的产生与消亡,才能形成成熟后的大脑皮质。

所以,在生命意义上并非死亡就不好,生存就一定是好的。死亡是生命过程必需的一种手段。例如,有些疾病就是没有正常的细胞凋亡造成的,癌症和多囊肾即是一些该凋亡的细胞不凋亡形成的。但是,如果细胞凋亡过早开始,也是不利的。例如,老年性痴呆就是大量神经细胞过早凋亡造成的。

生命的本质是蛋白质的生成和运转,生命的结束也是蛋白质的降解。生命如同所有的事物一样,既有开始,也会有终结。因此,无论是执行什么样生理功能的蛋白质除了会由基因编码产生外,还会在完成了任务后而消亡,即降解,于是细胞也会随之凋亡。

所以,发现死亡的另一个生物学秘密的研究人员也获得了2004年的诺贝尔化学奖,他们是以色列的阿龙·切哈诺沃(A. Ciechanover,1947—)、阿夫拉姆·赫尔什科(A. Hershko,1937—)和美国的欧文·罗斯(I. Rose,1926—)。

其实,是细胞对错误或无用的蛋白质执行"死刑"的,其中一个重要程序就是,确认谁是要被"处死"(降解)的蛋白质,泛素就是这样一种死亡标签,它被贴到哪种蛋白质身上,哪种蛋白质就会死亡。正如中国神话中谁被小鬼拿出判官所认定的索命符所贴上,谁就阳寿已尽,必得随着小鬼到阴间。

早在20世纪七八十年代,研究人员就发现,细胞内蛋白质的降解是通过一系列精心设计的程序所进行的。在这个过程中,一些蛋白质被贴上了死亡标签——泛素,然后才被降解。这表明细胞有专门化的方式去除所不需要的蛋白质,而且泛素调节蛋白质死亡是需要能量的。

细胞可以生产很多种类的蛋白质,但是有些蛋白质生产出来后是不合格的,有些是衰老的和没有功能的,因此细胞就必须有一种机制来淘汰和筛除这些不合格的产品,以及衰老和没有功能的产品。所以,细胞是在利用泛素来系统分解错误蛋白质。即使在平常的生命过程中,细胞中也30%以上的新合成蛋白质是不合格的,需要经过泛素来确认和降解。因为它们没有通过细胞严格的质量检查,这正如每种产品在出厂投放市场前必须经过严格的质量检查一样,不合格产品需要毁掉或重新回炉。

　　另一方面,如果机体没有泛素调节蛋白质降解,细胞的分裂和DNA修复就有问题,例如导致细胞疯长,产生癌症。这正如人和其他生命一样,如果没有正常的死亡机制,长生不老的人就如同癌细胞,这绝不是正常的生命。

　　尽管死亡的生物学原理还需要进一步阐明,但如果初步理解了上面的原理就会知道,死亡不仅是生命的必须,而且是一种正常现象。从其他角度来理解死亡,也会发现,死亡不仅具有诗意,还具有深厚的哲学底蕴。

　　把死亡描绘得非常美丽和富有诗意的莫过于英国哲学家罗素。按照生命起源于海洋的假说,罗素把人的一生比作河流,把死亡比作回归或融入大海,这比《圣经》的来自尘土仍回归尘土更符合生物学的原理。

　　罗素说,每个人的生命都应该像河流一样——开始是细小的,被限制在狭窄的两岸之间,然后猛烈地冲过巨石,滑下瀑布。渐渐地,河道变宽了,河岸扩展了,水流得更平稳了。最后河水缓缓地汇入大海,不再有明显的间断和停顿,安然地失去了自身的存在。一个在老年能这样看待生活的人,将不会感到死亡的恐惧,因为他所关心的事物将继续下去。

　　但是,并非每个人都能这样坦然面对死亡。因为,尽管我们都知道死亡是生命的一种自然过程,但每个人也都有一种人类与生俱来的对死亡的恐惧。这也正是人类具有思想和意识的结果。如果是自然衰老后的寿终正寝,也许恐惧的人不多或恐惧的成分较少,但是,如果因为疾病或灾难,在人未到达自然寿命之时便面临死亡,人的恐惧就不可避免。但是,避免死亡的恐惧又是人们安然回归的重要条件,就像河流静静地融入大海一样。

　　为了探索人类对死亡的情绪和感受,美国的库布勒·罗斯(E. K.

Ross,1926—2004)在芝加哥的医院探访了200多位绝症患者,于1969年出版了《论死亡与临终》一书。罗斯对临终者的心理状况作了描述并归纳为5个阶段。

一是拒绝。当患者突然得知自己已得绝症,将不久于人世时,往往首先蹦出脑海的念头是"不可能!绝对不可能!"几乎所有患有绝症的病人起初都会有"否认"的精神状态,甚至经过了第一阶段之后,仍有一种"否认"的情绪存在着。

二是愤怒。当患者已知自己的确患了绝症,否认无法持续下去时,他们往往陷入愤怒、妒羡、怨恨等负面精神状态,会在心里自问:"为什么偏偏是我!""为何我这样倒霉!"等等。

三是挣扎。此一阶段并不是每位患者都经历过,而且时间也相当短。患者在"愤怒"过后,常常会对"上帝"祈祷,许诺假如"上帝"能延长他(她)的生命,自己情愿去做些事情,如康复后"重新做个好人"等。

四是沮丧。这一阶段表现为消沉抑郁,可分为两种:一是"反应的",指病患者对已经失去的部分机体所表现出的负面情绪反应,如乳癌患者失去乳房后,因感到失去女性美而意志消沉、精神抑郁等。二是"预备的",即患者对即将来临的生命损失产生出的负面情绪反应,如死亡的逐步迫近,使患者沉入一种极度的悲伤情感之中。

五是接受。这是患者自知死期将至,突然放下心理负担,进入了一种几无情绪和感情可言的阶段。但也有的患者一直抱有治愈的希望,很难进入"接受"的阶段。当这类患者愈拼命挣扎,逃避即将来到的死亡时,其心理情绪就愈无法平静,难以安稳而有尊严地逝去。

尽管后来人们对罗斯的"临终的五个阶段"进行种种批评和否认,而且罗斯还出版了另一本著作《当绿叶缓缓落下:与生死学大师的最后对话》进行补充,但不可否认的是,临终者都可能有这五个阶段的某一阶段,因而在今天形成了让人们安然接受死亡的一种理论和做法,即临终关怀。临终关怀并非是一种治愈疗法,而是对生存时间有限(6个月或更少)的患者进行适当的医院或家庭的医疗及护理,以减轻其疾病的症状、延缓疾病发展的医疗护理,让临终者能最大限度地减少痛苦,甚至没有痛苦地离开人世。

对走到人生尽头的人首先是减轻其生理的痛苦,通过医护人员及家属的照顾减轻病痛,甚至可以给予镇痛剂,如吗啡,减轻病人的痛苦,并配合科学合理的健康饮食,提高身体抗病能力。同时,通过心理关怀,减轻临终者的恐惧、不安、焦虑、埋怨、牵挂等心理,让他们安心、宽心,甚至对未来世界(指死后)充满希望及信心。甚至可以通过宗教的学说,以来生、永生和天堂给予人心灵的慰藉,从而让其坦然地接受死亡,没有痛苦地回归。

当死亡是每一个人必经的过程时,没有痛苦地回归是最为理想的境界。所以,死亡有四种形式。一是如果能理解罗素的生命是一条河流的观点并且是寿终正寝者,会安然地回归,没有痛苦。还有一种死亡也不会让人感到痛苦,即猝死,正如歌王迈克尔·杰克逊,他并不知道自己会突然去世,而且正在排练其告别歌坛的50场演出。其实他生前才是痛苦的,既是心灵的,又是肉体的,仅仅是整容的反复失败就让其肉体和心灵承担常人承担不起的煎熬和痛楚。

第三种形式是最让人难以忍受的,即饱受病痛折磨后的死亡。所以,才出现了临终关怀,以期减少临终者的痛苦。不过,一旦现有的医学条件下还不能治愈疾病和解除痛苦,而且又饱受疾病折磨时,安乐死应当是一种不错的选择,所以又可以称之为死亡的第四种形式。这也是一种没有痛苦的回归。尽管目前在世界的绝大多数国家和地方还不可能实现,也尽管有许许多多的是非和争论,但在少数国家和地区,人们已经有权利选择无痛苦的安乐死了。可以充满信心地预料,未来,所有人必然有权如此选择死亡。那么,死亡就不会是一件痛苦的事。

每个生命个体都是一条河流,最后也必然会安静地融入大海,就像人类和其他所有生命从海洋诞生一样。

主要参考文献

[1] Bryan Sykes. The Seven Daughters of Eve: The Science That Reveals Our Genetic Ancestry[M]. New York: W. W. Norton. 2001.

[2] Human Development Report 2000[M]. New York: United Nations Development Programme. 2001.

[3] Michele Zackheim. Einstein's Daughter: The Search for Lieserl[M]. New York: Riverhead. 2001.

[4] A. Moya, E. Font. In Evolution: From Molecules to Ecosystems[M]. New York: Oxford University Press Inc, 2004.

[5] Ashley Montagu. The Natural Superiority of Women (fifth edition)[M]. Thousand Oaks (California,USA): AltaMira Press (Sage Publications), 1999.

[6] Ashley Montagu. Man's Most Dangerous Myth: The Fallacy of Race. Edition: 6[M]. New York: AltaMira Press (Sage Publications), 1996.

[7] McKenna, F. P, Waylen, A. E. and Burkes, M. E. Male and Female Drivers: How Different are They? [M]. UK, Basingstoke: AA Foundation for Road Safety, 1998.

[8] Marilyn Yalom. A History of the Breast[M]. New York: Knopf, 1997.

[9] Helen Fisher. Anatomy of Love: The Natural History of Mating, Marriage and Why We Stray[M]. New York: The Random House Publishing Group, 1994.

[10] Elizabeth Gregory. Ready: Why Women Are Embracing the New Later Motherhood [M]. Philadelphia: Basic Books, 2007.

[11] Malcolm Gladwell. Outliers: The Story of Success [M]. New York: Little, Brown & Company, 2008.

[12] C. G. Jung. Collected Works of C. G. Jung, Volume 6: Psychological Types[M]. Princeton(USA): Princeton University Press, 1976.

[13] Myers, Isabel Briggs,et al. MBTI Manual (A Guide to the Development and Use of the Myers Briggs Type Indicator) [M]. Palo Alto, Calif: Consulting Psychologists Press; 3rd ed edition. 1998.

[14] Elizabeth Kubler Ross. On Death and Dying[M]. New York: Simon & Schuster, Reprint edition, 1997.

[15] Elisabeth Kubler Ross, David Kessler. On Grief and Grieving: Finding the Meaning of

Grief Through the Five Stages of Loss[M]. New York: Simon & Schuster,2005.

[16] Isaac Asimov. Not as We Know it, The Chemistry of Life. Cosmic Search[J]. 1981,3(1):9.

[17] Carl R. Woese,et al. Conservation of Primary Structure in 16S Ribosomal RNA [J]. Nature,1975,254:83-86.

[18] George E. FOX, et al. Comparative Cataloguing of 16S Ribosomal Ribonucleic Acid : Molecular Approach to Procaryotic Systrmatic [J]. Int. J. Syst. Bacteriol, 1977, 27:44-57.

[19] Marc David. The Slow Down Diet: Eating for Pleasure, Energy, and Weight Loss[M]. Rochester (Amrica): Healing Arts Press,2005.

[20] M. Gershon. The Second Brain: A Groundbreaking New Understanding of Nervous Disorders of the Stomach and Intestine[M]. New York: Harper paperbacks,1999.

[21] Iserson, Kenneth V. Death to Dust: What Happens to Dead Bodies? [M]. New York: Galen Press, 1994.

[22] Roach, Mary. Stiff: The Curious Lives of Human Cadavers[M]. New York: W. W. Norton, 2003.

[23] Watson J. D. , Crick F. H. C. A Structure for Deoxyribose Nucleic Acid[J]. Nature, 1953, 171: 737-738.

[24] Department of Molecular Biology and Genetics, Cornell University, Life Sciences Division, Lawrence Berkeley National Laboratory et al. Evolution of genes and genomes on the Drosophila phylogeny[J]. Nature, 2007, 450: 203-218.

[25] Bielec P. E. , et al. Homologies Between Human and Dolphin Chromosomes Detected by Heterologous Chromosome Painting[J]. Cytogenet Cell Genet,1998, 81: 18-25.

[26] Breen M. , et al. Reciprocal Chromosome Painting Reveals Detailed Regions of Conserved synteny Between the Karyotypes of the Domestic Dog (Canis familiaris) and Human[J]. Genomics, 1999, 61: 145-155

[27] Yunis J. J. , et al. The Striking Resemblance of High resolution G-banded Chromosomes of Man and Chimpanzee[J]. Science, 1980, 208: 1145-1148.

[28] Lalley P. A. , et al. Conservation of Autosomal Gene Synteny Groups in Mouse and Man [J]. Nature, 1978, 274: 160-163.

[29] O'Brien S. J. Mammalian Genome Mapping, Lessons and Prospects[J]. Curr Opin Genet Dev 1991, 1: 105-111.

[30] Barbazuk W. B. , et al. The Syntenic Relationship of the Zebrafish and Human Genomes [J]. Genome Res, 2000, 10: 1351-1358.

[31] Puttagunta R. , et al. Comparative Maps of Human 19p13. 3 and Mouse Chromosome 10 Allow Identification of Sequences at Evolutionary Breakpoints[J]. Genome Res, 2000, 10: 1369-1380.

[32] Cann R. L. , et al. Mitochondrial DNA and Human Evolution[J]. Nature, 1987, 325: 31-6.

[33] K. Christopher Beard, et al. A New Primate from the Eocene Pondaung Formation of Myanmar and the Monophyly of Burmese Amphipithecids[J]. Proceedings of the Royal Society B (Biological Sciences), 2009, 276: 1668.

[34] Brown P. , et al. A New Small-bodied Hominin from the Late Pleistocene of Flores, Indonesia[J]. Nature, 2004, 431: 1055-1061.

[35] M. F. Hammer, et al. Jewish and Middle Eastern non-Jewish Populations Share a Common Pool of Y-chromosome Biallelic Haplotypes[J]. Proc Natl Acad Sci U. S. A. , 2000, 97(12): 6769-6774.

[36] Y. Xue, T. Zerjal, et al. Recent Spread of a Y-Chromosomal Lineage in Northern China and Mongolia[J]. The American Journal of Human Genetics, 2005, 77(6): 1112-1116.

[37] Michael Schirber. Irish History Takes a Paternity Test[J]. Science Now Daily News, December 21, 2005.

[38] Doron M. Behar, et al. MtDNA Evidence for a Genetic Bottleneck in the Early History of the Ashkenazi Jewish Population[J]. European Journal of Human Genetics, 2004, 12: 355-364.

[39] Nobel Laureate James Watson Receives Personal Genome[J]. Science Daily, June 1, 2007.

[40] Emily Singer. Craig Venter's Genome, The Genomic Pioneer Bares His Genetic Code to the world[J]. Technology Review, September 4, 2007.

[41] Susumu Ohno, Midori Ohno. The all Pervasive Principle of Repetitious Recurrence Governs not Only Coding Sequence Construction But Also Human Endeavor in Musical Composition[J]. Immunogenetics, 1986, 24(2): 71-78.

[42] R. W. Roberts, D. M. Crothers. Specificity and Stringency in DNA Triplex Formation [J]. Proc Natl Acad Sci U. S. A. 1991, 88(21): 9397-9401.

[43] M. D. Frank-Kamenetskii, S. M. Mirkin. Triplex DNA Structures[J]. Annual Review of Biochemistry, 1995, 64: 65-95.

[44] A. Ferrus, et al. Genetic Analysis of the Shaker Gene Complex of Drosophila Melanogaster[J]. Genetics, 1990, 125: 383-398.

[45] C. Cirelli, et al, Reduced Sleep in Drosophila Shaker Mutants[J]. Nature, 2005, 434: 1087-92.

[46] P. J. Shaw, et al. Stress Response Genes Protect Against Lethal Effects of Sleep Deprivation in Drosophila[J]. Nature, 2002, 417: 287-291.

[47] Elizabeth Pennisi. Sea Urchin Genome Confirms Kinship to Humans and Other Vertebrates[J]. Science, 2006, 314(5801): 908-909.

[48] S. Ding, et al. Efficient Transposition of the piggy Bac (PB) Transposon in Mammalian Cells and Mice[J]. Cell, 122(3): 473-483.

[49] Cristen J Willer, et al. Six New Loci Associated With Body Mass Index Highlight a Neuronal Influence on Body Weight Regulation[J]. Nature Genetics, 2008, 41: 25-34.

[50] Delphine Feldmann, Françoise Denoyelle. Large Deletion of the GJB6 Gene in Deaf Patients Heterozygous for the GJB2 Gene Mutation: Genotypic and Phenotypic Analysis [J]. American Journal of Medical Genetics Part A. 2004, 127A(3): 263-7.
[51] Mice Provide Important Clues To Obsessive-compulsive Disorder[J]. Science Daily, Aug. 26, 2007.
[52] Constance Holden. Bullied Mice Implicate Brain's Reward Pathway in Mood Disorders [J]. Science, 2006, 311(5762): 759.
[53] Frederic Golden Sunday. Einstein's Lost Child[J]. Time, Oct. 4, 1999.
[54] Matter Needley. What Makes You Diffrernt From Others? [J]. Time, June 2, 2003.
[55] Dean Ornish, et al. Changes in Prostate Gene Expression in Men Undergoing an Intensive Nutrition and Lifestyle Intervention[J]. Proc Natl Acad Sci U.S.A., 2008, 105(24): 8369-8374.
[56] Evadnie Rampersaud, et al. Physical Activity and the Association of Common FTO Gene Variants With Body Mass Index and Obesity[J]. Archives of Internal Medicine. 2008, 168(16): 1791-1797.
[57] Better Maternal Nurturing Means Better Physical And Physiologic Response To Stress For Adult Rats[J]. Science Daily, Sep. 14, 1997.
[58] David S. Strait, et al. The Feeding Biomechanics and Dietary Ecology of Australopithecus Africanus[J]. Proc Natl Acad Sci U.S.A., 2009, 106(7): 2124-2129.
[59] The 2004 Nobel Prize in Physiology or Medicine: 'Odorant receptors and organization of the olfactory system' [J]. Current Science, 2004, 87, 11.
[60] C. Ober. Studies of HLA, Fertility and Mate Choice in a Human Isolate[J]. Human Reproduction Update, 1999, 5(2): 103-107.
[61] Ober C, Weitkamp LR et al. HLA and mate choice in humans[J]. Am J Hum Genet, 1997, 61: 497-504.
[62] Ziegler A., Kentenich H., et al. Female Choice and the MHC[J]. Trends Immunol, 2005, 26: 496-502.
[63] Chaix R., Cao C., Donnelly P. Is Mate Choice in Humans MHC-Dependent? [J]. PLoS Genet, 2008, 4(9).
[64] Matt Friedman. The evolutionary origin of flatfish asymmetry [J]. Nature, 2008, 454, 209-212.
[65] Let's Hear It for the First Ears [J]. Science Now, October 2, 2007.
[66] Understanding Hearing, Molecule By Molecule [J]. Science Daily, July 13, 2008.
[67] Roxanne Khamsi. You Were Born With Your Future Facial Expressions [J]. New Scientist, October 16, 2006.
[68] David Matsumoto, Bob Willingham et al. Spontaneous Facial Expressions of Emotion in Congenitally and Non-Congenitally Blind Individuals [J]. The Journal of Personality and Social Psychology, 2009, 96(1): 1-10.
[69] Ekman P. Facial Expression of Emotion: New findings, New questions[J]. Psychologi-

cal Science, 1992, 3: 34-38.

[70] Ekman, P. An Argument for Basic Emotions[J]. Cognition and Emotion, 1992,6: 169-200.

[71] Karen L. S., Jeffrey F. C. Human Facial Expressions as Adaptations: Evolutionary Questions in Facial Expression Research[J]. Yearbook of Physical Anthropology, 2001, 44: 3-24.

[72] Parr L. A. The Discrimination of Faces and Their Emotional Content by Chimpanzees (pan troglodytes) [J]. Annals of the New York Academy of Sciences, 2003,1000 : 56-78.

[73] Michael D. Sockol, et al. Chimpanzee Locomotor Energetics and the Origin of Human Bipedalism [J]. Proc Natl Acad Sci U. S. A., 2007, 104(30): 12265-12269.

[74] Thorpe, Holder, Crompton. Origin of Human Bipedalism as an Adaptation for Locomotion on Flexible Branches [J]. Science, 2007,316: 1328-1331.

[75] J. C. Watsona, et al. The energetic costs of load-carrying and the evolution of bipedalism [J]. Journal of Human Evolution, 2008,54(5): 675-683.

[76] Mice Can Sense Oxygen Through Their Skin [J]. Science Daily,Apr. 22, 2008.

[77] Martin Johannes Koehler, Karsten König, et al. In Vivo Assessment of Human Skin Aging by Multiphoton Laser Scanning Tomography [J]. Optics Letters, 2006, 31(19): 2879-2881.

[78] Nina G. Jablonskia, George Chaplinb. The evolution of human skin coloration [J]. Journal of Human Evolution, 2000,39(1): 57-106.

[79] Gina Kirchweger. The Biology of Skin Color: Black and White, The Evolution of Race Was as Simple as the Politics of Race is Complex [J]. Discover, 2001, 22(2).

[80] Lamason R. L., Mohideen M. A., Mest J. R., et al. SLC24A5, A Putative Cation Exchanger, Affects Pigmentation in Zebrafish and Humans [J]. Science. 2005,16(310): 1754-5.

[81] R. Thornhill, S. W. Gangestad. Direct and Indirect Tests for Publication Bias: Asymmetry and Sexual Selection [J]. Animal Behaviour, 2005, 70 (3): 497-506.

[82] S. W. Gangestad, R. Thornhill. Facial Masculinity and Fluctuating Asymmetry [J]. Evolution and Human Behavior, 2003, 24: 231-241.

[83] R. Thornhill, S. W. Gangestad, et al. MHC, Symmetry, and Body Scent Attractiveness in Men and Women[J]. Behavioral Ecology, 2003,14(5): 668-678.

[84] Zeynep Benderlioglu, et al. Fluctuating Asymmetry Predicts Human Reactive Aggression[J]. American Journal of Human Biology, 2004, 16 (4): 458-469.

[85] Yang N., MacArthur D. G., Gulbin J. P., et al. ACTN3 Genotype is Associated With Human Elite Athletic Performance[J]. The American Journal of Human Genetics, 2003,73: 627-631.

[86] Niemi A. K., Majamaa K. Mitochondrial DNA and ACTN3 Genotypes in Finnish Elite Endurance and Sprint Athletes[J]. European Journal of Human Genetics,2005,13: 965-

969.

[87] Press Release: The 2004 Nobel Prize in Physiology or Medicine. October 4,2004,The Nobel Assembly at Karolinska Institutet.

[88] Press Release: The Nobel Prize in Physiology or Medicine 2002,for their discoveries concerning genetic regulation of organ development and programmed cell death. 7 October 2002

[89] Dolores Piperno, et al. Evidence from dirty teeth: Ancient Peruvians ate well[J]. Paleontology & Archaeology, 2008, 17: 22.

[90] Michael Lutter, et al. The Orexigenic Hormone Ghrelin Defends Against Depressive Symptoms of Chronic Stress[J]. Nature Neuroscience, 2008,11: 752-753.

[91] Steven R. Gill1,et al. Metagenomic Analysis of the Human Distal Gut Microbiome[J]. Science,2006,312(5778): 1355-1359.

[92] Small Matters. Microbes In Us And The Environment[J]. Scientific American, May 2, 2007.

[93] Les Dethlefsen,David A. Relman, et al. The Pervasive Effects of an Antibiotic on the Human Gut Microbiota, as Revealed by Deep 16S rRNA Sequencing[J]. PLoS biology 2008, 18(6): 11.

[94] Ruth E. Ley,et al. Microbial ecology: Human Gut Microbes Associated With Obesity [J]. Nature, 2006,444: 1022-1023.

[95] Turnbaugh P. J. , et al. An Obesity-associated Gut Microbiome With Increased Capacity for Energy Harvest[J]. Nature, 2006,444: 1027-1031.

[96] Samuel Buck S. , et al. Genomic and Metabolic Adaptations of Methanobrevibacter Smithii to the Human Gut[J]. Proc Natl Acad Sci U. S. A. , 2007, 104(25): 10643-10648.

[97] Randal Bollinger R. , et al. Biofilms in the Large Bowel Suggest an Apparent Function of the Human Vermiform Appendix[J]. Journal of theoretical biology,2007, 249(4): 826-31.

[98] S. Karama, et al. Positive Association Between Cognitive Ability and Cortical Thickness in a Representative US Sample of Healthy 6-18year-olds[J]. Intelligence, 2009, 37 (2): 145.

[99] Thomas W. Meeks et al. Neurobiology of Wisdom: A Literature Overview[J]. Archives of General Psychiatry, 2009, 66 (4): 355.

[100] John Duncana, Hazel Emsliea, et al. Intelligence and the Frontal Lobe: The Organization of Goal-Directed Behavior[J]. Cognitive Psychology, 1996, 30(3): 257-303.

[101] Carlsson, A. Towards a New Understanding of Dopamine Receptors[J]. Clin. Neuropharmacol, 1995,18 (suppl. 1). S6-SI3.

[102] Greengard P. , O'Malley B. W. , et al. Requirement for DARPP-32 in Progesterone-facilitated Sexual Receptivity in Female Rats and Mice[J]. Science, 2000, 287(5455): 1053-6.

[103] Brunelli M., Castellucci V., Kandel E. R.. Synaptic Facilitation and Behavioral Sensitization in Aplysia: Possible Role of Serotonin and Cyclic AMP[J]. Science,1976, 194(4270): 1178-81.

[104] Girault J., Nestler E. J., Greengard P., et al. DARPP-32: Regulator of the Efficacy of Dopaminergic Neurotransmission[J]. Science,1998, 281(5378): 838-42

[105] G. Lambert, et al. Effect of Sunlight and Season on Serotonin Turnover in the Brain [J]. The Lancet,2002, 360(9348): 1840-1842.

[106] Paul Greengard, Per Svenningsson, et al. Alterations in 5-HT1B Receptor Function by p11 in Depression-Like States[J]. Science, 2006, 311(5757): 77-80.

[107] Eisenberger, et al. Does Rejection Hurt? An fMRI Study of Social Exclusion[J]. Science 2003, 302(5643): 290-292.

[108] J. Hughes, et al. Identification of Two Related Pentapeptides from the Brain with Potent Opiate Agonist activity[J]. Nature, 1975, 258: 577-579.

[109] Insel T. R, et al. Oxytocin and the Molecular Basis of Monogamy[J]. Advances in Experimental and Medical Biology,1995, 395(1): 227-234.

[110] Anna Gosline. Hormone Levels Turn Mouse Mums Fearless[J]. New Scientist, August 1,2004.

[111] Mothers Turn Fearless When Peptide Level Drops[J]. Science Daily, Aug 2, 2004.

[112] Oliver J. Bosch,et al. Brain Oxytocin Correlates with Maternal Aggression: Link to Anxiety, The Journal of Neuroscience[J]. 2005, 25(29): 6807-6815.

[113] Claudia D. Vargasa, et al. Re-emergence of Hand-muscle Representations in Human motor cortex after hand allograft[J]. Proc. Natl. Acad. Sci. U. S. A., 2009,106(17): 7197-202.

[114] Blackburn, Amanda, et al. Bilateral Asymmetry of the Epicondylar Breadth of the Humerus[J]. Current Anthropology, 2006,47: 2.

[115] Handedness Develops in the Womb[J]. New Scientist, July 22, 2004.

[116] Arthur Aron,et al. Reward, Motivation and Emotion Systems Associated with Early-Stage Intense Romantic Love[J]. Journal of Neurophysiology, 2005, 94: 327-337.

[117] Turk, D. J,M. S. Gazzaniga, et al. Mike or me? Self-recognition in a Split-brain Patient[J]. Nature Neuroscience, 2002,5(9): 841-2.

[118] Bruce Bower. Whole-brain Interpreter: A Cognitive Neuroscientist Seeks to Make Theoretical Headway Among Split Brains-Michael S. Gazzaniga[J]. Science News, 1996,9: 124-125.

[119] Bruce Bower. All about Me: Left Brain May Shine Spotlight on Self[J]. Science News, 2002,162: 118.

[120] N.M. Fisk et al. Fetal Plasma Cortisol and beta-endorphin Response to Intrauterine Needling[J]. The Lancet,1994,344: 77-81.

[121] Smith S. L,et al. Intelligibility of Sentences Recorded from the Uterus of a Pregnant Ewe and from the Fetal Inner ear. *Audiology and Neuro Otology*, 8: 347-353.

[122] MacDougall, Duncan. The Soul: Hypothesis Concerning Soul Substance Together with Experimental Evidence of The Existence of Such Substance[J]. American Medicine, April, 1907.

[123] Colleen Gorman Koch, et al. Duration of Red-Cell Storage and Complications after Cardiac Surgery[J]. The New England Journal of Medicine, 2008, 358: 1229-1239.

[124] Terrie M. Williams, et al. Running, Swimming and Diving Modifies Neuroprotecting Globins in the Mammalian Brain[J]. Proc Biol Sci, 2008, 275(1636): 751-758.

[125] Yates A, Stark J., et al. Understanding the slow depletion of memory CD4+ T cells in HIV infection[J]. PLoS Med. 2007, 4(5).

[126] Rob J. De Boer. Time Scales of CD4+ T Cell Depletion in HIV Infection[J]. PLoS Med. 2007, 4(5).

[127] Magdalena Plebanski, et al. Parasite-Dependent Expansion of TNF Receptor II-Positive Regulatory T Cells with Enhanced Suppressive Activity in Adults with Severe Malaria[J]. PLoS Pathogens, 2009, 5(4).

[128] Jim Rosack. Protein Discovery May Lead To New Psychiatric Drugs, Psychiatric News [J]. 2006, 41,(3): 18.

[129] Press Release: The Nobel Prize in Physiology or Medicine 2000.

[130] Julie Steenhuysen. Research Shows Why Some Soldiers are Cool Under Fire, Reuters News, Feb 16, 2009.
http://www.reuters.com/article/2009/02/16/us-stress-soldiers

[131] Ricardo B. R. Azevedo, Rolf Lohaus, et al. Sexual Reproduction Selects for Robustness and Negative Epistasis in Artificial Gene Networks [J]. Nature, 2006, 440: 87-90.

[132] Matthew R. Goddard, et al. Sex Increases the Efficacy of Natural Selection in Experimental Yeast Populations[J]. Nature, 2005, 434: 636-640.

[133] Rolf F. Hoekstra, et al. Evolutionary Biology: Why Sex is Good[J]. Nature, 2005, 434: 571-573.

[134] Hurst. L. D. Why are There Only Two Sexes? [J]. Proceedings of the Royal Society of London, Series B, 1996, 263: 415-422.

[135] Xia Yang, Eric E. Schadt, et al. Tissue-specific Expression and Regulation of Sexually Dimorphic Genes in Mice[J]. Genome Resesrch, 2006, 16: 995-1004.

[136] Caballero, A. On the Effective Size of Populations with Separate Sexes, with Particular Reference to Sex-Linked Genes[J]. Genetics, 1995, 139(2): 1007-1011.

[137] Burrows, W. & Ryder, O. A. Y-chromosome Variation in Great Apes[J]. Nature, 1997, 385(6612): 125-6.

[138] Hurst L. D., Ellegren H. Sex Biases in the Mutation rate[J]. Trends Genet, 1998, 14 (11): 446-52.

[139] Li W. H., Yi S., Makova K. Male-driven Evolution[J]. Curr Opin Genet Dev, 2002, 12(6): 650-6.

[140] Hellborg L., Ellegren H. Low Levels of Nucleotide Diversity in Mammalian Y Chromosomes[J]. Mol. Biol. Evol., 2004,21(1): 158-63.

[141] Zurovcova, M., Eanes, W. F. Lack of Nucleotide Polymorphism in the Y-linked sperm Flagellar Dynein Gene Dhc-Yh3 of Drosophila Melanogaster and D. Simulans[J]. Genetics,1999,153(4): 1709-15.

[142] Sara A. Sandstedt, Priscilla K. Tucker. Inefficient Purifying Selection: The Mammalian Y Chromosome in the Rodent Genus Mus [J]. 2006,17(1): 14-21.

[143] Irene Tiemann-Boege, William Navidi, et al. The Observed Human Sperm Mutation Frequency Can not Explain the Achondroplasia Paternal Age Effect[J]. Proc. Natl. Acad. Sci. U.S.A. ,2002,99(23): 14952-14957.

[144] C. DeLacoste-Utamsing, R. L. Holloway. Sexual Dimorphism in the Human Corpus Callosum[J]. Science, 1982, 216(4553): 1431-1432.

[145] Thomas E. Schlaepfera, et al. Structural Differences in the Cerebral Cortex of Healthy Female and Male Subjects: a Magnetic Resonance Imaging Study[J]. Psychiatry Research: Neuroimaging, 1995, 61(3): 129-135.

[146] Haier R. J., et al. The Neuroanatomy of General Intelligence: Sex Matters[J]. NeuroImage, 2005, 25: 320-327.

[147] E. Keogh, L. McCracken, C. Eccleston. Do Men and Women Differ in Their Response to Interdisciplinary Chronic Pain Management? [J]. Pain, 2005, 114(1): 37-46.

[148] Mowlavi A, et al. Increased Cutaneous Nerve Fibers in Female Specimens[J]. Plastic and Reconstructive Surgery. 2005; 116: 1407-1410.

[149] Pyszczynski, T. L. Gender Differences in the Willingness to Engage in Risky Behavior: A Terror Management Perspective[J]. Death Studies, 2002, 26: 117-142.

[150] Rosenblitt, J. C., Soler, H., Johnson, S. E. and Quadagno, D. M. Sensation Seeking and Hormones in Men and Women: Exploring the Link[J]. Hormones and behavior 2001, 40(3): 396-402.

[151] Phillip Cohen. Comfort Feeding[J]. New Scientist, 14 April 2001.

[152] Rates Daniel J. Kruger, Randolph M. Nesse. An Evolutionary Life-History Frame Work for Understanding Sex Differences in Human Mortality[J]. Human Nature, 2006, 17(1): 74-97.

[153] Divon, Michael Y.; Ferber, Asaf, et al. Male Gender Predisposes to Prolongation of Pregnancy[J]. American Journal of Obstetrics & Gynecology, 2002, 187 (4): 1081-1083.

[154] Michael Hopkin. Name Game Increases Sex Appeal[J]. Nature, Published online 10 August 2004.
http://www.nature.com/news/2004/040809/full/news040809-4.html

[155] World Health Organisation. Gender and Road Traffic Injuries. Geneva: 2002.

[156] Sex Differences in Driving and Insurance Risk,Social Issues Research Centre,UK,August 2004.

http://www.sirc.org/publik/driving_risk.shtml
[157] Best Female Figure Not an Hourglass, Livescience, December 03, 2008.
http://www.livescience.com/health/081203-hourglass-figure.html
[158] Sophie Messager, et al. Kisspeptin Directly Stimulates Gonadotropin-releasing Hormone release via G Protein-coupled Receptor 54 [J]. Proc. Natl. Acad. Sci. U.S.A., 2005, 102(5): 1761-6.
[159] Roenneberg T., et al. A Market for the End of Adolescence[J]. Current Biology, 2004, 14(24): R1038-R1039.
[160] Alison Abbott. Physiology: An end to adolescence[J]. Nature, 2005, 433(7021): 27.
[161] Timothy A. Salthouse. When does age-related cognitive decline begin? [J]. Neurobiology of Aging, 2009, 30(4): 507-514.
[162] Cynthia J. Berg, et al. Pregnancy-Related Mortality in the United States, 1991-1997 [J]. Obstetrics & Gynecology, 2003, 101: 289-296.
[163] William M. Callaghan, et al. Pregnancy-Related Mortality Among Women Aged 35 Years and Older, United States, 1991-1997[J]. Obstetrics & Gynecology, 2003, 102: 1015-1021.
[164] S. London. Risk of Pregnancy-related Death is Sharply Elevated for Women 35 and Older[J]. Perspectives on Sexual and Reproductive Health, 2004, 36(2).
[165] Bille, Camilla, et al. Parent's Age and the Risk of Oral Clefts[J]. Epidemiology, 2005, 16(3): 311-316.
[166] David S. Newberger. Down Syndrome: Prenatal Risk Assessment and Diagnosis, American Family Physicians[J]. August 2005, 825.
http://www.aafp.org/afp/20000815/825.html
[167] S. Megdal, et al. Night Work and Breast Cancer Risk: A Systematic Review and Meta-analysis[J]. European Journal of Cancer, 41(13): 2023-2032.
[168] A Full Night's Sleep? Not Everyone Needs it[J]. USA Today, Feb 9, 2004.
[169] Joan Hendricks. A Signaling Pathway that Regulates Sleep Debt[J]. Nature Neuroscience, 2001, 4(11).
[170] C. Cirelli, et al. Reduced Sleep in Drosophila Shaker Mutants[J]. Nature, 2005 434: 1087-92.
[171] P. J. Shaw, et al. Stress Response Genes Protect Against Lethal Effects of Sleep Deprivation in Drosophila[J]. Nature, 2002, 417: 287-291.
[172] Cirelli, C. How Sleep Deprivation Affects Gene Expression in the Brain: a Review of Recent findings[J]. Journal of Applied Physiology, 2002, 92: 394-400.
[173] Greenspan, R. J. et al. Sleep and the Fruit Fly[J]. Trends Neurosci, 2001, 24: 142-145.
[174] P. J. Shaw, et al. Correlates of Sleep and Waking in Drosophila Melanogaster[J]. Science, 2000, 287: 1834-1837.
[175] Hendricks, J. C. et al. Rest in Drosophila is a sleep-like state[J]. Neuron, 2000 25:

129-138.

[176] Tina Hesman. Fly Naps Inspire Dreams of Sleep Genetics[J]. Science News, 2000,157(8): 117.

[177] A Long-Lived Bet[J]. Science, 2001, 291(5506): 977.

[178] Elizabeth Pennisi. Old Flies May Hold Secrets of Aging[J]. Science, 2000, 290(5499): 2048.

[179] Blanka Rogina, et al. Extended Life-Span Conferred by Cotransporter Gene Mutations in Drosophila[J]. Science, 2000,290 (5499): 2137.

[180] Siegfried Hekimi,Leonard Guarente. Genetics and the Specificity of the Aging Process [J]. Science, 2003, 299(5611): 1351-1354.

[181] Kati Juva a1, Auli Verkkoniemi, et al. Apolipoprotein E, Cognitive Function, and Dementia in a General Population Aged 85 Years and Over[J]. International Psychogeriatrics,2000, 12: 3: 379-387.

[182] Colin Selman, Jennifer Tullet, et al, Ribosomal Protein S6 Kinase 1 Signaling Regulates Mammalian Life Span[J]. Science, 2009,326(5949): 140-144.

[183] Kaare Christensen,Gabriele Doblhammer, et al, Ageing Populations: The Challenges Ahead[J]. The Lancet, 2009,374(9696): 1196-1208.

[184] Laura Helmuth. The Wisdom of the Wizened[J]. Science, 2003, 299 (5611): 1300.

[185] Daniel Promislow. Aging: To Sir2, with Love[J]. Science, 2003,299 (5611): 1319

[186] Old Before Your Time: When Your Body Really Starts Going Downhill[N]. Daily Mail,2008-7-15.

[187] Laura Clark,Why Women Who Wait Until Their Thirties' Make Better Mothers'? [N]. Daily Mail,2007-10-29.

[188] Jeremy Laurance. New Guide for Patients Admits that Best Treatment is Often no Treatment at all. The Independent[N]. 2004-4-6.

[189] The World Health Report 2007-A Safer Future: Global Public Health Security in the 21st century. WHO.

[190] Press Release: The Nobel Prize in Physiology or Medicine 2002,for Their Discoveries Concerning Genetic Regulation of Organ Development and Programmed Cell Death. 7 October 2002.

[191] Press Release: The Nobel Prize in Chemistry 2004,6 October 2004

[192] Kirsty Wigglesworth. DNA Pioneer's Genome Blurs Race Lines[N]. The New York Times,December 12, 2007.

[193] Judy Foreman. A Conversation with: Paul Ekman; The 43 Facial Muscles That Reveal Even the Most Fleeting Emotions[N]. The New York Times, August 5, 2003.

[194] John J. Goldman. Evidence Allowed on Pain to Fetus[N]. Los Angeles Times,March 23, 2004.

[195] Martin Johnston. For Babies-to-be, Life's Just One Long Slumber Party[N]. The New Zealand Herald,4 Dec 2004.

[196] How Much Does the Soul Weigh? Livescience, 11 Dec 2006.
http://www.livescience.com/mysteries/061211_soul_weigh.html
[197] As to Picturing the Soul[N]. The New York Times, July 24, 1911.
[198] Soul Has Weight, Physician Thinks[N]. The New York Times. March 11, 1907.
[199] Lauran Neergaard. Immune cell offers new clue to worst malaria cases, AP News, Apr. 24, 2004.
http://news.yahoo.com/s/ap/20090424/
[200] Angela Saurine. Abusive Drunk Gene Discovered[N]. The Daily Telegraph, December 20, 2008.
[201] Roger Dobson and Roger Waite. Curvy Women are Cleverer too[N]. The Sunday Times, November 11, 2007.
[202] 金力,褚嘉祐. 中华民族遗传多样性研究(中国基因组研究丛书)[M]. 上海：上海科学技术出版社, 2006.
[203] 弗朗斯·德·瓦尔(美). 人类的猿性[M]. 胡飞飞, 张凡珊, 谭晶晶, 郭锦辉, 译. 上海：上海科学技术文献出版社, 2007.
[204] 荣格. 荣格自传[M]. 刘国彬, 杨德友, 译. 北京：国际文化出版公司, 2005.
[205] 孙云晓, 卢淑泉, 黄宇红. 杰出青年的童年与教育[M]. 南京：江苏教育出版社, 1998.
[206] 海伦·凯勒. 假如给我三天光明[M]. 段其民, 白云天, 译. 北京：中国对外翻译出版公司, 2008.
[207] 朱泓. 体质人类学[M]. 北京：高等教育出版社, 2005.
[208] (美)李政道. 对称, 不对称和粒子世界[M]. 朱允伦, 译. 北京：北京大学出版社, 1992.
[209] 邓云特：中国救荒史[M]. 上海：上海书店, 1984：55-56.
[210] 瓦西列夫. 情爱论[M]. 赵永穆, 等, 译, 北京：生活·读书·新知·三联书店, 1984.
[211] 弗兰西斯·培根. 培根论人生[M]. 何新, 译. 上海：上海人民出版社, 1983.
[212] (英)戴斯蒙德·莫里斯. 女人身体的细节与奥秘：裸女[M]. 施棣, 译. 北京：新星出版社, 2006.
[213] 乔群. 乳房美容100问[M]. 北京：中国妇女出版社, 2001.
[214] 蒙田随笔集[M]. 杨帆, 译, 北京：中国戏剧出版社, 2006.
[215] 龙应台, 安德烈. 亲爱的安德烈——两代共读的36封家书[M]. 台北：天下杂志(出版社), 2007.
[216] 迈克尔·J. A. 豪. 解读天才：伟人们的成长历程[M]. 荆卉, 译. 北京：中国青年出版社, 2001.
[217] (美)李昌钰口述, (美)邓洪撰写. 神探李昌钰[M]. 深圳：海天出版社, 2000.
[218] (美)戴尔·卡耐基. 美好的人生 快乐的人生[M]. 北京：中国文联出版社, 1995.
[219] 安东尼·斯托尔. 孤独[M]. 张嘤, 译, 呼和浩特：内蒙古人民出版社, 1997.
[220] 叔本华. 人生的智慧[M]. 北京：京华出版社, 2006.
[221] (日)川端康成. 川端康成小说选[M]. 北京：人民文学出版社, 1985.
[222] 西塞罗. 西塞罗三论[M]. 徐奕春, 译. 北京：团结出版社, 2007.
[223] 赫拉克利特. 赫拉克利特著作残篇[M]. 桂林：广西师范大学出版社, 2007.

[224] 史铁生.病隙碎笔[M].西安：陕西师范大学出版社，2002.
[225] 周国平.妞妞——一个父亲的札记[M].桂林：广西师范大学出版社，2000.
[226] (美)R. M. 尼斯,G. C. 威廉斯.我们为什么生病[M].易凡,禹宽平,译,海口：海南出版社,2009.
[227] 吴景荣,丁往道,钱青.当代英文散文选读[M].北京：商务印书馆,1980.
[228] 李小玲,李德炎.五羟色胺影响的行为谱[J].国外医学.精神病学分册,1999,3.
[229] 对生命奥秘的探索——DNA双螺旋结构发现之后[J].世界科学,2004,9.
[230] 分子生物学之父——弗郎西斯·克里克[J].世界科学,2004,9.
[231] 阎石等.对 ABO 血型不合的干细胞移植患者输血方案分析[J].临床血液学杂志,2000,13(3).
[232] 王青梅等：白血病 ABO 血型抗原改变二例[J].中华内科杂志,1999,38 (11).
[233] 叶萍,尹平,白建桥,等.影响新生儿神经行为发育的多因素分析[J].环境与健康杂志.2003,(1)：32—34.
[234] 谈月娣,孙建民等.511 例高龄初产妇的临床分析和处理对策[J].上海医学,2005,28(7).
[235] 孙铁玮.全球化后,谁是领袖谁是工人[J].瞭望东方周刊,2006(2).
[236] 昼夜倒班男性易患前列腺癌[J].国外测井技术,2005,20(5)：72
[337] 王国荃,叶广俊,等.长寿与非长寿者子代血脂水平及 与 apoE 基因多态性的关系[J].中华预防医学杂志,2000,3.
[238] 玛依拉·吾甫尔,等.载脂蛋白 E 基因多态性与新疆维吾尔族自然长寿的相关性研究[J].中华医学遗传学杂志,2005,22(4).
[239] 贝克汉姆一球价值一亿英镑 英国消费者看球花 15 亿[N].重庆晚报,2006-6-28.
[240] 世界最长寿老人度过 120 岁生日 衣食能自理[N].华西都市报,2006-4-24.
[241] "世界最长寿老人"今年 132 岁[N].新文化报,2006-7-8.
[242] 日本：令人恐惧的长寿[N].鹤壁日报,2009-9-22.
[243] 迈尔斯-布里格斯性格分类法.
http：//zh. wikipedia. org/wiki/
[244]《2003—2007 年中国卫生发展情况简报》,中国卫生部,2008-7-23.
[245] 克雷格·文特尔.真相大白：人类行为的秘密——决定我们行为的是环境,不是基因[N].《观察家报》(英),2001-2-11.
[246] 吴琦幸.提倡说上海话是有文化的表现[N].新民晚报,2009-2-10.
[247] 达尔文未能解答的十个问题.新华网,2009-2-19.
http：//news. xinhuanet. com/world/2009/02/19/content_10847350. htm
[248] 2008 版吉尼斯大全出版 10 多万人破世界纪录[N].南方都市报,2007-9-30.
[249] 肖洁.宝宝天生喜欢漂亮面孔[N].科学时报,2004-9-9.
[250] 什么人感觉最幸福[N].参考消息,2004-9-22.
[251] 童光来：中国著名性学专家李银河提议男女同厕[N].北京科技报,2004-8-11.

后　　记

本书的出版是多次策划、设计和修改的结果。

在接到写作邀请后，拟出了一个初步的写作大纲，并获得认可。但是，这个写作大纲还是很粗糙的。以生命（生物）为主题的著作，不仅需要有特点和亮点，而且要有新的表现形式，否则，即使该书出版了，意义也不大。

经过长时间的反复思考，从胚胎学的三胚层（内、中、外胚层）的发育和语言学的内部与外部形式获得灵感，从而确定了本书的形式和内容。首先是把生命集中到以人为主体，结合其他生命，包括动植物和微生物来进行解说。其次是从生命的多种表现形式来阐述生命，包括：生命的内核——基因和分子；生命的外部形式，即人们可以从外观、外形和相貌等可以观察的生命；生命的内部形式，即内部器官、神经、血液和免疫系统等；人和高级生命性别和两性繁衍的进化与奥秘；还有个体生命历程，包括死亡，或者可以理解为人类的进化以及作为个体的人的一生，因为生命就是一个过程。

由于是以人的生命为主线，写作的内容并不只是局限于单纯的生物学、医学和生命，而是渗透了心理、文化、社会、历史、语言甚至婚姻和成功等内容，力图使多学科的内容交叉渗透和互为印证。

然而，仅仅是这些形式和内容可能并不足以让该书具有吸引力，因为过去类似的书也有很多，所以必须让本书的内容是全新的。本书的内容基本上以20世纪末到21世纪前10年的生物、医学和生命研究的最新结果为基础，或者说，是以人类基因组计划（1990年启动）后的世界生物医学前沿研究结果为基础。

为了保证本书内容的新颖和结论的权威，引用的内容、结果和结论基本上来自世界权威的科学期刊，如《自然》（Nature）、《科学》（Science），同时吸纳其他 SCI（科学引文索引）期刊发表的研究结果。其中，不乏 SCI 影响因子（IF）高的杂志，如《新英格兰医学杂志》（(The New England Journal of Medicine)、《柳叶刀》(The Lancet)，也有影响因子并不高但与《自然》、《科学》的影响力和权威性相当的科学期刊，如《美国科学院院报》（Proceedings of the National Academy of Sciences of the United States of America）、《欧洲人类遗传学杂志》（European Journal of Human Genetics）等。

当然，生物医学的最新内容并不仅仅是人类基因组计划以来的新成果，也包括近 100 年来已经被实践检验了的科学理论和假说，例如，被视为发表在《自然》杂志上最著名也最具影响力的文章——弗朗西斯·克里克和詹姆斯·沃森的关于 DNA 双螺旋结构的描述（《核酸的分子结构》）。

本书的写作同时是一个研究过程，是把最近二十多年来生命和生物医学领域中最引人关注而又具有代表性和典型性的科学发现的大量结果做了艰难而细致的文献查阅，并加以梳理、选择、分析、归纳。在仔细阅读、理解和消化大量的原始研究结果之后，采取粗中选细、泛中选精的原则，再以生动的语言把生命的外像、进程、本质素描下来，并通过适当的主题和架构把繁复杂乱的内容有机熔铸为一体。

所幸有文理渗透的学科背景和曾在中国医学科学院医学信息研究所工作的经历，以及长期关注世界生物医学发展前沿领域并每年为媒体撰写相应的报告和文章，这使得写作和研究的过程能够有效地统一起来。当然，本书是否达到了生动描述生命这样的水准，能否获得认同，尚需广大读者的评判，同时希望获得大方之家的指正。

本书的写作和研究只是对科学研究人员已经获得的研究成果的再研究和加工，但又并非是传统意义上的文献综述，所以书中利用这些新的成果所进行的价值与真伪的评判还有待于未来更多的科学研究结果来论证，而且本书也未必完全同意某些科学理论和假说，例如，人是否有灵魂、人的意识是什么、胎儿是否听得到声音，等等，因为真理的认识、获得和确认是一个从相对到无限接近绝对的过程。

考虑到读者的需求和正式著作的要求，本书在最后列出了主要的参考文献。

此外，要对王直华先生、周雁翎先生和陈静女士的帮助表示由衷的感谢。

是为后记。

2011 年 4 月 18 日

2009 年 7 月 5 日北京初稿，2010 年 1 月 12 日北京二稿，2011 年 4 月 18 日北京三稿，2011 年 5 月 16 日北京四稿